Andrea Arnoldussen

Händigkeit und Instrument

Wie machen Linkshänder Musik?

Bibliografische Information der Deutschen Nationalbibliothek

Die Deutsche Nationalbibliothek verzeichnet diese Publikation in der Deutschen Nationalbibliografie; detaillierte bibliografische Daten sind im Internet unter http://dnb.d-nb.de abrufbar.

978-3-95983-609-8 (Paperback)

978-3-95983-608-1 (Hardcover)

© 2020 Schott Music GmbH & Co. KG, Mainz

www.schott-buch.com

Inhalt

Teil 2: Wie musizieren LinkshänderInnen?

Vorwort

Händigkeit und Instrument – Wie machen LinkshänderInnen Musik?

Wenn die Engel im Himmel »links herum« musizieren dürfen – was sollten wir hier auf der Erde dagegen haben? Dieser Gedanke kam mir bei der Betrachtung eines flötenden Engels auf der Orgel einer Klosterkirche in Bayern, der seine Flöte nach links hält und mit vertauschten Händen spielt. Abgesehen davon gab es auch in irdischen Musikkapellen und Ensembles im Laufe der Geschichte immer wieder MusikantInnen, die ihr Instrument in einer gespiegelten Haltung spielen. Die Mimik des Engels in der Klosterkirche verrät Freude, ein wesentliches Gefühl beim Musizieren. Würden nicht alle MusikerInnen Freude empfinden, wenn sie in einer Haltung musizieren könnten, die für sie »stimmig« ist?

»Musizieren mit links«[1] lautet der Titel des 2010 erschienenen Buches von Walter Mengler. Hier wurde – zum ersten Mal in dieser Ausführlichkeit – die Bedeutung der Händigkeit für das Spielen eines Musikinstrumentes behandelt. Mengler analysierte Instrumente im Hinblick auf ihre historische Spielpraxis und die Aufgabenverteilung der beiden Hände. Für die Musikpädagogik gab er wichtige Anstöße und plädierte für eine Offenheit gegenüber seitenvertauschtem Spiel für LinkshänderInnen. Außerdem erhielten LeserInnen praxisrelevante Hinweise für Instrumentenumbau und Unterricht.

Immer wieder wurden jedoch kritische Stimmen zu Menglers Werk laut. Die inzwischen abgeflachte Diskussion wurde 2015 vom Cellisten und Pädagogen Ulf Prelle erneut aufgegriffen.[2] Prelle erweist sich als exemplarischer Vertreter einer weiterhin verbreiteten starren Haltung zum Thema Händigkeit. Im Bereich Schreiben wird Linkshändigkeit weitgehend akzeptiert, doch von linkshändigen jungen MusikerInnen wird paradoxerweise erwartet, dass sie sich an rechtsgeprägte Bedingungen anpassen.

Mit diesem Werk möchte ich eine neue Sensibilität für den Umgang mit Händigkeit erreichen. Meine Erfahrungen als Linkshänderberaterin führten mir die Komplexität

---

[1] Walter Mengler, Musizieren mit links. Linkshändiges Instrumentalspiel in Theorie und Praxis, Mainz 2010.

[2] Ulf Prelle, Leichtigkeit. Eine ergänzende Streichermethodik zur Befreiung der rechten und linken Hand, Mainz 2015.

des Themas Linkshändigkeit, auch in Verbindung mit dem Musizieren, immer wieder deutlich vor Augen.

Dass die Händigkeit eine natürliche Anlage des Menschen ist, deren Unterdrückung – eine sogenannte »Umschulung« – tiefgreifende Folgen haben kann, ist Gegenstand des ersten Teiles. Außerdem wird die Möglichkeit der »Rückschulung«, der Umstellung zum Schreiben auf die dominante linke Hand, in verschiedenen Aspekten dargestellt. Das Musizieren kann in diesem Zusammenhang eine wichtige Rolle spielen.

Musizieren ist im Gegensatz zum Schreiben eine Tätigkeit, die mit beiden Händen ausgeführt wird. Dennoch übernimmt eine Hand die Führung – spieltechnisch und emotional. In ihrer herkömmlichen Bauweise sind Instrumente für RechtshänderInnen ausgelegt. Die Praxis zeigt, wie sich die Handdominanz beim Spielen eines Instrumentes auswirkt. Ein Großteil der Betroffenen linkshändigen MusikerInnen empfindet auch das Musizieren am Rechtshänderinstrument wie eine »Umschulung« – mit ähnlichen Folgen wie beim Schreiben mit der nicht dominanten Hand. Diese reichen von spieltechnischen (feinmotorischen) Problemen über Probleme in Klang und Ausdruck bis zu Unsicherheiten und Ängsten. In Bezug auf die Musikergesundheit bedeutet eine erlebte Unstimmigkeit am Rechtshänderinstrument für linkshändige MusikerInnen ein erhöhtes Risiko für physische und psychische Überlastungserscheinungen.

Der Anpassungsdruck ist insbesondere im Bereich des professionellen Musizierens gleichbleibend hoch. Gesellschaftliche Konventionen und Bewertungen spielen dabei eine bedeutende Rolle - wie es auch in Bezug auf das Schreiben mit links lange Zeit war und teilweise heute noch ist. Die meisten linkshändigen MusikerInnen bleiben am Instrument bei der Standard-Spielweise. Dient der Musikerberuf als Existenzgrundlage, verstärkt dies zweifelsfrei den Druck, weiterhin das gewohnte Leistungsniveau zu erfüllen. Ich stelle dar, welche Methoden und Hilfestellungen Betroffene gefunden haben, um zu einem zufriedenstellenden körperlichen und emotionalen Gleichgewicht beim Musizieren zu gelangen.

Das Kapitel »Wie spielen LinkshänderInnen Klavier?« beleuchtet aus verschiedenen Blickwinkeln, wie linkshändige PianistInnen das Spiel auf einem »normalen« Klavier empfinden und welche Möglichkeiten ihnen als MusikerInnen zur Verfügung stehen, das Klavier zu »ihrem« Instrument zu machen.

In aktuellen Bildungs- und Erziehungsplänen spielt die ganzheitliche Ausbildung und die Förderung der individuellen Stärken des Kindes eine große Rolle. Auf der Grundlage der »Persönlichkeitsbildung« sollte besonders im Instrumentalunterricht das Kind mit seinen natürlichen Anlagen – und auch mit seiner Händigkeit – anerkannt und gefördert werden. InstrumentalpädagogInnen aller musikalischen Fachbereiche haben vielfältige Erfahrungen mit linkshändigen SchülerInnen gemacht, die hier zusammengetragen werden. Diese Beispiele können dazu dienen, veraltete pädagogische Ansichten zu hinterfragen und eine offene Haltung einzunehmen, damit Musizieren mit links auch in der Ausbildung an den Musikhochschulen selbstverständlicher wird.

Zum Abschluss folgen einige Beispiele von Betroffenen, die sich auf ihrem Musikinstrument auf Linksspielen umgestellt und die damit verbundenen Herausforderungen gemeistert haben. Die »Rückschulung« auf dem Instrument stellte bisher nur für wenige MusikerInnen eine realistische Option dar. Erfahrungsberichte belegen jedoch eindrücklich, dass wirklich »authentisches« Musizieren erst möglich ist, wenn das Instrument der natürlichen Händigkeit entsprechend gespielt wird.

Selbst Linkshänderin und Linkshänderberaterin sowie Mutter einer »linksspielenden« Hobbycellistin, habe ich seit mehr als zehn Jahren immer wieder linkshändige MusikerInnen sowie MusikpädagogInnen nach ihren Einschätzungen zum Einfluss der Händigkeit auf das Instrumentalspiel befragt. Außerdem sammelte ich persönliche Erfahrungen im Unterricht mit jüngeren Kindern im Rahmen der »Musikalischen Früherziehung« und der »Musikalischen Früherziehung am Klavier«. Ebenso ermöglichten mir die Arbeit mit linkshändigen Kindern und umgeschulten LinkshänderInnen (Kinder und Erwachsene) in der Beratung und das Beobachten von Unterrichtssituationen einen vertiefenden Einblick in die Thematik. Eigene Unterrichtserfahrungen in Klavier, Blockflöte, Orgel (in der Jugend) und Querflöte sowie Gitarre im Erwachsenenalter zog ich ergänzend hinzu. Meine Erkenntnisse ließen sich nicht zuletzt durch Facharartikel und Fachbücher zum Thema Linkshändigkeit, Musikphysiologie, Musikpsychologie und Musikpädagogik untermauern.

Ich danke meinen GesprächspartnerInnen, dass sie sich geöffnet und mir ihre Erfahrungen und ihr Erleben ehrlich mitgeteilt haben. Vieles davon fließt in meine Ausführungen ein, und Zitate belegen die Authentizität der Berichte. So werden hier die Stimmen der Betroffenen hörbar, die sonst häufig von denjenigen übertönt werden, die sich in Bezug auf Linkshändigkeit und Musizieren in der Öffentlichkeit hervortun.

Einigkeit verbindet mich mit meinen KollegInnen, den LinkshänderberaterInnen nach der Sattler-Methodik, die mir stets mit wertvollen Ratschlägen bestärkend zur Seite stehen. Insbesondere danke ich Frau Dr. Johanna Barbara Sattler, die sich seit den 1980er-Jahren unermüdlich für die Belange von LinkshänderInnen einsetzt. Ohne ihre Arbeit und ihre zahlreichen Veröffentlichungen in Bezug auf umgeschulte LinkshänderInnen wären auch linkshändige MusikerInnen bis heute nicht in den Fokus der Öffentlichkeit gelangt.

Wichtige Impulse für das Buch erhielt ich durch die Erkenntnisse von Professor Dr. Horst Hildebrandt, Musiker, Arzt, Bewegungstherapeut und Leiter des Schweizerischen Hochschulzentrums für Musikphysiologie. Der Einblick in seine Arbeit, auch mit linkshändigen MusikerInnen, hat mich sehr bereichert.

Für uns LinkshänderberaterInnen, für linkshändige MusikerInnen, für InstrumentalpädagogInnen und viele andere galt Herr Walter Mengler als Vorreiter auf dem Gebiet »Musizieren mit links«. Er war selbst Linkshänder und rechts spielender Cellist im Sinfonieorchester Aachen, Lehrbeauftragter an der Musikhochschule Köln, Autor und Referent bei Tagungen und Kongressen. Herrn Mengler, der leider bereits im Jahr 2016 verstarb, fühle ich mich in besonderer Weise verpflichtet.

Besonderer Dank gilt meiner Familie – meinem lieben Mann und unseren vier wunderbaren Töchtern, die mich in meinem Vorhaben stets ermutigt und bestärkt haben.

Herzlich danken möchte ich auch meiner Lektorin, Frau Carolin Bruhn. Sie hat sich sehr gewissenhaft und einfühlsam in die Thematik eingearbeitet und war mir mit ihrer großen sprachlichen Kompetenz eine wichtige und wertvolle Begleiterin.

Teil 1: Die Händigkeit

1. Linkshändigkeit – Rechtshändigkeit

1.1 Einführung

Um besser verstehen zu können, dass die Rechts- oder Linkshändigkeit eines Menschen beim Spielen eines Musikinstruments eine entscheidende Bedeutung hat, ist zunächst eine grundsätzliche Beschäftigung mit dem Thema Händigkeit sinnvoll. Die Händigkeit bezeichnet einerseits die Bevorzugung einer Hand und andererseits die Leistungsüberlegenheit der einen Hand gegenüber der anderen. Man spricht in diesem Sinne von einer Handdominanz: beim Rechtshänder ist die rechte Hand und beim/bei der LinkshänderIn die linke Hand die »dominante« Hand. Mit der dominanten Hand reagieren wir spontaner, mit ihr sind wir geschickter und ausdauernder, sie bevorzugen wir beim Hantieren mit kleinen Dingen sowie beim Schneiden und normalerweise auch beim Zeichnen und Schreiben. Beim Gebrauch der dominanten Hand haben wir ein gutes Gefühl.

Bis weit in die zweite Hälfte des 20. Jahrhunderts hinein wurden LinkshänderInnen konsequent zum Schreiben auf die rechte Hand umgeschult. Nachdem der bevorzugte Gebrauch der linken Hand nun nicht mehr verpönt ist, hat sich die Zahl der links schreibenden Kinder in den Grundschulen in den letzten Jahren stark erhöht. Man kann von einem Anteil der LinkshänderInnen in der Bevölkerung von bis zu 25 Prozent ausgehen, wobei sicher eine große Dunkelziffer an unerkannten umgeschulten Linkshändern bleibt, die in den Statistiken keine Berücksichtigung findet.[3]

LinkshänderInnen werden in unserer Gesellschaft immer sichtbarer – dennoch sind Denken und Wertmaßstäbe in der Gesellschaft weiterhin davon bestimmt, dass »rechts das Richtige« ist. Viele erwachsene umgeschulte LinkshänderInnen haben in ihrer Kindheit erfahren, dass sie die »gute« und »schöne« Hand benutzen sollen und die linke Hand die »falsche« oder sogar die »böse« Hand sei. Unsere kulturelle Prägung schlägt sich weiterhin im Sprachgebrauch nieder, in dem »links« durchweg mit Negativem verknüpft wird. So ist der ein guter Mensch, der das Herz am »rechten Fleck« hat, während derjenige »ein linker Typ« ist, der etwas Böses im Schilde führt. Und wenn einer sich als ungeschickt zeigt, wird er als »linkisch« bezeichnet oder hat gleich »zwei linke Hände«. In vielen Bereichen wird weiterhin versucht, LinkshänderInnen an den Gebrauch der »richtigen Hand« zu gewöhnen. Und von diesen wird weiterhin erwartet, dass sie sich anpassen, sowohl an das, was der Norm und der Etikette

---

[3] Vgl. Almuth Vasterling/Gabriele Weiland/Johanna Barbara Sattler, Linke Hand – Rechte Hand: Ein Ratgeber zur Händigkeit, Idstein 2017, 2., aktual. Aufl., S. 14.

entspricht, als auch an für RechtshänderInnen ausgelegte Gebrauchsgegenstände und Werkzeuge. Das gilt auch für das Spielen eines Musikinstruments, das in seiner herkömmlichen Bauweise ein »Rechtshänderinstrument« ist.

Im Folgenden soll verdeutlicht werden, dass die Händigkeit als Teil der Persönlichkeit zu jedem Menschen gehört. Die Händigkeit ist »angeboren und nicht veränderbar«[4] – dies ist eine der zentralen Erkenntnisse der Psychologin und Händigkeitsforscherin Johanna Barbara Sattler. Linkshändigkeit ist somit genauso »normal« wie Rechtshändigkeit. Zur freien Entfaltung der Persönlichkeit gehört es, dass ein Mensch sich mit seinen Begabungen und Fähigkeiten verwirklichen kann, so wie es seiner Händigkeit entspricht.

1.2 Grundlagen zum Verständnis der Händigkeit

Die Rechts- oder Linkshändigkeit eines Menschen hängt mit der Organisation und Arbeitsweise des Gehirns zusammen. Unser Großhirn besteht aus zwei Hälften, den Hemisphären, die über das Corpus Callosum (auch »Balken« genannt), einen Strang von Millionen Nervenfasern, miteinander verbunden sind. Die Verbindung zum Körper geschieht über die motorisch steuernden Nervenbahnen und die sensorischen Nervenbahnen, die Empfindungen vom Körper an das Gehirn zurückleiten. Die meisten dieser Nervenbahnen kreuzen sich im oberen Rückenmark. Daher steuert die linke Gehirnhälfte die Motorik der rechten Körperseite – und somit auch der rechten Hand – und die rechte Gehirnhälfte steuert die Motorik der linken Körperseite und der linken Hand. In der Händigkeit eines Menschen drückt sich somit die motorische Dominanz einer Gehirnhälfte aus: Beim/bei der RechtshänderIn ist die linke Gehirnhälfte die dominante Gehirnhälfte, beim/bei der LinkshänderIn ist es die rechte Gehirnhälfte.[5]

---

[4] Johanna Barbara Sattler, Der umgeschulte Linkshänder oder Der Knoten im Gehirn, Augsburg 2019, 13., überarb. u. erg. Aufl., S. 325.

[5] Vgl. Vasterling et al., Linke Hand – Rechte Hand: Ein Ratgeber zur Händigkeit, S. 20.

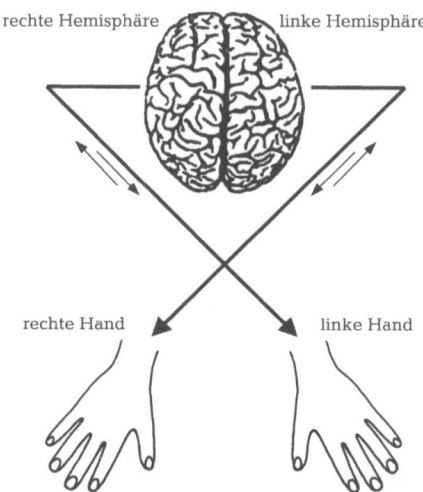

rechte Hemisphäre   linke Hemisphäre

rechte Hand   linke Hand

**Darstellung der Steuerung der Hände vom motorischen Zentrum
der jeweils gegenüberliegenden Gehirnhälfte[6]**

Die Händigkeit ist ein Teil der Lateralität oder Seitigkeit. Normalerweise ist die gesamte Motorik auf einer Seite stärker ausgeprägt. Dabei hängt jedoch die Bevorzugung eines Fußes (Füßigkeit) nicht zwingend mit der Händigkeit zusammen. Mit dem Fuß führen wir normalerweise keine feinmotorisch bedeutsamen Bewegungen aus. Auch die Verarbeitung der Sinneseindrücke des Ohres und des Auges im Gehirn sind auf einer Seite stärker ausgeprägt. Die auditive und visuelle Verarbeitung ist jedoch ein so komplizierter neurophysiologischer Vorgang, dass nicht von einer einfachen, mit der Händigkeit zusammenhängenden Gehirnfunktion gesprochen werden kann.[7]

Nicht nur in Bezug auf die physiologischen Funktionen, sondern auch auf Wahrnehmung und Denken sind unsere beiden Gehirnhälften auf unterschiedliche Aufgaben spezialisiert. Man spricht von einer »funktionellen Asymmetrie«. In der linken Gehirnhälfte, die beim/bei der RechtshänderIn dominant ist, findet analytisches, logisch-sprachliches und lineares (zeitlich aufeinanderfolgendes) Erfassen und Denken statt. In der linken Gehirnhälfte liegt bei den meisten Menschen das Sprachzentrum. Sie ist

---

[6] Entnommen aus: Sylvia Weber: Linkshändige Kinder richtig fördern. Mit vielen praktischen Tipps, 4. Aufl. © 2014, Ernst Reinhardt Verlag München/Basel. S. 20. www.reinhardt-verlag.de.

[7] Vgl. Vasterling et al., Linke Hand – Rechte Hand: Ein Ratgeber zur Händigkeit, S. 21f.

für die sprachliche Sinnerfassung der Worte, das grammatikalische Verständnis und die abstrakten Begriffe zuständig. Die rechte Gehirnhälfte, die beim/bei der LinkshänderIn dominant ist, ermöglicht uns, synthetisch und gleichzeitig zu denken, Raum und Perspektive wahrzunehmen und bildhaft zu denken. Sie ist für das Gefühls- und Ausdrucksverständnis in der Sprachverarbeitung zuständig sowie für das Erkennen von Tonhöhe und Tonfall in der Stimme und das Melodiegedächtnis. Insgesamt wird der rechten Gehirnhälfte die »Intuition« zugesprochen, während die linke Gehirnhälfte Sitz des »Intellekts« ist.[8]

Mit ihren spezifischen Aufgabenbereichen müssen beide Hemisphären – über das Corpus Callosum – stets koordiniert zusammenarbeiten, sonst kann es zu Störungen kommen. Gerade im Unterschied der Aufgabenbereiche der beiden Gehirnhälften liegt jedoch ein Grund dafür, »dass Links- und Rechtshänder unterschiedlich ›ticken‹ und sich neben allen persönlichen und individuellen Eigenschaften doch in bestimmten Persönlichkeitszügen unterscheiden.«[9]

Auch wenn noch nicht alle Einflussfaktoren feststehen, die zur Entstehung von Händigkeit beitragen, so scheint doch vor allem die Vererbung eine bedeutende Rolle zu spielen. Eine einflussreiche Theorie ist die »Right Shift Theory« der Psychologin Marian Annett. Annett ist der Ansicht, dass sich beim Menschen ein besonderer genetischer Faktor – der sogenannte »Right-Shift-Faktor« – herausgebildet habe, der die linke Gehirnhälfte, die Sitz des Sprachzentrums ist, überlegen mache. Wäre dieser Faktor nicht vorhanden, würden die Sprachlateralisation im Gehirn und auch die Händigkeit vom Zufall abhängen.[10]

Versucht man Händigkeit nur mit einer Vererbungstheorie zu erklären, wie dies in manchen Publikationen geschieht, wird man allerdings dem komplexen Phänomen nicht gerecht. Es können viele Faktoren darauf einwirken, wie eine angelegte Linkshändigkeit ausgeprägt werden kann, insbesondere die Einflüsse der Umwelt, der Erziehung sowie die Normvorstellungen der Gesellschaft. Als entscheidend für das Verständnis von Händigkeit – und damit für die Praxis des Umgangs mit Linkshändigkeit in unserer Gesellschaft – gilt: Die Händigkeit ist angeboren, liegt in der Dominanz der der Hand gegenüberliegenden Gehirnhälfte begründet und ist nicht veränderbar.

---

[8] Vgl. Weber, Linkshändige Kinder richtig fördern. Mit vielen praktischen Tipps, S. 18.

[9] Vasterling et al., Linke Hand – Rechte Hand: Ein Ratgeber zur Händigkeit, S. 23.

[10] Vgl. ebd., S. 13f.

1.3 Die Händigkeit – auch eine Sache des Gefühls

Wenn wir eine Handbewegung ausführen, sind neben den motorischen Arealen auch die benachbarten sensorischen Areale auf der Großhirnrinde aktiv. Das, was wir mit der Hand fühlen, wird dort verarbeitet und mit der Handbewegung abgestimmt. Im Übrigen ist keine andere Körperregion im primären sensorischen Rindenareal räumlich so ausgedehnt repräsentiert wie die Hand des Menschen.[11] Man kann sagen, dass es nicht nur eine motorische Dominanz, sondern auch eine sensorische Dominanz gibt.

Darüber hinaus spielt das »Gefühl« noch in einem anderen Sinne eine Rolle, wenn wir eine Hand für bestimmte Tätigkeiten bevorzugen. Unsere dominante Hand verbindet uns mit unserer Umwelt: Wenn wir einen schönen Gegenstand, etwa eine kostbare kleine Perle, ergreifen, wenn wir Beeren pflücken, wenn wir eine Oberflächenstruktur ertasten, so machen wir das mit »Feingefühl« und in der Regel mit unserer dominanten Hand. Wenn wir mit unserer Hand in Beziehung gehen zu einem anderen Menschen, sind wir gefühlsmäßig beteiligt, und es zeigt sich eher unsere dominante Hand: wenn wir jemandem zuwinken, wenn wir einen anderen Menschen berühren, beim Gestikulieren, wenn wir gegenüber einem anderen etwas zum Ausdruck bringen wollen. Interessant ist auch die Beobachtung, dass in der Gebärdensprache der Gehörlosen die Ausdruckskraft der dominanten Hand besonders deutlich wird. Linkshändige Kinder geben beim Handgeben zum Begrüßen gern ihre linke Hand – dies entspricht ihrem spontanen Gefühlsausdruck, der über die dominante Hand geht. Als linkshändige Erwachsene haben wir gelernt, diesen Impuls mit der linken Hand zu unterdrücken.

Zu den Tätigkeiten, bei denen sich feinmotorische Geschicklichkeit mit Gefühl verbindet, gehören das Malen, Zeichnen und besonders das Schreiben, bei dem neben den motorischen und kognitiven immer auch emotionale Verarbeitungsbereiche im Gehirn aktiv werden. Und dazu gehört natürlich in besonderer Weise das Musizieren. Nachweislich entstehen bei Musizierbewegungen zahlreiche Verbindungen zwischen den sensomotorischen Bereichen und dem sogenannten limbischen System des Gehirns, das die Emotionen steuert.[12] Dass gerade bei diesen Tätigkeiten die Handdominanz eine Rolle spielt, liegt nahe.

---

[11] Vgl. Martin Weinmann, »Hand und Hirn«, in: *Die Hand – Werkzeug des Geistes*, hrsg. von Marco Wehr und Martin Weinmann, Heidelberg 2005, S. 34.

[12] Vgl. Eckart Altenmüller, »Vom Spitzgriff zur Liszt-Sonate«, in: *Die Hand – Werkzeug des Geistes*, hrsg. von Marco Wehr und Martin Weinmann, Heidelberg 2005, S. 93.

So wie es unsere dominante Hand ist, die uns mit unserer Umgebung verbindet, mit der wir sie greifen und sie fühlen, so ist die dominante Hand auch die, die näher an dem ist, was uns im Inneren ausmacht. Philosophisch gesprochen hat die dominante Hand direkteren Zugang zu dem, was wir mit Begriffen wie Seele und Geist definieren: So ähnlich soll es der Philosoph Immanuel Kant gesagt haben.[13] Wenn wir uns also über die dominante Hand ausdrücken, folgen wir damit unserem Körpergefühl und bringen zugleich unser inneres Erleben – Gedanken, Gefühle, Bilder – nach außen.

1.4 Händigkeit in der Entwicklung

1.4.1 Der Zeitpunkt der Ausprägung

Die Ausprägung der angeborenen Händigkeit eines Kindes entwickelt sich parallel zur gesamten Grob- und Feinmotorik. Wenn ein Kind seine Handdominanz frei entfalten kann und keine Störungen in geistiger, motorischer oder die Wahrnehmung betreffender Entwicklung vorliegt, zeigt sich die Links- oder Rechtshändigkeit meist ab dem vierten, spätestens bis zum fünften Lebensjahr, deutlich.[14] Dass sich eine Hand als Führungshand entwickelt, ist die Voraussetzung für feinmotorische Geschicklichkeit. Im Vorschulalter sollte deshalb die Handdominanz sicher sein, damit auch die Schreibhand entsprechend trainiert werden kann. Inzwischen besteht erfreulicherweise bei vielen pädiatrischen ErgotherapeutInnen und KinderärztInnen Einigkeit darüber, dass das Alter von fünf Jahren (Zeitpunkt der Vorsorgeuntersuchung U9) »als Grenzstein für eine sichere Händigkeit«[15] gilt.

Die Kinder, die sich im Vorschuljahr noch nicht klar als RechtshänderInnen oder LinkshänderInnen zeigen – wenn sie zum Beispiel beim Malen und Schneiden noch hin und her wechseln – werden nicht selten aus Unwissenheit von Eltern, PädagogInnen und auch ÄrztInnen als »Beidhänder« betrachtet. Von manchen wird Beidhändigkeit sogar als Vorteil angesehen, auch in dem Sinne, dass beidhändiges Schreiben intelligenter mache, da es beide Gehirnhälften aktiviere. Dabei zeigen Beobachtungen über einen längeren Zeitraum, dass die Entwicklung der Geschicklichkeit erheblich leidet und die Kinder viele Misserfolge verkraften müssen, wenn sich nicht eine Hand

---

[13] Vgl. Vasterling et al., Linke Hand – Rechte Hand: Ein Ratgeber zur Händigkeit, S. 9.

[14] Vgl. Weber, Linkshändige Kinder richtig fördern. Mit vielen praktischen Tipps, S. 26ff.

[15] Erna Schönthaler, »Die Händigkeit des Kindes«, in: *Grafomotorik und Händigkeit. Ergotherapie bei Kindern*, hrsg. von Erna Schönthaler, Stuttgart 2013, S. 175.

für feinmotorische Tätigkeiten spezialisiert – so wie es ja auch der Spezialisierung unserer Gehirnhemisphären entspricht.[16]

Die Gründe für einen wechselnden Handgebrauch können körperlicher oder neurophysiologischer Natur sein, zum Beispiel in einer frühkindlich entstandenen Hirnfunktionsstörung, in einer minimalen Halbseitenlähmung oder auch in feinmotorischen Störungen liegen. Häufiger noch wirken sich psychische oder soziale Faktoren auf die Unsicherheit bezüglich des Handgebrauchs aus. Kinder, die im Handgebrauch wechseln, sind sehr häufig linkshändig veranlagte Kinder, die dabei sind, sich an die rechtsgeprägte Umgebung anzupassen und deshalb hin- und herwechseln. Die Gründe dafür sind in Nachahmungs- und Anpassungsverhalten oder direkter Beeinflussung durch Bezugspersonen zu suchen.[17]

Der Auffassung, dass das Kind, das noch im Handgebrauch wechselt, sich bis zur Schule schon selbst entscheiden werde, welche Hand es zum Schreiben nimmt, kann entgegnet werden: Da die Händigkeit angeboren und nicht veränderbar ist, betrifft die Entscheidung eines Kindes nur den Handgebrauch und nicht die Händigkeit an sich. Diesbezüglich ist eine »Entscheidung« für die nicht dominante Hand zum Schreiben als eine Anpassung an die Umwelt zu sehen.

1.4.2 Welche Unterstützung brauchen LinkshänderInnen?

Zunächst müssen Kinder in ihrem bevorzugten Handgebrauch gesehen und geachtet werden. Zum Glück bemerken viele Eltern oder ErzieherInnen früh, wenn ein Kind beim Malen und Schneiden, oder auch beim Bauen, Stecken und Essen die linke Hand bevorzugt und fördern es im Gebrauch seiner linken Hand. Eltern sollten sich bewusst sein, welche Vorbildfunktion sie durch ihre eigene Händigkeit haben, aber auch wie sie unbewusst oder durch Vermittlung von eigenen Einstellungen, wenn etwa Linkshändigkeit in der Familie negativ besetzt ist, Einfluss auf die Händigkeitsausprägung ihres Kindes nehmen.

Wenn eine Linkshändigkeit bei einem Kind erkannt wird, so sollte es entsprechende Materialien wie Scheren, Spitzer und andere Linkshänderwerkzeuge zur Verfügung gestellt sowie Anleitungen zu feinmotorischen Tätigkeiten und Werktechniken bekommen. Auch die Vorbereitung einer günstigen Schreibhaltung mit links im Vorschulalter

---

[16] Vgl. Weber, Linkshändige Kinder richtig fördern. Mit vielen praktischen Tipps, S. 37.

[17] Vgl. ebd., S. 38.

ist eine wichtige unterstützende Maßnahme. Um Kinder in ihrem Selbstverständnis als LinkshänderInnen zu stärken, sollten Erziehende beachten, dass die Wahrnehmungsrichtung eher von rechts nach links verläuft und es unter Umständen eine Zeit braucht, es an die Schreib- und Leserichtung von links nach rechts zu gewöhnen. Spiegelungen von Buchstaben oder Ziffern sind von daher im Kindergartenalter und darüber hinaus bei LinkshänderInnen häufiger als bei RechtshänderInnen zu beobachten. Auch der Bildaufbau beim Malen entspricht oft einer gespiegelten Wahrnehmungsrichtung. Ebenso sollte man bedenken, dass linkshändige Kinder meist eine andere Bewegungs- und Drehrichtung bevorzugen. Wenn sie bei Bewegungsspielen in der Gruppe als »ungeschickt« auffallen, so hängt dies nicht selten damit zusammen, dass sie entgegen ihrer natürlichen Bewegungsimpulse versuchen, sich rechtsdominanten Bewegungsabläufen anzupassen.

In den Ausbildungsrichtlinien für ErzieherInnen sollte die Linkshändigkeit mehr Beachtung finden. Leider ist auch das Wissen um die Problematik des wechselnden Handgebrauchs eher unzureichend; vielfach herrscht die Meinung, dass die Händigkeit sich entwickelt und das Kind sich irgendwann selbst entscheidet. ErzieherInnen sollten sich immer bewusst sein, wie sehr sie »Modell« für die ihnen anvertrauten Kinder sind – nicht nur was ihren Handgebrauch, sondern auch was ihre Einstellung zu Linkshändigkeit betrifft. Auch wenn die erste Prägung des Kindes durch das Elternhaus erfolgt, so haben PädagogInnen doch einen bedeutenden Einfluss auf die kindliche Entwicklung. Klassische Situationen sind zum Beispiel das Handgeben zur Begrüßung und die Tischmanieren, sollte vorgegeben werden, dass alles mit der »richtigen« Hand zu geschehen habe.

In der Schule darf ein linkshändiges Kind normalerweise mit der linken Hand schreiben. Gerade im Erstschreibunterricht brauchen linkshändige Kinder aber häufig Unterstützung in Bezug auf eine entspannte Schreibhaltung. Die Lehrpläne der Grundschulen geben – wenn Linkshändigkeit überhaupt eine Rolle spielt – meist nur unspezifische Hinweise darauf, dass LinkshänderInnen beachtet werden und Materialien zur Verfügung gestellt bekommen sollten. Was spezielle Anleitungen oder Unterstützung betrifft – wie bei einer entspannten Schreibhaltung oder bei Handarbeitstechniken – so sind linkshändige Kinder auf das Engagement der Lehrkraft angewiesen. Im neuen LehrplanPlus für die Bayerische Grundschule von 2014 wird verschiedentlich die dominante Schreibhand erwähnt und auf »angemessene Hilfestellungen«[18] hingewiesen, ohne aber auf den konkreten Umgang mit linkshändigen Kindern einzugehen, wie es

---

[18] »LehrplanPlus Grundschule« (Lehrplan für die Bayerische Grundschule), hrsg. vom Staatsministerium für Bildung und Kultus, Wissenschaft und Kunst, München 2014, S. 105.

im vorherigen Lehrplan von 2000 der Fall war. Allgemein wird kaum oder gar nicht auf Linkshändigkeit im Sportunterricht eingegangen. Dabei ist insbesondere zu beachten, dass LinkshänderInnen meist auch spontan ihren linken Fuß bevorzugen und sich mit ihrem Körper entsprechend links herum – im Uhrzeigersinn – bewegen und drehen möchten. Normierte Bewegungsabläufe, wie sie die Grundlage für viele Sportarten darstellen, gehen linkshändigen Kindern buchstäblich »gegen den Strich«.[19]

Linkshändige Jugendliche in der Schule sind in der Regel ganz auf sich selbst gestellt und benötigen entsprechendes Selbstbewusstsein, um für ihre eigenen Bedürfnisse einzustehen. Dabei täte es ihnen gut, Unterstützung, zum Beispiel im Sportunterricht, zu bekommen. Auch bräuchten sie Rüstzeug für Ausbildung, Studium und Beruf, wo möglicherweise von ihnen Anpassung an für RechtshänderInnen ausgelegte Arbeitsplätze und normierte Geräte erwartet wird.

In den Ausbildungsrichtlinien der angehenden Grundschullehrkräfte findet das Thema Linkshändigkeit kaum Beachtung. Auch erhalten Lehrkräfte, sofern sie sich nicht in ihrer Freizeit über die Thematik fortbilden, keine Informationen darüber, dass bei manchem Kind im Grundschulalter die Händigkeit noch nicht geklärt ist. Infolgedessen sehen viele in Schwierigkeiten im Schreibprozess und in anderen schulischen Bereichen keine Hinweise auf eine umgeschulte Linkshändigkeit.[20]

Die neueren Bildungs- und Erziehungspläne der Bundesländer sind am sogenannten Kompetenzerwerb orientiert. In den Leitzielen von Bildung und Erziehung geht es im Wesentlichen darum, Kinder dazu zu befähigen, Probleme selbstständig zu lösen. Ein junges Kind braucht jedoch erwachsene Begleiter wie Lehrkräfte, die es in seinen individuellen Fähigkeiten, seinem Entwicklungspotential und auch mit seinen Unsicherheiten und Problemen sehen. Gerade in Bezug auf die Linkshändigkeit sollten Kinder mehr in den Blick genommen und unterstützt werden. Sind sie auf sich gestellt und mit den Gegebenheiten einer rechtsgeprägten Umwelt konfrontiert, geht es vielleicht bei einigen nur noch darum, sich möglichst gut anzupassen, um in der Gesellschaft mitzukommen. Schlimmstenfalls entwickeln sich diese dann zu Pseudorechtshändern, die fast alle Tätigkeiten mit rechts ausführen, obwohl eine linkshändige Anlage in ihnen verborgen liegt.

---

[19] Vgl. Johanna Barbara Sattler, Das linkshändige Kind in der Grundschule. Erarbeitet im Auftrag des Bayerischen Staatsministeriums für Unterricht, Kultus, Wissenschaft und Kunst. Hrsg. vom Staatsinstitut für Schulqualität und Bildungsforschung, München 1993. Augsburg 2018, 17. Aufl., S. 65f.

[20] Die Umschulung der Händigkeit ist Thema des folgenden Kapitels.

1.5 Möglichkeiten und Schwierigkeiten der Händigkeitsbestimmung

Sowohl für Kinder als auch für Erwachsene gibt es eine Reihe von Testverfahren zur Händigkeitsbestimmung, die allerdings unterschiedliche Schwerpunkte setzen und zum Teil sehr unterschiedliche Theorien über Händigkeit widerspiegeln.

Zum einen gibt es quantitativ orientierte Testverfahren für die Händigkeit, die von der Vorstellung ausgehen, dass sich die Händigkeit auf einem Kontinuum zwischen ausgeprägter Linkshändigkeit und ausgeprägter Rechtshändigkeit bewegt. Bei diesen Tests wird beispielsweise gemessen, wie oft die linke oder rechte Hand gebraucht wird oder wie leistungsfähig die eine oder andere Hand ist. Beispiele für solche Verfahren für Kinder sind der Handpräferenztest für 4- bis 6-jährige Kinder[21], der die Handpräferenz misst, und das Händigkeitsprofil[22] von Elke Kraus, das sowohl Daten zur Handleistung als auch zur Handpräferenz erhebt. Ein weiterer ist der Hand-Dominanz-Test[23] (H-D-T) von Steingrüber (2011) für Kinder und Erwachsene, der die Leistung der Hände beim Zeichnen und Punktieren misst. Für Erwachsene wird zur Feststellung der Händigkeit auch ein Fragebogenverfahren wie das sogenannte Edinburgh Handedness Inventory[24] angewandt oder das sogenannte Finger-Tapping-Verfahren, mit dem die motorische Geschwindigkeit und Regelmäßigkeit der einen oder anderen Hand untersucht wird.[25] Das Kernproblem der Verfahren, die nur die Handleistung erheben – wie zum Beispiel der H-D-T – ist, dass ihre Ergebnisse im Fall von umgeschulten LinkshänderInnen durch die Geübtheit der nicht dominanten Hand verfälscht werden. Die Testverfahren, die nur die Handpräferenz ermitteln, haben die Schwäche, dass gerade die Handbevorzugung, die im Test beobachtet werden soll, nicht natürlich, sondern anerzogen sein kann.[26]

---

[21] Johanna Bruckner/Pia Deimann/Ursula Kastner-Koller, HAPT 4-6. Handpräferenztest für 4-6jährige Kinder, Göttingen 2011.

[22] Elke Kraus (Hrsg.), Zwischen Links- und Rechtshändigkeit. Theorie, Diagnostik und Therapie bei wechselndem Handgebrauch, Heidelberg 2019.

[23] Hans-Joachim Steingrüber, Hand-Dominanz-Test, 3., überarb. u. neu normierte Aufl., Göttingen 2011.

[24] Richard Charles Oldfield, »The Assessment and Analysis of Handedness: The Edinburgh Inventory«, in: *Neuropsychologia* 9(1), 1971.

[25] Nähere Beschreibungen einzelner Verfahren finden sich bei Schönthaler, »Die Händigkeit des Kindes«, im Kapitel »Befundung der Händigkeit« ab S. 177.

[26] Vgl. Vasterling et al., Linke Hand – Rechte Hand: Ein Ratgeber zur Händigkeit, S. 17.

Der Rückschluss von einer quantitativen Erhebung der Handleistung oder Handbevorzugung auf die eigentliche Händigkeit eines Menschen ist nicht zuverlässig. Um zu
einem sicheren Ergebnis bei einer Händigkeitsabklärung zu kommen, muss die gesamte Händigkeitsfrage differenziert und umfassend betrachtet werden. Ein Verfahren, das dies gewährleistet, ist die Händigkeitsabklärung S-MH[27] nach der Sattler-Methodik.

Dieser Ansatz geht von einer bei jedem Menschen angelegten und nicht veränderbaren
Händigkeit aus, die aber bei der reinen Beobachtung des Handgebrauchs – weder bezüglich Handpräferenz noch bezüglich Handleistung – nicht immer ohne weiteres er-
sichtlich ist. Denn die Manifestation der angelegten Händigkeit kann von verschiedenen Einflussfaktoren bestimmt sein: Zu diesen gehören sozio-kulturelle Einflüsse (die
z.B. das Essen, die Begrüßung und das Schreiben betreffen), das Modell- und Nachahmungsverhalten des Kindes, Störungen durch Umschulungsversuche, das heißt direkte Beeinflussung der Umgebung auf den Handgebrauch (z.B. dem Kind den Löffel
immer aus der linken Hand nehmen und in die rechte Hand geben) und körperliche
Beeinträchtigungen (z.B. Teilleistungsstörungen in der Feinmotorik, Muskeltonus,
Unfall, Behinderungen). Im Rahmen der Abklärung nach der S-MH-Methodik werden
in einer gründlichen Anamnese diese Einflussfaktoren berücksichtigt und sowohl bei
Kindern als auch bei Erwachsenen in die Auswertung mit einbezogen. Die Tätigkeits-
beobachtung selbst erfolgt dann mit Hilfe standardisierter Tätigkeitsitems. Diese werden dann durch die Einbeziehung der erhobenen Informationen als mehr oder weniger aussagekräftig für das Händigkeitsergebnis beurteilt.[28] Sattlers Ansatz ist ein quali-
tativer Ansatz: Alle erfassten Informationen werden unter Berücksichtigung der genannten Gesichtspunkte strukturiert und ausgewertet. Und er zielt auf eine eindeutige
Zuordnung: Das Ergebnis ist entweder »Linkshändigkeit« oder »Rechtshändigkeit«.
(In wenigen Fällen bleibt aus verschiedenen Gründen die Händigkeit »unklar«.)[29] Aufgrund der Komplexität sollte die Händigkeitsabklärung S-MH nur von dazu ausgebildeten zertifizierten LinkshänderberaterInnen durchgeführt werden.

Die erwähnten Testverfahren unterscheiden sich hinsichtlich der Auswertung und Interpretation des jeweiligen Ergebnisses stark voneinander. In einem quantitativ

---

[27] Johanna Barbara Sattler, Händigkeitsabklärung S-MH nach der Sattler-Methodik. Testverfahren mit Itemkarten, Kopiervorlagen und umfassendem Dokumentationsbogen, Augsburg
2019.

[28] Vgl. ebd., S. 16f.

[29] Vgl. ebd., S. 14.

orientierten Verfahren, das von Händigkeit als einem abgestuften Merkmal ausgeht, könnte das Ergebnis sein, dass das Kind »schwach ausgeprägter Linkshänder« ist, weil es in der Testung die meisten Tätigkeiten mit links ausführt, aber für wenige Tätigkeiten wie Malen und Schneiden die rechte Hand bevorzugt. Nach der S-MH-Methodik würden im Falle dieses Kindes – je nachdem, welche Informationen aus der Anamnese vorliegen – die Tätigkeiten, die es mit rechts macht, als Folge von Modell- und Nachahmungsverhalten eingeordnet. Es gäbe ein klares Ergebnis: Das Kind ist »Linkshänder«, und es hat sich zum Malen und Schneiden auf die rechte Hand umgeschult.

Die Art und Weise, wie Testergebnisse ausgewertet werden, hat auch einen Einfluss darauf, wie ein Kind an ein Musikinstrument herangeführt wird. Das Spielen eines Musikinstrumentes ist eine Tätigkeit, die hohe Anforderungen an Feinmotorik, Kognition und emotionale Beteiligung stellt. Bei dieser Art von Tätigkeit spielt die Handdominanz eine entscheidende Rolle, und in der Praxis wird immer wieder deutlich, dass ein/e LinkshänderIn mit der linken Hand führend ein Instrument spielen würde. Wenn nach der S-MH-Methodik ein Kind »linkshändig« ist, würde ein/e BeraterIn gegebenenfalls empfehlen, ein Instrument links herum zu spielen. Wenn nach einer anderen Methode das Kind nur als »schwach ausgeprägter Linkshänder« gesehen wird, käme es für dieses womöglich nicht in Frage, ein Linkshänderinstrument zu spielen. Denn man nimmt an, das betreffende Kind könne sich einem »normalen« Instrument eher anpassen, als wenn es eine »ausgeprägte Linkshändigkeit« hätte.

Auch für Erwachsene hat es Konsequenzen, wenn sie sich selbst (beispielsweise aufgrund einer Selbsteinschätzung im Fragebogenverfahren) als nur leicht linkshändig sehen. Für diese wäre es selbstverständlich, ihr Instrument rechtshändig zu spielen, und sie könnten eventuelle Schwierigkeiten am Instrument nicht einordnen. Unter Einbezug der biographischen Einflüsse würde man diese Betroffenen als »umgeschulte Linkshänder« bezeichnen und Schwierigkeiten beim Instrumentalspiel mit einer Umschulung der Händigkeit in Zusammenhang bringen. Wird die Händigkeit über einen Leistungstest bestimmt, kann das Ergebnis »Rechtshänder« sein, weil die Betroffenen durch Übung bessere Leistungen mit ihrer rechten Hand erzielen. Nach dem holistischen Ansatz der S-MH-Methodik wären diese aber (umgeschulte) Linkshänder. Spielen die Betroffenen dann ein Musikinstrument, so mögen sie vielleicht mit beiden Händen gleiche motorische Leistungen vollbringen, könnten aber Schwierigkeiten mit Klang und Ausdruck bekommen, weil die dominante Hand die emotionale Führung übernehmen will.[30]

---

[30] Detaillierte Ausführungen zu der gesamten Thematik erfolgen im zweiten Teil dieses Buches.

Soll eine Händigkeitsbestimmung ein klares Ergebnis bringen, so muss die Aussage-
kraft der Tätigkeiten, die beobachtet werden, genau untersucht und in einen Zusammenhang mit den Einflussfaktoren auf die Händigkeitsentwicklung gestellt werden.
Ohne eine solche differenzierte Betrachtungsweise und Auswertung kann man zu einem falschen Ergebnis gelangen, das den Betroffenen im Hinblick auf ihre gesamte
weitere Entwicklung schaden könnte.

2. Die Unterdrückung der natürlichen Händigkeit – Folgen der »Umschulung«

2.1 Umschulung – Was passiert im Gehirn?

Auch in der heutigen Zeit geschieht es noch durchaus häufig, dass Kinder, die von Natur aus linkshändig sind, sich auf ihre rechte Hand (zum Malen und Schreiben) umstellen, auch wenn es nicht mehr solche drastischen Umerziehungsversuche gibt, wie sie zum Teil bis in die 80er-Jahre des 20. Jahrhunderts hinein üblich waren, und Kinder in der Schule generell links schreiben »dürfen«.

Für die Umstellung des linkshändig veranlagten Menschen zum Schreiben auf die rechte Hand – ganz gleich, ob die Umstellung durch Aufforderung, Androhung von Strafen, sanften Druck oder durch (scheinbar) freiwillige Anpassung erfolgt – hat Johanna Barbara Sattler den Begriff der »Umschulung« geprägt.[31] Sattler bezieht den Begriff im Wesentlichen auf das Schreiben mit der nicht dominanten Hand. Das Schreiben ist ein sehr komplexer Vorgang, für den verschiedenste Gehirnbereiche zusammenarbeiten müssen. Es stellt höchste Anforderungen an Feinmotorik, Sprachverständnis, Gedächtnis und Konzentration und erfordert zugleich auch emotionale Beteiligung. Schreiben bedeutet also eine Höchstleistung des Gehirns.[32]

Wird das Schreiben mit der nicht dominanten Hand ausgeführt, so wird nicht die angelegte Dominanz im Gehirn umgestellt. Es kommt daher, wie Sattler betont, »zu einer Überbelastung der nicht dominanten Gehirnhälfte und zu einer Unterbelastung der anderen« und damit zu »komplexen Funktionsstörungen, Hemmungen, Blockaden und Überbelastungen des gesamten Gehirns«[33]. Der von den Amerikanern verwendete Begriff »Brain Breaking« macht den meist drastischen Vorgang im Gehirn noch deutlicher als »Umschulung«.[34]

Nicht vergessen werden darf, dass eine Umschulung auch – wenn auch sehr selten – RechtshänderInnen treffen kann, die sich von der rechten Hand auf die linke Hand

---

[31] Vgl. Sattler, Der umgeschulte Linkshänder oder Der Knoten im Gehirn, S. 52.

[32] Auch bei anderen Tätigkeiten, die hohe Anforderungen an Feinmotorik, Kognition und Emotion stellen, wie zum Beispiel das Spielen eines Musikinstrumentes, kann man von einer »Umschulung« sprechen, wenn diese nicht mit der dominanten Hand führend ausgeführt werden.

[33] Sattler, Der umgeschulte Linkshänder oder Der Knoten im Gehirn, S. 49.

[34] Vgl. ebd., S. 53.

zum Schreiben umstellen oder umstellen müssen. Diese sind jedoch nicht Gegenstand der folgenden Erläuterungen.

Mittels der bildgebenden Verfahren in der Gehirnforschung konnte man dem Phänomen der Umschulung mittlerweile auch auf neurowissenschaftlicher Ebene näherkommen. Verschiedene Forscher untersuchten in diesem Rahmen, ob und wie weit sich das Gehirn bei einer Umstellung des Handgebrauchs zum Schreiben anpassen kann. Inzwischen ist die »Plastizität« des Gehirns bekannt, die grundsätzliche Fähigkeit, sich beständig den Erfordernissen seines Gebrauchs anzupassen[35] – was Lernen bis ins hohe Alter ermöglicht.

Der Neurowissenschaftler Hartwig Siebner untersuchte mit einem Team von Wissenschaftlern die Langzeitfolgen der Umschulung der Händigkeit.[36] Sie stellten die Frage, ob bei LinkshänderInnen während der Durchführung handschriftlicher Tätigkeiten die gleichen Hirnregionen aktiv sind wie bei RechtshänderInnen und inwieweit die Linkshändigkeit beim Schreiben mit rechts bestehen bleibe. Es wurde die Schreibleistung von RechtshänderInnen, LinkshänderInnen und umgeschulten LinkshänderInnen mittels PET-Scan im Gehirn gemessen. Der Vergleich ergab, dass bei RechtshänderInnen, die mit rechts schreiben, die Aktivität beim Schreiben in der linken Gehirnhälfte liegt und bei LinkshänderInnen in der rechten Gehirnhälfte. Bei umgeschulten LinkshänderInnen zeigte sich während des Schreibens mit rechts eine Aktivierung in der linken Hemisphäre und zugleich eine vermehrte Aktivität in der rechten Hemisphäre, insbesondere in den frontal-parietalen motorischen Assoziationsgebieten, das heißt in den Hirnbereichen, in denen unter anderem die Bewegungsplanung stattfindet, also das, was der eigentlichen Bewegung vorausgeht.[37]

---

[35] Vgl. Manfred Spitzer, Geist im Netz, 2000, S. 148.

[36] Vgl. Hartwig R. Siebner/Claus Limmer/Alexander Peinemann/Alexander Drzezga/Bastiaan R. Bloem/Markus Schwaiger/Bastian Conrad, »Long-Term Consequences of Switching Handedness: A Positron Emission Tomography Study on Handwriting in ›Converted‹ Left-Handers«, in: *The Journal of Neuroscience 1*, 22(7), 2002, S. 2816-2825.

[37] Vgl. Sattler, Der umgeschulte Linkshänder oder Der Knoten im Gehirn, S. 45f.

Im Jahr 2007 wurden die Ergebnisse einer Folgestudie von Stefan Klöppel veröffent-licht.[38] Mittels fMRT-Verfahren[39] konnte gezeigt werden, »dass eine Umschulung der Schreibhand nicht nur die für das Schreiben benötigten Hirnareale beeinflusst, son-dern auch Areale, welche für einfache Fingerbewegungen benötigt werden.«[40] Auffällig ist, dass es bei einfachen Fingerbewegungen sogar »zu einer stärkeren Aktivierung in der dominanten rechten Hemisphäre«[41] kommt.

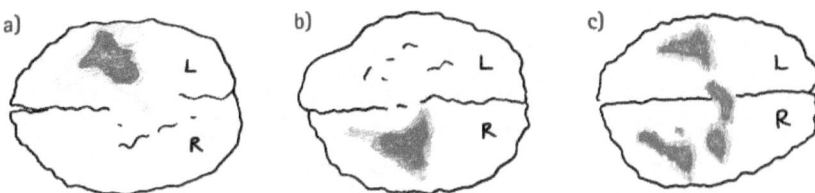

Schematische Darstellung der unterschiedlichen Hirnaktivitäten beim Schreiben: a) RechtshänderInnen mit der rechten Hand, b) LinkshänderInnen mit der linken Hand und c) umgeschulte LinkshänderInnen mit der rechten Hand.[42]

Zusammenfassend lässt sich also feststellen:

Die Ausführung einer Bewegung findet immer über die der Hand gegenüberliegenden (kontralateralen) Gehirnhälfte statt, also bei umgeschulten LinkshänderInnen, die Fin-ger oder Schreibbewegungen mit rechts ausführen, über die linke Gehirnhälfte. Bei diesen findet zugleich die Planung einer Bewegung vermehrt in der dominanten rech-ten Gehirnhälfte, also der ipsilateralen, statt. Dies bedeutet, »dass die Planungsebene und die Aufführungsebene dauerhaft über deutlich weitere Distanzen miteinander in Kontakt treten müssen als bei nicht umgeschulten Linkshändern oder

---

[38] Stefan Klöppel/Anna Vongerichten/Thilo van Eimeren/Richard S. J. Frackowiak/Hartwig R. Siebner, »Can Left-Handedness be Switched? Insights from an Early Switch of Handwrit-ing«, in: *The Journal of Neuroscience*, 27(29), 2007, S. 7847-7853.

[39] Sattler, Der umgeschulte Linkshänder oder Der Knoten im Gehirn, S. 29ff. gibt einen Über-blick über die verwendeten Verfahren in der Gehirnforschung.

[40] Ebd., S. 46.

[41] Ebd.

[42] Entnommen aus: Vasterling et al., Linke Hand – Rechte Hand: Ein Ratgeber zur Händigkeit, S. 25.

Rechtshändern.«[43] Somit kommt es durch eine Umschulung »zu einer erhöhten Anforderung durch vermehrten Energieeinsatz in beiden Hemisphären.«[44]

2.2 Umschulung – die Folgen

Die beschriebenen Untersuchungen bestätigen auf neurowissenschaftlicher Ebene,
was Johanna Barbara Sattler in langjährigen Beobachtungen und Befragungsstudien
mit über 4000 ProbandInnen bereits herausgefunden hatte: Die Umschulung der angeborenen Händigkeit – ganz gleich, unter welchen Umständen sie erfolgt – ist ein
massiver Eingriff ins Gehirn. Sie »greift also in Gehirnablaufprozesse störend und be-
hindernd ein und zwingt den Menschen, andauernd weit mehr Kräfte einzusetzen, um
seine Intelligenz zu mobilisieren, als ein unbehinderter, von den Folgen der Umschulung der Händigkeit nicht betroffener Links- oder Rechtshänder benötigt.«[45] Und diese
grundsätzliche Fehlbelastung des Gehirns zeigt Auswirkungen auf Gehirnleistung,
Körper und Psyche, die die Betroffenen mehr oder weniger stark in Bezug auf Schule,
Ausbildung, Berufsleben und ebenso im persönlichen und sozialen Bereich beeinträchtigen.

In der Praxis stellten sich für Sattler sozusagen »typische« Folgen einer Umschulung
zum Schreiben heraus. Als »Primärfolgen« nennt sie Gedächtnisprobleme (besonders
beim Abrufen von Lerninhalten), Konzentrationsstörungen (schnelle Ermüdbarkeit),
legasthene Probleme, Rechts-Links-Unsicherheiten bzw. Raum-Lage-Labilität, feinmotorische Probleme sowie Sprachauffälligkeiten. Gerade wenn diese Folgen in Kombination auftreten, setzen sie sich häufig in den sogenannten »Sekundärfolgen« fort.
Diese sind Unsicherheit, Zurückgezogenheit und Minderwertigkeitskomplexe, unterschiedlich ausgeprägte Verhaltensprobleme und insbesondere auch Überkompensation durch erhöhten Leistungseinsatz. Dazu kommen emotionale Probleme bis ins
Erwachsenenalter, zum Teil mit neurotischen und/oder psychosomatischen Symptomen.[46]

Ob und in welchem Ausmaß sich die Folgen einer Umschulung auswirken, hängt sicherlich zum einen von der Art und Weise der Umschulung ab, ob diese eine

---

[43] Sattler, Der umgeschulte Linkshänder oder Der Knoten im Gehirn, S. 47.

[44] Ebd., S. 46.

[45] Ebd., S. 50.

[46] Vgl. ebd., S. 49f.

»freiwillige« Anpassung des Kindes war, aufgrund von psychischem Druck erfolgte oder als Ergebnis einer bewussten Beeinflussung durch die Bezugspersonen entstand. Zum anderen spielen auch die Begabungen, die Persönlichkeit eines Kindes und auch die Förderung durch Bezugspersonen eine Rolle.[47] Bei manchen zeigen sich Störungen erst in besonders belastenden Situationen oder verstärken sich im Verlauf der Schulzeit, des Studiums, der Ausbildung, wenn die Anforderungen steigen und Prüfungssituationen vermehrt auftreten. Je nach Vorgeschichte und Konstitution wirken sich die Sekundärfolgen mehr oder weniger stark auch im psychischen Bereich aus. Sattler ist der Überzeugung, dass eine Umschulung der Händigkeit »grundsätzlich die vorhandenen psychischen Störungen und andere Fehlreaktionen«[48] verstärkt.

In Anlehnung an die Primärfolgen und Sekundärfolgen nach Sattler betrachte ich im Folgenden die in der Praxis besonders häufig beobachteten Folgeerscheinungen einer Umschulung. Im Verlauf dieses Buches wird sich zeigen, dass auch beim Musizieren, wenn es nicht der Händigkeit entsprechend erfolgt, Umschulungsfolgen dieser Art auftreten und die Betroffenen in der Ausprägung ihres musikalischen Potenzials behindern können.

2.2.1 Folgen der Umschulung für Feinmotorik, kognitive Funktionen und Körper(gefühl)

Feinmotorische Probleme zeigen sich bei eigentlich linkshändigen Kindern beim Schreiben mit rechts häufig in der Stifthaltung, im starken Stiftdruck, in einer unregelmäßigen Schrift, im langsamen Schreibtempo und in einer schnellen Ermüdung beim Schreiben. Es ist für viele schwierig, eine verbundene Schrift wie die Schreibschrift zu erlernen. Auch erwachsene umgeschulte LinkshänderInnen berichten davon, dass sie nie eine schöne, flüssige Handschrift entwickeln konnten. Einige erinnern sich, dass schon im frühen Schulalter ihre schlechte Schrift von Eltern und Lehrern bemängelt wurde.

Auch in anderen feinmotorischen Tätigkeiten mit rechts empfinden sich umgeschulte LinkshänderInnen als ungeschickt und ungelenk: Linkshändige Kinder können nicht mit der Schere in der rechten Hand umgehen, keine Schleife binden oder versagen bei Handarbeitstechniken, wenn sie mit rechts angeleitet werden. Rückblickend berichten Erwachsene, die als Kind umgeschult wurden, von ihren feinmotorischen

---

[47] Vgl. ebd., S. 52.

[48] Ebd., S. 80.

Misserfolgen. Es kommen Koordinationsprobleme beider Hände dazu: Die Betroffenen lassen Sachen fallen, stoßen Gläser um – bei Stress und Erschöpfung wird dies noch schlimmer. »Es sind vorzugsweise gerade die Bewegungen, die man äußerst präzis durchzuführen beabsichtigt, bei denen man dann die meisten Koordinationsschwierigkeiten bekommt.«[49] Insgesamt erleben sich umgeschulte LinkshänderInnen häufig als verlangsamt in ihren Bewegungsabläufen – als wenn sie im Gehirn immer erst »umschalten« müssten, bevor sie koordinierte Bewegungen ausführen können.

Vereinzelt berichten umgeschulte LinkshänderInnen von regelrechten »Schreibkrämpfen« in der rechten nicht dominanten Hand, besonders in Situationen, in denen sie sich aufregten oder man ihnen beim Schreiben zusah.[50] Forscher haben festgestellt, »dass ein Schreibkrampf durch den übersteigerten Einsatz einer allgemeinen Kontrollstrategie des motorischen Systems entsteht, die normalerweise eingesetzt wird, um neue Aufgaben oder Unsicherheiten zu bewältigen.«[51] Insofern kann eine Umschulung der Händigkeit sicher als begünstigender Faktor für das Auftreten eines Schreibkrampfes gesehen werden, zumal umgeschulte LinkshänderInnen eher zu überkontrollierten Bewegungen neigen, um die feinmotorischen Unsicherheiten auszugleichen.

Erwachsene in der Linkshänderberatung berichten häufiger über die Erfahrung, dass sie sich beim Malen oder Schreiben mit der rechten Hand – also dort, wo die feinmotorische Bewegung mit Emotion verknüpft ist – nicht wirklich ausdrücken konnten. Das, was sie im Kopf hatten, kam nie flüssig aufs Papier. Erika, umgeschulte Linkshänderin, hätte in ihrer Jugend so viele Gedichte schreiben wollen – erst seit sie mit beiden Händen auf der Tastatur am Computer schreibt, gelingt es ihr besser, schöne Texte zu formulieren. Klient Herr S. berichtet von einer auch für andere typischen Negativerfahrung seiner Schulzeit: Bei Aufsätzen kamen ihm nie die passenden Ideen, es habe ihm immer an Ausdrucksfähigkeit gefehlt. Frau M. hatte so viele Bilder im Kopf, die sie gern umgesetzt hätte – ihr Malen mit der nicht dominanten rechten Hand blieb jedoch stets sehr »technisch«. Sattler machte die Beobachtung, dass manchen Menschen durch die Umschulung der Bezug zu ihrer Handschrift fehlt: »Viele

---

[49] Ebd., S. 71.

[50] Vgl. ebd., S. 75.

[51] Norbert Mai/Christian Marquardt, »Das vernachlässigte Verhalten: Kinematische Analysen der Schreibbewegungen beim Schreibkrampf«, in: *Verhaltenstherapie, Selbstregulation, Selbstmangement*, hrsg. von Hans Reinecker und Dieter Schmelzer, Göttingen 1996, S. 325.

umgeschulte Linkshänder schämen sich ihrer Handschrift und empfinden sie als etwas Wesensfremdes, ihnen nicht Zugehöriges.«[52]

Durch eine Umschulung der natürlichen Linkshändigkeit zum Schreiben können die gesamte Lern- und Leistungsfähigkeit beeinträchtigt sein. Vielfach sind **Gedächtnis und Merkfähigkeit** betroffen.

Schulkinder, die mit ihrer nicht dominanten Hand schreiben, haben oft Probleme beim Auswendiglernen und machen die Erfahrung von Blockaden beim Abrufen von Lerninhalten, besonders in Prüfungssituationen. Erwachsene sehen es rückblickend noch als sehr belastend an, dass sie in Schulzeit, Ausbildung oder Studium ihre eigenen Leistungen nie einschätzen, sich nicht auf ihre eigene (Gedächtnis-)Leistung verlassen konnten und dass ihre Lernanstrengungen nicht den gewünschten Erfolg brachten. Klienten erzählen, dass sie auf bereits verstandene, als »gelernt« abgespeicherte Zusammenhänge in manchen Situationen, besonders unter Stress, keinen Zugriff mehr hatten. Im Gehirn scheint durch die Umschulung so etwas wie ein »unsichtbarer Wackelkontakt« zu entstehen.[53]

Ein weiteres Problem, das viele belastet, betrifft die **Konzentration**: Gerade bei Schulkindern, die mit ihrer nicht dominanten Hand schreiben, zeigt sich, dass sie meist nur sehr kurze Konzentrationsphasen haben, schnell in Träumerei abschweifen oder den Unterricht stören. Da sich zu Hause bei den Hausaufgaben diese schnellen Konzentrationsabfälle noch drastischer bemerkbar machen, entstehen zwischen Eltern und Kindern oft große Spannungen. Erwachsene in der Linkshänderberatung erinnern sich, dass sie große Schwierigkeiten hatten, bei Vorträgen zuzuhören und gleichzeitig mitzuschreiben, weil sie dies sehr anstrengte und sie sich nach kurzer Zeit nicht mehr konzentrieren konnten. Durch konzentrationsbedingtes Hin- und Herspringen zwischen den Gedanken und Gefühlen sind umgeschulte LinkshänderInnen oft nicht fähig, einem Gegenüber ihre Gedanken klar und flüssig zu formulieren.[54]

Lese- und Rechtschreibschwierigkeiten treten ebenfalls häufig als Folge von umgeschulter Linkshändigkeit auf. Sie zeigen sich als Buchstaben- und Zahlenverdreher beim Schreiben und Lesen, Flüchtigkeitsfehler in Diktaten (auch bei gelernten und gekonnten Wörtern) sowie in holprigem und ungenauem Lesen, dabei werden auch manchmal die Silben vertauscht. Die Probleme mit der Schreib- und Leserichtung

---

[52] Sattler, Der umgeschulte Linkshänder oder Der Knoten im Gehirn, S. 71.

[53] Vgl. ebd., S. 58.

[54] Vgl. ebd., S. 62f.

hängen meist mit der anderen Wahrnehmungs- und Blickrichtung des Linkshänders zusammen und lassen sich, auch wegen der schnell nachlassenden Konzentration, bei Umschulung nicht einfach kompensieren. Erwachsene, die diese Schwierigkeiten inzwischen in der Regel überwunden haben, erleben in Stresszeiten, dass plötzlich Spiegelungen oder Verwechslungen von Buchstaben wieder auftreten.

Leseprobleme machen sich vor allem beim lauten Lesen bemerkbar; hier hört jemand zu, der Stress ist größer, und das Erfasste muss außerdem in eine Bewegung (Stimme, Mundmotorik) umgesetzt werden. Sattler schreibt dazu: »Das Gehirn kann nicht so schnell dem Inhalt folgen, und die Wörter werden bei nachlassender Konzentration z.T. in entgegengesetzter Schriftrichtung (Spiegelschrift) wahrgenommen. Daher erfinden diese Kinder neue Satzteile oder lesen verzerrte oder unsinnige Worte. Manche lernen den Text auswendig, um sich die Peinlichkeit im Unterricht zu ersparen.«[55]

Störungen im Körpergefühl (Rechts-Links-Unsicherheiten)

Mit der Umschulung zum Schreiben, die die Dominanzverhältnisse bezüglich der Aufgaben und der Zusammenarbeit der Gehirnhälften stört, hängt oft eine Irritation des gesamten Körpergefühls zusammen. Unsicher im eigenen Körper, unstimmig in der Bewegungskoordination, betreiben viele umgeschulte LinkshänderInnen von Kindheit an ungern Sport. Betroffene sehen sich – und andere sie – häufig als ungeschickt oder tollpatschig, so zum Beispiel bei Kreisspielen oder beim Tanzen in der Gruppe. »Körperliche Unsicherheit, Füße durcheinandergebracht«[56] – so beschreibt es Viola B. Mit einem blockierten Körpergefühl hängt auch häufig eine Beeinträchtigung der Richtungswahrnehmung zusammen, eine Rechts-Links-Unsicherheit. Kinder, die im Handgebrauch wechseln oder sich schon auf rechts umgestellt haben, können häufig weder ihre Körperseiten noch die Richtungen rechts und links auseinanderhalten. Bei erwachsenen umgeschulten LinkshänderInnen kann eine solche Rechts-Links-Unsicherheit etwa beim Autofahren geradezu gefährlich werden. Manche erleben – besonders in Stresssituationen – sogar eine komplette Orientierungslosigkeit.

Auch berichten erwachsene Betroffene, nicht zu bemerken, dass sie bestimmte Tätigkeiten (z.B. im Haushalt) mit links ausführen. Offensichtlich sind sie dadurch beeinflusst, dass sie sich durch ihr Schreiben mit rechts als RechtshänderInnen sehen und auch von ihrer Umwelt bisher immer als solche wahrgenommen wurden. Manche

---

[55] Sattler, Das linkshändige Kind in der Grundschule, S. 75.

[56] Sattler, Der umgeschulte Linkshänder oder Der Knoten im Gehirn, S. 73.

scheinen ihrem Körpergefühl schon deshalb nicht zu trauen, weil sie es als »falsch« ansehen, wenn sie Tätigkeiten mit links ausführen.

Körperliche Probleme

Im Kindesalter betreffen die körperlichen Probleme wohl im Wesentlichen die nicht dominante Hand, die beim Schreiben schmerzt, besonders, wenn eine große Textmenge bewältigt werden muss. Manche Kinder drücken mit dem Stift so fest auf, dass sich ihre Finger geradezu verformen. Bei anderen sind es Handgelenk und Arm, die sich schmerzhaft verspannen oder versteifen. Diese Probleme entstehen durch die übermäßige Anstrengung, die beim Schreiben und bei anderen anspruchsvollen feinmotorischen Tätigkeiten mit der falschen Hand geleistet werden muss.

Insbesondere erwachsene umgeschulte LinkshänderInnen berichten immer wieder von Schmerzen und sogar Entzündungen in rechter Hand und Handgelenk und von für sie zunächst unerklärlichen körperlichen Problemen wie Schulter- und Rückenschmerzen.

Studentin M., umgeschulte Linkshänderin, konnte zum Ende ihres Studiums nicht mehr in den Vorlesungen mitschreiben, weil sich eine Sehnenscheidung im rechten Handgelenk entwickelt hatte. Klientin Frau B., 68 Jahre, berichtete über starke Rückenschmerzen, die sich in den letzten Jahren verstärkt hätten. Da ihr nun bewusst wurde, dass sie als Kind umgeschult worden war, konnte sie die Schmerzen als Spätfolge der Fehlbelastung durch das Schreiben mit rechts – sie war Lehrerin – einordnen.

Je älter die betroffenen umgeschulten LinkshänderInnen sind und je intensiver die Beanspruchung der nicht dominanten Hand, desto häufiger manifestiert sich die Überanstrengung in Schmerzen oder es treten durch Anspannung bedingte Fehlhaltungen in anderen Körperteilen zu Tage. Klient Herr F., 62 Jahre, berichtete von lange andauernden Schmerzen in der rechten Schulter, die ihn beruflich stark einschränkten. Als Programmierer musste er über viele Jahre mit der Computermaus in der rechten Hand arbeiten. Durch den Test wurde festgestellt, dass er Linkshänder ist und die Schulterschmerzen offensichtlich eine Folge der jahrzehntelangen Überanstrengung der rechten nicht dominanten Hand darstellten. Inzwischen verwendet er die Maus mit der linken Hand, und mit Hilfe einer zusätzlichen Körpertherapie sind seine Schulterschmerzen kaum noch spürbar.

Auch andere berufliche Tätigkeiten, die anspruchsvolle feinmotorische Leistungen über einen langen Zeitraum erfordern (wie das Arbeiten mit feinen Werkzeugen und

Maschinen), können, wenn sie nicht mit der dominanten Hand führend ausgeführt werden, körperliche Symptome zur Folge haben.[57]

Sprachstörungen, insbesondere ein zeitweiliges Stottern, treten gelegentlich bei linkshändigen Kindern auf, die auf die rechte Hand umgeschult wurden. Davon berichtet auch die erwachsene Klientin Frau A.: Durch die massive Zurückweisung der linken Hand mit Schulbeginn durch ihre Mutter manifestierte sich bei ihr das Gefühl »Ich bin nicht richtig.« Sie begann zu stottern (und machte außerdem auch längere Zeit ins Bett), was sich nach einiger Zeit wieder legte. Als Erwachsene gerät sie nun erneut ins Stottern, wenn sie unter Stress steht – sie ist weiterhin umgeschulte Linkshänderin. Als weitere Auffälligkeit in diesem Bereich sieht Sattler bei vielen umgeschulten LinkshänderInnen häufig bis ins Erwachsenenalter hinein »eine Art ›Ansprechen einzelner Wörter‹ ohne diese zu beenden«. Es scheint, als würden in Redesituationen manchmal Gedanken einfach »dazwischen schießen«, die den Redefluss unterbrechen und stark beeinträchtigen. Verstärken kann sich dies in Zeiten großer Anspannung. Stockungen im Sprachfluss können auch auftreten, wenn der/die Betroffene längere Zeit wenig gesprochen hat und sozusagen aus der Übung gekommen ist.[58]

2.2.2 Die Folgen der Umschulung für Gefühlserleben und Verhalten

Störungen des Gefühlserlebens

Schulkinder, die sich zum Schreiben auf ihre nicht dominante Hand umgestellt haben, fühlen oft eine große **Unsicherheit**. Sie sind ihren Körperbewegungen gehemmt und werden von anderen als »linkisch« abgestempelt. Sie erheben ihre Stimme nicht und beteiligen sich nicht am Unterricht. Sie verstehen selbst nicht, warum sie in bestimmten Situationen trotz größter Anstrengung versagen, und ziehen sich zurück. Lehrkräfte oder andere Bezugspersonen verstehen die Zurückhaltung oft nicht, weil sie spüren, dass in dem Kind mehr Potenzial steckt, als es nach außen zeigt.

Es kann jedoch auch passieren, dass umgeschulte LinkshänderInnen so beurteilt werden, als wollten sie nicht lernen oder sich anstrengen. Bedenkt man die Tatsache, dass die Betroffenen immer einen höheren Energieaufwand für all ihre Verrichtungen betreiben müssen, wird schnell deutlich, dass der/die umgeschulte LinkshänderIn es einfach nicht schneller oder besser kann.

---

[57] Vgl. ebd., S. 279ff.

[58] Vgl. ebd., S. 77.

Eine grundsätzliche Unsicherheit begleitet viele umgeschulte LinkshänderInnen bis weit ins Erwachsenenalter hinein, auch wenn sie im Beruf offensichtlich anerkannt werden. Die sie seit ihrer Kindheit begleitende Erfahrung, auch mit großer Anstrengung nicht den gewünschten Erfolg zu erzielen, bewirkt, dass sie ihre Leistungen nie realistisch einschätzen oder gar positiv bewerten können. So erging es Klientin Frau H., die als Grundschullehrerin ihre hohe Fachkompetenz nicht anerkennen konnte und sich ihren KollegInnen gegenüber ständig unterlegen fühlte.

Neben der Unsicherheit entsteht häufig ein **Gefühl der Minderwertigkeit**. Linkshändige Kinder hören vor der eigentlichen Umschulung auf die rechte Hand, dass sie »falsch« sind, weil sie z.B. ihre linke Hand zum Begrüßen geben oder das Essbesteck mit links nehmen möchten. Oft ist dies mit abfälligen Bemerkungen verbunden. Nun versuchen sie es allen recht zu machen und erleben, dass sie selbst mit der größten Anstrengung nicht die gleichen Erfolge erzielen wie andere Kinder, obwohl sie sich auch intelligent fühlen – das Selbstwertgefühl ist betroffen. Manches Kind wird von einem fröhlichen, unbeschwerten Kind mit dem Schulbeginn zu einem stillen Kind, das nicht verstanden wird, selbst die Welt nicht mehr versteht und sich zurückzieht. Es erlebt große **Einsamkeit**.

Zunehmend können sich verschiedene **Ängste** aufbauen – davon berichten einige Erwachsene rückblickend auf ihre Schul- und Studienzeit. Durch die ständige Diskrepanz zwischen Denken (bzw. Denkvermögen) und Reproduzieren, zwischen Lernfähigkeit und Leistung, zwischen Bemühen und Bestätigung, zwischen Anstrengung und Erfolg entsteht die Angst zu versagen, was sich besonders auf Prüfungssituationen auswirkt. Betroffene leiden häufig unter regelrechten »Prüfungsängsten« – besonders in mündlichen Prüfungen, wo sie unter Beobachtung unmittelbar Wissen abrufen und wiedergeben sollen.

Wenn die Erfahrung, sich nicht auf seine eigene Leistung verlassen zu können, sich über längere Zeit einprägt, erleben die Betroffenen nicht zuletzt eine **Störung ihrer »Wirksamkeit«**.[59] Das Gefühl der eingeschränkten Wirksamkeit führt zu Verunsicherung und Selbstabwertung, die Betroffenen ziehen sich dann häufig zurück und kommen schlimmstenfalls zu einem Selbstbild des »Ich bin falsch«, das viele umgeschulte LinkshänderInnen von sich haben.

---

[59] Vgl. auch Udo Baer, Kreative Leibtherapie – Das Lehrbuch, Neukirchen-Vluyn 2012, S. 59.

Eine Umschulung der Händigkeit wirkt sich auf das gesamte Gefühlsleben aus. Da sich mit der nicht dominanten Hand Gefühle nur eingeschränkt ausdrücken lassen, empfinden sich umgeschulte LinkshänderInnen oft als »abgeschnitten« von ihren Gefühlen. Es scheint, als fehle ihnen der Zugang zu ihrer dominanten rechten Gehirnhälfte und als sei über ihre nicht dominante linke Gehirnhälfte die Verbindung zu ihren Emotionen nur eingeschränkt möglich. Bereits erwähnt wurde, wie schwer es manchen betroffenen Erwachsenen fällt, sich mit ihrer nicht dominanten Hand schreibend auszudrücken oder ausdrucksvoll zu malen. Die Gemälde von Kindern, die nicht mit ihrer dominanten Hand malen, sind oft sehr spärlich oder sie beschränken sich aufs Ausmalen. Auch »zeichnen« sie eher als ihrer Phantasie über den Stift freien Lauf zu lassen.

Das Sich-abgeschnitten-Fühlen von den eigenen Gefühlen, aber auch von den eigenen Fähigkeiten, von dem, was einen ausmacht – das komprimiert sich letztlich in einem Gefühl des »Sich-fremd-Seins«. Die Psychologin Marina Neumann sieht es so: »Die Umerziehung auf die rechte Hand bedeutet psychologisch gesehen eine Selbstentfremdung, die den Linkshänder von seinen Stärken und Begabungen abschneidet.«[60] Aus Sicht der Kreativen Leibtherapie ist das »Sich-Fremd-Sein« ein Gefühl, das häufig mit »Unsicherheit, Orientierungslosigkeit, Verständnislosigkeit für sich selbst und Einsamkeit«[61] einhergeht. Zugleich ist es auch ein »Ausdruck davon, dass wichtige Aspekte der Lebendigkeit ungelebt oder unlebbar sind.«[62] Dies entspricht häufig dem Erleben umgeschulter LinkshänderInnen, denn durch die Unterdrückung der natürlichen Händigkeit ist den Betroffenen ein Stück Selbstsicherheit, Zufriedenheit und Lebensfreude verloren gegangen.

Manifestation in Verhaltensmustern und Persönlichkeitszügen

Um mit diesen wiederkehrenden Erfahrungen umzugehen, scheinen die Menschen unterschiedliche Strategien zu entwickeln, die sich bei den jeweiligen Betroffenen häufig als »Muster« (im Sinne von verfestigten Gewohnheiten und Verhaltensweisen) etablieren können.[63] Auf die dauernden Frustrationen reagieren manche Kinder mit extremen Gefühlsausbrüchen, mit Wut und Aggression. Andere dagegen entwickeln

---

[60] Marina Neumann, Natürlich mit links. Zurück zur Linkshändigkeit – Befreiter leben mit der starken Hand, München 2014, S. 24.

[61] Udo Baer/Gabriele Frick-Baer, Das große Buch der Gefühle, Weinheim/Basel 2014, S. 300.

[62] Ebd.

[63] Vgl. Baer, Kreative Leibtherapie – Das Lehrbuch, S. 68.

eine Verweigerungshaltung, um dem ständigen Druck – der Unterdrückung ihrer dominanten Hand und Gehirnhälfte – auszuweichen. So verweigerte sich die zehnjährige Katharina, seit Schuleintritt mit ihrer rechten, nicht dominanten Hand schreibend, indem sie bei Mathematik-Schulaufgaben einfach »nichts« hinschrieb, obwohl sie gelernt hatte. In ihrem sonstigen Verhalten gegenüber Lehrkräften und MitschülerInnen zeigte sie sich sehr impulsiv und provozierend, hatte zusätzlich eine Konzentrationsschwäche und eine regelrechte Aufmerksamkeitsstörung – es war bei ihr bereits eine »ADHS« diagnostiziert worden. Wie sich in der Praxis der Linkshänderberatung bestätigt, sollte die Umschulung der Händigkeit zumindest mit als Ursache für das Störungsbild ADHS oder ADS in Betracht gezogen werden. Die Erkenntnis, dass die Umschulung einen enormen Stress für das Gehirn bedeutet, legt diesen Zusammenhang nahe.

Bei Erwachsenen spricht Sattler von »Persönlichkeitszügen, die sich der/die Betroffene sozusagen als ›Stützmaßnahme‹ angeeignet habe, die ihm helfen, mit den Folgen der Umschulung der angeborenen Händigkeit […] besser zurechtzukommen«[64]. Dazu gehören eine Art »verknotetes« Denken in geschlossenen Kreisen, was wenig flexiblen Grund für die Gedanken und Ansichten anderer Menschen schafft. In der Kommunikation mit anderen kann zum Problem werden, dass umgeschulte LinkshänderInnen dazu neigen, an einmal formulierten Meinungen festzuhalten, anderen zu widersprechen, ihnen ins Wort zu fallen und sie nicht ausreden zu lassen. Häufig wird ihnen auch »Rechthaberei« angelastet. Möglicherweise ist dies auch eine Strategie, um Probleme des Gedächtnisses und der Konzentration zu kompensieren.

Im Bewusstsein, sich auf die eigenen Leistungen nicht verlassen zu können, wirken manche ihrer Angst vor erneutem Versagen entgegen, indem sie sich und ihre Fähigkeiten kleinreden und sich sozusagen »unter Wert verkaufen«. Diese Neigung zum Understatement wirkt sich oft belastend auf Beziehungen aus.[65]

Einige Betroffene kompensieren ihre negativen Erfahrungen mit krampfhaft witzigem Überspielen ihrer vermeintlichen Schwächen, mit einer Art »Kasperle-Gehabe«, was dann zu einer typischen Verhaltensweise werden kann.[66] Andere dagegen beginnen aus Selbstschutz, ihre unangenehmen Gefühle zu negieren oder zu bagatellisieren. So erzählte Klient Herr S., 58 Jahre, dass er als Kind nie sportlich gewesen sei, Sportvereine nicht mochte und keinen Ehrgeiz empfunden habe, sich mit anderen zu messen. Er

---

[64] Sattler, Der umgeschulte Linkshänder oder Der Knoten im Gehirn, S. 91.

[65] Vgl. ebd., S. 102f.

[66] Vgl. ebd., S. 50.

habe gar nicht verstanden, wieso viele Gleichaltrige das wichtig fanden. So wurde er zum Außenseiter – scheinbar aus freier Entscheidung.

Gewissermaßen typisch für umgeschulte LinkshänderInnen ist auch, dass sie ihren Erfahrungen mit **Überkompensation durch einen erhöhten Leistungseinsatz** begegnen, »um die individuell empfundenen Mängel auszugleichen.«[67] Ihr Umfeld erlebt sie häufig als sehr gestresst und immer »unter Strom« – ein übersteigerter Leistungseinsatz kann geradezu zwanghaft werden. Mit einer Haltung des »Jetzt erst recht« werden diese Menschen im Erwachsenenalter zu Personen, die zwar beruflich erfolgreich sind, aber gegenüber sich selbst und anderen mit Härte und Unnachgiebigkeit auftreten. Der Leistungsdruck kann sich so zur Maxime entwickeln, dass die Betroffenen auch ihren Körper überfordern, nicht mehr auf seine Signale hören und zum Beispiel nicht spüren, wann sie eine Pause brauchen.[68]

Eine weitere Art der Schutzmaßnahme, um mit den Folgen der Umschulung fertig zu werden, scheint die **Tendenz zur Überkontrolliertheit** zu sein. Klientin Maria, 28 Jahre, die zur Händigkeitsabklärung kam und umgeschulte Linkshänderin ist, macht bisher neben Schreiben und Cellospielen auch fast alle anderen feinmotorischen Tätigkeiten mit rechts. Sie neigt dazu, ihre Alltagstätigkeiten sehr stark zu kontrollieren, achtet penibel auf Ordnung in ihrer Wohnung und in ihrer Umgebung. Gleichzeitig leidet sie darunter, dass sie in bestimmten Situationen ihre Bewegungen oft nicht kontrollieren kann: So zittert ihre rechte Hand beispielsweise beim Einschenken mit einer Kanne. Schon in der Kindheit erlebte sie, dass ihr im wahrsten Sinne Dinge aus der Hand glitten – sie warf viele Gläser herunter und stieß permanent Dinge um. Letztlich entspricht dieses überkontrollierte Verhalten einem großen Sicherheitsbedürfnis. Durch die Umschulung ist im Inneren, in der Seele, etwas durcheinander geraten, was zu einer tiefen Verunsicherung geführt hat. Nun möchten die Betroffenen wenigstens für Ordnung in ihrer Umgebung sorgen und Kontrolle über möglichst viele Abläufe erlangen, um sich ein wenig sicherer zu fühlen.

2.2.3 Psychosomatische und psychische Folgen

Keine psychische Reaktion oder psychosomatische Krankheit kann direkt mit der Umschulung in Zusammenhang gebracht werden. Je nach Veranlagung reagiert der Mensch unterschiedlich auf den Eingriff. Dennoch scheint es, als würden sich bei

---

[67] Ebd., S. 80.

[68] Vgl. ebd., S. 161.

entsprechender Disposition im Zusammenhang mit umgeschulter Linkshändigkeit »die Belastungen addieren und manchmal sogar multiplizieren.«[69]

Nicht selten lassen sich körperliche Reaktionen, für die keine organische Ursache gefunden werden kann, als Auswirkungen des Stresses der Umschulung und somit als »psychosomatisch« einordnen. Kinder im Grundschulalter, die zum Schreiben umgeschult wurden, klagen über Kopfschmerzen oder Bauchschmerzen als Reaktion auf die Überlastung. Aus Angst, den Leistungsanforderungen nicht gerecht zu werden, haben manche umgeschulte Kinder Schlafstörungen. Bei einigen tritt Bettnässen und Nägelkauen auf. Unerklärliche Erschöpfungszustände treten zum Teil schon bei Kindergartenkindern auf, die beginnen, sich an die rechtshändige Umgebung anzupassen und sich dafür sehr anstrengen. In meiner Praxis höre ich von den Eltern betroffener Kinder, dass diese nach der Schule immer extrem müde seien und eine lange Pause bräuchten, bevor sie mit den Hausaufgaben beginnen könnten.

Auch erwachsene umgeschulte LinkshänderInnen berichten von geradezu chronischen Erschöpfungszuständen. Im Laufe der Jahre, besonders in Ausbildung oder Studium, bemerken sie, dass sie einen hohen Preis dafür zahlen müssen, um den Leistungsanforderungen dauerhaft gerecht zu werden. Manche klagen über Schwindel oder häufige Kopfschmerzen, vereinzelt auch über regelrechte Migräneanfälle. Zwei Klientinnen berichteten über wiederkehrende Hörstürze (auf der linken Seite) – offensichtlich besteht ein Zusammenhang mit der Überforderung durch die Umschulung. Auch schmerzhafte körperliche Verspannungen und Rückenschmerzen lassen sich bei umgeschulten LinkshänderInnen als psychosomatische Folgen einordnen.

Die dauerhaft erlebten Erschöpfungszustände, Unsicherheiten und Minderwertigkeitsgefühle können zu psychischen Krankheiten wie einer Depression führen. LinkshänderberaterInnen erfahren in ihren Praxen, dass schon Schulkinder und Jugendliche depressive Phasen durchmachen und manche sogar Selbstmordgedanken beschäftigen – so sehr kann eine Umschulung die gesamte Lebensfreude unterdrücken. Psychologin und Psychotherapeutin Johanna Barbara Sattler weiß, dass »in der gängigen Psychotherapie ein überdurchschnittlich hoher Anteil umgeschulter Linkshänder Rat und Hilfe sucht.«[70]

---

[69] Ebd., S. 81.

[70] Ebd., S. 82.

2.3 Das Dilemma der Anpassung: »Ich will kein Linkshänder sein«

Die Gründe für eine Umschulung zum Schreiben entspringen im Wesentlichen einem Anpassungsbedürfnis. Kinder beobachten genau ihre Umgebung, lernen durch Nachahmung von Modellen und passen sich von daher häufig an die immer noch für RechtshänderInnen ausgelegte Umwelt an. Sie orientieren sich an Leitbildern und integrieren sich so in die Gesellschaft, in die sie hineingeboren wurden.[71] Darüber hinaus zeigen sie eine hohe Sensibilität für die Meinungen und Einstellungen ihrer Familienmitglieder. Daher ist es auch die Haltung der Eltern und der anderen Bezugspersonen zur Linkshändigkeit, sind es die Bewertungen der Bezugspersonen, die familiär und gesellschaftlich eingeprägt sind, an die sich ein Kind anpasst.

»Ich will kein Linkshänder sein« – das ist häufige Haltung, mit der Kinder zur Testung kommen; kaum sitzen sie am Tisch, so verstecken sie ihre linke Hand, damit diese sich nicht spontan einmischt, oder wechseln sofort in die rechte, wenn sie etwas spontan mit links gegriffen haben – und vergewissern sich dann häufig durch einen Blick zur Mutter oder zum Vater, ob sie auch alles »richtig« machen. Wenn die Kinder eigentlich LinkshänderInnen sind, so kommt meist im Verlauf der Testung, wenn sie sich entspannen, unbemerkt doch die linke Hand zum Einsatz – manche schreiben sogar spontan ihren Namen mit links, auch wenn sie ihn vorher mit rechts mühsam eingeübt hatten, und es gelingt!

Dass links als »falsch« bewertet wird, erweist sich oft als eine ausgesprochene oder unausgesprochene Übereinkunft in der Familie, sozusagen als ein »Familienmuster«, das sich immer weiter tradiert und eine wertfreie Wahrnehmung der individuellen, natürlichen Händigkeit beim eigenen Kind nicht ermöglicht.

Eine Mutter wollte die Händigkeit ihrer sechsjährigen Tochter Sabina noch vor Schuleintritt abgeklärt wissen, um gegebenenfalls »Maßnahmen noch vor der Schule ergreifen zu können«. Sabina male mit rechts, habe aber große Probleme mit der Stifthaltung, und sie mache fast alle spontanen Tätigkeiten mit links. Zu Hause sei aufgefallen, dass sie überhaupt viele Dinge »anders« mache (z.B. den Roller anschieben, das Besteck halten, sogar die Geige habe sie mit links gezupft). Die Mutter erzählte zwar alles freimütig, was auf eine Linkshändigkeit bei Sabina hindeutete – die sich dann auch bei meinen Tätigkeitsbeobachtungen bestätigte – war aber offensichtlich in dem Bewertungsmuster »Links ist falsch« gefangen. So war für sie ganz klar, dass sie ihrer Tochter beibringen müsse, dass man das Essbesteck rechts hinlegt und den Löffel mit rechts nimmt – ihre Tochter mache es immer »falsch«. Auch als die Tochter die Geige mit

---

[71] Vgl. ebd., S. 162.

links gezupft habe, habe sie ihr gezeigt, wie man die Geige »richtig« hält. Die Ballett-lehrerin habe festgestellt, dass das Mädel immer mit dem »falschen Bein« beginne, die Erzieherin im Kindergarten verlangt, dass sie »richtig die Hand« gebe, wenn sie, wie meistens, die linke Hand hinstreckt. Da Rechtshändigkeit in der Familie überwiegt, erschien es den Eltern wichtig, die Tochter (die mittlere von drei Töchtern) zum Ge-brauch der rechten Hand anzuhalten; auch die Großeltern spielen eine entscheidende Rolle. Wie sehr auch die Mutter in einem Familienmuster steckte, das die Wahrneh-mung sowohl ihrer Tochter als auch die ihrer selbst entscheidend prägte, wurde mir deutlich, als sie aus ihrer eigenen Geschichte berichtete:

»Ein Gespräch mit meiner Mutter ergab, dass ich im Kleinkind- und Kindergartenalter eine ausge-prägte Links-Vorliebe hatte. Sie sagte, ich hätte alles mit links gemacht: Malen, Ziehen, Aufheben, Essen etc. Aber bis zur Schule hätte ich ›alles dann richtig‹ gemacht... Als ich sie darauf angespro-chen habe, inwieweit ich als Kind links orientiert gewesen sei, sagte sie sogar: ›Klar, du warst als Kind ein Linkshänder, aber bis zur Schule hast du alles richtig gekonnt.‹«

Nach einem Telefongespräch, in dem ich der Mutter meine Einschätzungen bezüglich der Händigkeit von Sabina erklärte und weitere Beratung und Begleitung anbot, mel-dete sie sich nicht mehr bei mir. Ich vermute, dass sie die Linkshändigkeit ihrer Toch-ter nicht akzeptieren konnte und wollte.

Wenn ein Kind spürt, dass Linkshändigkeit nicht angebracht oder erwünscht ist, un-terdrückt es manchmal seine eigene spontane Handlung und damit auch einen Teil seines lebendigen Ausdrucks. Es ist sich seiner eigenen Bedürfnisse und Fähigkeiten nicht bewusst, weil es, auf die Anerkennung angewiesen, den Eltern alles »recht« ma-chen, nicht anders sein und ihnen, die vielleicht eigene Belastungen haben, keine wei-teren Schwierigkeiten bereiten möchte. Das kann so weit gehen, dass es gar nicht mehr spürt, dass es seine linke Hand eigentlich bevorzugt, ja dass es sich selbst als Rechts-händerIn sieht und empfindet, obwohl es vielleicht einige Dinge mit links macht und gut kann.

Das Kind hat in Bezug auf seine Händigkeit ein ›Selbstkonzept‹ entwickelt. Um über-haupt ein Selbstkonzept entwickeln zu können, braucht es die zwischenmenschliche Beziehung und insbesondere die unbedingte Wertschätzung der Bezugspersonen. Wenn ein linkshändig veranlagtes Kind also von sich meint, es sei »Rechtshänder« oder

gar »Beidhänder«, dann richtet es sich damit auch nach dem, was von seinen Bezugspersonen als »richtig« und »gut« bewertet wird.[72]

Wie sehr das Rechtshändersein zum Selbstkonzept gehören kann, wurde mir in der
Arbeit mit dem siebenjährigen Florian klar: Im Verlauf der ersten Klasse hatte er,
rechts schreibend, so große Probleme bezüglich Feinmotorik, Konzentration und
Lernverhalten entwickelt, dass er zur Testung kam – mit dem Ergebnis »Linkshändigkeit«. In Absprache mit den Eltern begleitete ich Florian bei der Umstellung zum
Schreiben auf die linke Hand, also bei einer sogenannten »Rückschulung«. Er machte
alles sehr gut, die Schreibbewegungen mit links gelangen ihm gut und flüssig, so dass
nach einigen Monaten die Entscheidung anstand, auch in der Schule (jetzt also in der
zweiten Klasse) mit links zu schreiben, zumal er eine neue Lehrerin bekam. Florian
sagte aber zu mir: »Ich habe bisher immer mit rechts geschrieben, also bin ich Rechtshänder. Wenn ich jetzt meiner Lehrerin sage, ich bin Linkshänder, dann lüge ich doch.«
Wir beendeten nach einer Weile in Absprache mit ihm und den Eltern die Übungs-
stunden, wobei ich im Nachhinein von der Mutter erfuhr, dass Florian zwar von sich
selbst sagte, er sei Linkshänder, weil er doch mit links schreibe – ihm aber dabei nicht
bewusst war, dass er mit rechts schrieb. Es wurde übrigens deutlich, dass die Mutter
selbst umgeschulte Linkshänderin war und Linkshändigkeit in ihrer Herkunftsfamilie
negativ besetzt war.

Die Psychologin und Psychotherapeutin Sandra Konrad stellt in ihrem Buch »Das
bleibt in der Familie – von Liebe, Loyalität und uralten Lasten« deutlich heraus, dass
das entscheidende Band, das eine Familie zusammenhält, das Band der Loyalität sei.
»Familiäre Loyalität ist eine Art Treuepakt, der in unserer Kindheit geschmiedet wird
und haltbarer ist als jeder rechtlich geschlossene Vertrag.«[73] Unter diesem Aspekt ist
die Haltung zur eigenen Umschulung der Händigkeit in vielen Fällen auch ein Akt der
Loyalität zu den Eltern und zur Familie. Kinder übernehmen aus Loyalität die Wahr-
nehmungs- und Bewertungsmuster der Eltern. Auch scheinen manche ihre Linkshändigkeit abzulehnen, wenn ein Elternteil umgeschulte/r LinkshänderIn ist – als wenn
es dem Vater oder der Mutter untreu würde, wenn es seinen eigenen Weg und einen
leichteren Weg als die Eltern, vielleicht ohne Schulschwierigkeiten, geht. Im Test

---

[72] Vgl. Sabine Weinberger, Kindern spielend helfen. Eine personzentrierte Lern- und Praxisanleitung, Weinheim/München 2010, 4. Aufl., S. 27.

[73] Sandra Konrad, Das bleibt in der Familie. Von Liebe, Loyalität und uralten Lasten, München
2013, 4. Aufl., S. 121.

zeigen diese Kinder dann, dass sie – auch bereits in jüngerem Alter – ihre feinmotorischen Bewegungen sehr kontrolliert ausführen. Die Anstrengung, die nötig ist, um jede kleinste Bewegung unter Kontrolle zu halten, fällt aber in der gesamten Körperhaltung, in einer verkrampften Stifthaltung und oft auch in hörbaren Atemgeräuschen auf. Und wenn manche Erwachsene ihre Linkshändigkeit nicht wahrhaben wollen, ihre Umschulungsfolgen herunterspielen und selbst bei ihren eigenen Kindern eine Linkshändigkeit nicht anerkennen können, dann tun sie dies nicht zuletzt aus Loyalität zu ihren Eltern und ihrer Herkunftsfamilie.

3. Rückschulung zum Schreiben auf links?

3.1 Voraussetzungen und günstige Bedingungen für eine erfolgreiche Rückschulung

3.1.1 Motivation und Erwartungshaltung

Eine Rückschulung der Händigkeit bezeichnet die Umstellung auf die dominante linke Hand als führende Hand für »Tätigkeiten mit hohen feinmotorischen Beanspruchungen, die gleichzeitig mit einer intellektuellen Anforderung durchgeführt werden.«[74] In der Praxis betrifft diese Umstellung auf die dominante (linke) Hand insbesondere das Schreiben, der Begriff kann aber auch für das Musizieren und das Malen und Zeichnen im Kindergartenalter angewendet werden.[75] Die bisherigen systematischen Untersuchungen belegen, dass das Schreiben mit der nicht dominanten Hand die beschriebenen Umschulungsfolgen nach sich zieht. Somit verknüpfen sich auch mit einer Rückschulung zum Schreiben am ehesten die Erwartungen an einen Rückgang der Belastungen durch die Umschulung. Die Vorstellung, dass mit der dominanten Hand die Dinge leichter gehen, dass sich etwas ändert und bestenfalls negative Folgeerscheinungen der Umschulung zurückgehen, sind wichtige Faktoren für die Entscheidung zu einer Rückschulung.

Jüngere Kinder haben selbst noch keine Vorstellung davon, warum eine Rückschulung für sie von Vorteil wäre. Um sie zu motivieren, muss ihnen bewusst werden, dass Malen und Schreiben mit der linken Hand Spaß macht und dass es besser geht als mit der rechten Hand. Bei manchen Kindern lässt sich die Bereitschaft für eine Rückschulung auch nach und nach wecken. Hier ist viel Einfühlungsvermögen der Bezugspersonen, PädagogInnen und der LinkshänderberaterInnen gefragt.

Ältere Kinder, die die Zusammenhänge schon begreifen, erhoffen sich von der Rückschulung bessere Leistungen in der Schule. Ein wichtiger Motivationsfaktor kann das Erreichen eines konkreten Ziels sein. So schulte sich ein zehnjähriger Junge in der vierten Klasse innerhalb von kurzer Zeit zurück, weil er seine Noten verbessern wollte, um den Übertritt aufs Gymnasium zu schaffen. Bereits wenige Wochen nachdem er angefangen hatte mit links zu schreiben, stiegen seine Noten in den Fächern Deutsch und Mathematik (was ihm die meisten Schwierigkeiten bereitete) deutlich an, und wir

---

[74] Sattler, Händigkeitsabklärung S-MH nach der Sattler-Methodik. Testverfahren mit Itemkarten, Kopiervorlagen und umfassendem Dokumentationsbogen, S. 12.

[75] Vgl. ebd.

konnten gemeinsam sein »Übertrittszeugnis« feiern! Ein Mädchen in der vierten Klasse erlebte, dass sich bereits durch Schwungübungen mit der linken Hand ihre Noten so stabilisierten, dass sie den erforderlichen Durchschnitt für das Gymnasium erreichte. Dies motivierte sie enorm, die Rückschulung auf die linke Hand systematisch anzugehen und vielleicht in der neuen Schule als Linkshänderin anzufangen. Auch der Wunsch eines elfjährigen Mädchens, von der Hauptschule auf die Realschule zu wechseln, wurde nach einem Jahr konsequenter Schreibübungen mit links Wirklichkeit. Allein durch die im Laufe der Rückschulung deutlich erhöhte Konzentration und das wachsende Vertrauen in die eigenen Fähigkeiten verbesserten sich ihre Noten.

Für Erwachsene kann es sich beflügelnd auf den Rückschulungsprozess auswirken, dass es sich gut anfühlt, den Stift mit links zu halten, mit links zu malen oder Schwungübungen zu machen. Sie staunen manchmal, was ihre linke Hand bereits kann, obwohl sie nicht geübt ist. Manche erleben beim Malen mit der linken Hand plötzlich positive Gefühle, die ihnen vorher nicht bekannt waren. Marina Neumann beschreibt es so:

»Das gute Gefühl war von Anfang an da. Schon die Nachspurübungen, auf die ich mich zunächst beschränkte, ermöglichten mir völlig neue Erfahrungen mit mir selbst. Ich erlebte Entspannung, Freude und eine bis dahin kaum gekannte innere Leichtigkeit.«[76]

Häufig ist es eine Idee, mehr eine vage Vorstellung davon, dass sich etwas ändern wird, dass die Betroffenen bald wieder mehr Lebensfreude empfinden können. So schreibt Solvejg Fiederling, Musikerin, die sich zum Schreiben zurückgeschult hat: »Ein tiefes Gefühl der Befriedigung war in mir und die Idee, dass die Dinge wieder ins Lot kommen.«[77] Klient Herr H., 30 Jahre, erhoffte sich, mit der Rückschulung »einen schweren Rucksack« ablegen zu können – er hatte sich in seinem bisherigen Leben sehr anstrengen müssen und erfuhr plötzlich ein neues Gefühl von Leichtigkeit. Für Herrn E., 53 Jahre, sei die beeindruckendste Erfahrung ein »veritabler Energieschub« gewesen, den er als »sehr befreiend« wahrgenommen habe – so beschrieb er es am Anfang seines Rückschulungsprozesses. Die Energie hielt zwar nicht für die Dauer des ganzen Prozesses an, aber diese Erfahrung motivierte ihn so, dass er bereit war, den langen Weg der Rückschulung zum Schreiben auf sich zu nehmen.

---

[76] Neumann, Natürlich mit links. Zurück zur Linkshändigkeit – Befreiter leben mit der starken Hand, S. 123.

[77] Sattler, Der umgeschulte Linkshänder oder Der Knoten im Gehirn, S. 192.

Dennoch ist zu bedenken: Ganz gleich, um welche Tätigkeit es sich handelt – mit einer Rückschulung wird nicht einfach ein Schalter im Gehirn umgelegt, und alle Probleme sind gelöst. So wie die Umschulung ein Eingriff ins Gehirn ist, so muss auch die Rückschulung als erneuter Eingriff in das Gehirn des Betroffenen betrachtet werden, der auch die Psyche betrifft. Ob sich am Ende eines unter Umständen längeren Prozesses alle Erwartungen erfüllen, lässt sich nicht vorhersagen.[78] In jedem Fall – ob es sich nun um einen jungen oder einen älteren Menschen handelt – sollte die Rückschulung nur mit Hilfe einer kompetenten Fachkraft für Händigkeitsfragen angegangen werden.

3.1.2 Alter und Lebenssituation der Betroffenen

Für eine erfolgreiche Rückschulung gibt es keine Altersgrenze, wie Erfahrungen aus der Praxis zeigen. Allerdings sollte in jedem Alter die gesamte Lebenssituation des/der Betroffenen berücksichtigt werden.

Kinder im Vorschulalter

Da bei einem Kind vor Schuleintritt die Feinmotorik auf rechts noch nicht so weit automatisiert ist – zumal, wenn es noch nicht schreiben kann – ist diese Zeit für eine Umstellung auf die linke Hand zum Malen günstig. Dies gilt besonders, wenn das Kind viele spontane Tätigkeiten mit links ausführt und sich aus Modell- und Nachahmungsverhalten heraus nur zum Malen und Schneiden auf die rechte Hand umgestellt hat. Bei feinmotorischen Problemen oder anderen Ursachen für das Malen mit rechts sollte eine unterstützende Therapie wie z.B. Ergotherapie erfolgen.

Kinder im Grundschulalter

Bei einigen jüngeren Kindern in der ersten oder zweiten Klasse läuft die Rückschulung problemlos ab, da sich die Abläufe beim Schreiben noch nicht zu stark verfestigt haben. Für andere Kinder, die sich bisher selbst als RechtshänderInnen betrachtet haben, kann dieser Prozess dagegen einen großen inneren Konflikt auslösen. Dem Glaubenssatz »Ich will kein Linkshänder sein« kann auch trotz guter Schreibmotorik, schneller Verbesserung des Schriftbildes mit links und noch so wohlmeinenden Bemühungen der Bezugspersonen in manchen Fällen nichts entgegengestellt werden. Eine Rückschulung kommt dann nicht in Frage.

Kindern in der dritten oder vierten Klasse verschafft die Erkenntnis, LinkshänderIn zu sein, manchmal eine große Erleichterung. Dies trifft verstärkt zu, wenn sie bereits

---

[78] Vgl. ebd., S. 142f.

unter schulischen Problemen leiden, die mit der Umschulung zusammenhängen. Die Erfolge bei den Schreibübungen und die Verbesserung der schulischen Leistungen können als motivierende Faktoren für eine Rückschulung wirken. Auf der anderen Seiten steigen die Anforderungen an Schreibmenge und -geschwindigkeit ab der dritten Klasse stark an, was die bisher ungeübte dominante Hand überfordern kann. Ob eine Rückschulung gut verläuft und zum gewünschten Ergebnis führt, ist abhängig von einer guten Übereinkunft aller beteiligten Personen: Das Kind selbst und alle wichtigen Bezugspersonen – Familienmitglieder, Lehrkräfte, sonstige Betreuungspersonen – müssen unbedingt von Sinn und Zweck einer solchen Maßnahme überzeugt sein. Das betreffende Kind muss bedingungslos in seinem Linkshändersein unterstützt werden.[79]

Jugendliche

Die Entwicklungsphase der Vorpubertät und Pubertät ist häufig geprägt von emotionaler Zerrissenheit und Rebellion. Dennoch sind die jungen Menschen ab dem Alter von zehn bis zwölf Jahren zunehmend in der Lage, sich selbst zu reflektieren und damit auch Gedankenkonzepte und Strategien für ihr Handeln zu entwickeln. Für eine Prognose bezüglich einer Rückschulung wirkt sich günstig aus, dass die Jugendlichen den Zusammenhang zwischen eigener Leistung und Ergebnis erkennen. Wenn sie selbst ihre schulischen Probleme als Umschulungsfolgen einordnen können, hilft ihnen dies eher eine Rückschulung durchzuhalten. Sie sind häufig bereit sich anzustrengen, um ein schulisches Ziel wie einen guten Abschluss oder gegebenenfalls den Wechsel aufs Gymnasium zu erreichen. Auch hier spielt die Unterstützung der Familie und der Lehrkräfte eine bedeutende Rolle.

Erwachsene

Im Erwachsenenalter eine Rückschulung anzugehen scheint insofern sinnvoll, als Erwachsene über Hoffnungen, Erwartungen und Wünsche an eine Rückschulung reflektieren sowie den Aufwand und die eigenen Ressourcen realistisch einschätzen können. Selbst im höheren Erwachsenenalter ist es möglich, mit links schreiben zu lernen. Feinmotorische Fähigkeiten lassen sich trainieren, und unser Gehirn ist bis ins hohe Alter hinein lern- und umstellungsfähig. Allerdings muss auch mit einbezogen werden, welche Rolle und Bedeutung das Schreiben mit der Hand im beruflichen und privaten Leben der Betroffenen einnimmt. Wenn kein Druck besteht, mit der Hand ein bestimmtes Pensum bewältigen zu müssen, so haben die Betroffenen Zeit und Ruhe für eine schrittweise Umstellung. Ausbildung und Studium bilden deshalb häufig nicht

---

[79] Vgl. ebd., S. 167.

den günstigsten Zeitraum für eine Rückschulung. Zu bedenken ist ebenso, dass nicht nur die Feinmotorik auf die dominante Hand umgestellt werden, sondern sich auch die Psyche neu ordnen muss. Die Lebenssituation sollte insgesamt stabil sein. Außerdem ist es für die Betroffenen wichtig, Bezugspersonen zu haben, die sie in ihrem Anliegen ernst nehmen und mit positiven Rückmeldungen zu ihren Fortschritten unterstützen.

Ein/e LinkshänderberaterIn, der/die bestenfalls auch psychologisch geschult ist, kann eher abschätzen als die Betroffenen selbst, ob die aktuelle Lebenssituation günstig und die Psyche stabil genug ist, um den Prozess der Rückschulung durchhalten zu können.

3.2 Der Prozess der Rückschulung

3.2.1 Vorgehensweise

Für Kinder hat sich eine Vorgehensweise in kleinen Schritten mit regelmäßigen Terminen in der Linkshänderberatung sowie Übungsanleitungen für zu Hause bewährt. Die Links-Übungen sollten überschaubar sein und Spaß machen. Klare und begrenzte Aufgaben sowie Vorgaben für Pensum und Dauer geben den Kindern einen festen Rahmen. Großräumige Schwünge, kleine Schwungübungen, Nachspurübungen und Schreibübungen mit Anleitung zu einer entspannten Schreibhaltung werden kombiniert sowie Pausen und Entspannungseinheiten eingebaut.

Besonders wichtig bei der Begleitung von Kindern in der Rückschulung ist, dass alle Beteiligten, also Eltern, Lehrkräfte und weitere Bezugspersonen, an einem Strang ziehen. Manchmal gilt es, anstrengende Phasen mit Verweigerungshaltung oder Aggression des Kindes durchzustehen und eventuell auch anzuraten, mit der Rückschulung zu pausieren, um das Kind nicht zu überfordern. Wenn es zu einem späteren Zeitpunkt den Sinn der Maßnahme selbst erkennt, kann die Rückschulung dann auf einmal sehr schnell zum Erfolg führen.

Wenn ein Erwachsener sich zum Schreiben umstellt, sind dagegen andere Umstände zu berücksichtigen. Auch wenn unser Gehirn bis ins hohe Alter flexibel bleibt, entwickelt sich die Feinmotorik doch langsamer, und Gehirnprozesse müssen allmählich umgestaltet werden. Dafür sind Zeit und Geduld wichtige Faktoren. Viele Betroffene versuchen, dies allein durchzustehen – die Erfahrung zeigt allerdings, dass es sinnvoll ist, sich methodische Unterstützung bei Fachleuten zu holen. Der/die Linkshänderberaterin kann mit dem Klienten oder der Klientin ein festes Übungsprogramm mit genauen Zeitangaben erarbeiten. Um einer Überforderung entgegenzusteuern, ist das

Einhalten von Pausen wichtig. Großräumige Schwungübungen geben zusätzlich ein gutes Gefühl für die linke Körperseite. Atem- und Entspannungsübungen empfinden einige als hilfreich, um auch in eine körperliche Balance zu kommen. Bei alledem darf der seelische Prozess, der durch eine Rückschulung in Gang gesetzt wird, nicht unterschätzt werden – professionelle Begleitung ist also ratsam.

3.2.2 Mögliche Schwierigkeiten

Überlastungssymptome

Bei der Betrachtung einer Vielzahl von Verläufen, die Sattler als Erfahrungsberichte in ihrem Buch »Der umgeschulte Linkshänder« festgehalten hat, stellt sie fest, »dass eine Rückschulung der Händigkeit auf die dominante Hand nicht bei jedem Betroffenen die gewünschten Erfolge bringt, sondern dass es häufig zu negativen Begleiterscheinungen kommen kann.«[80]

Nimmt ein/e Betroffene/r sich in anfänglicher Euphorie zu viel vor – z.B. gleich mehrere Seiten mit der linken Hand zu schreiben – so können sich schnell Überlastungssymptome einstellen. Körperlich drücken diese sich zum Beispiel in Spannungen im linken Arm oder sogar in schmerzlichen Entzündungen im Handgelenk aus.

Weitere Belastungen während der Rückschulung können psychosomatische Symptome wie Schwindelgefühle und auch starke Ermüdungs- und Erschöpfungserscheinungen sein. Einige Betroffene klagen über Kopfschmerzen, besonders während der Anfangsphase der Rückschulung. Wenn man sich vorstellt, dass sich sozusagen die Zuständigkeiten der Gehirnhälften wieder neu ordnen müssen – die linke Gehirnhälfte war ja durch die Umschulung maßlos überfordert – so sind Kopfschmerzen eine logische Konsequenz. Der 30-jährige Klient Herr H. erlitt im Verlauf der Rückschulung immer wieder regelrechte Migräneanfälle. Diese fühlten sich für ihn an wie ein »Kampf der rechten und linken Gehirnhälfte«. Zu diesem Zeitpunkt stellte er an sich den Anspruch, mit der linken Hand sehr schnell eine gute und flüssige Handschrift zu erreichen. Während der Schulzeit schrieb er mit rechts und erinnerte sich, dass gerade das Verfassen längerer Texte ihn sehr angestrengt und zeitweise sogar zu Migräneanfällen geführt hatte. In der Rückschulungsbegleitung machte ich ihn auf die Zusammenhänge mit dem Leistungsdruck aufmerksam, den er nun auf seine linke Hand zu übertragen schien. Nach und nach erlaubte er sich, Abstand zu seinem

---

[80] Ebd., S. 227.

Perfektionsanspruch aufzubauen. Je mehr er sich der Zusammenhänge zwischen den Umschulungsfolgen und den nun auftretenden Symptomen bewusst wurde, desto seltener erlitt er Migräneanfälle, bis sie schließlich ganz verschwanden.

In jeder Phase der Rückschulung besteht das Risiko für negative Begleiterscheinungen, die die Betroffenen bereits als Folge der Umschulung erlebt haben. Dazu gehören plötzliche Blockaden in der rechten Hand, die Vertauschung oder das Verdrehen von Zahlen, Buchstaben bzw. Silben oder allgemeine Rechts-Links-Unsicherheiten. Auch das Gefühl für den eigenen Körper kann zeitweilig gestört sein – etwas, das der/die Betroffene aus früheren Situationen kennt. So kann die Entscheidung für ein neues Leben als LinkshänderIn erst einmal alles durcheinanderbringen.

Gelegentlich stellen sich auch negative Gefühle wieder ein, die sich zuvor als Folgen der Umschulung manifestiert hatten. Dabei kann es sich um aggressive Gefühle handeln, die die Betroffenen gegen sich selbst richteten, weil sie ihren eigenen Leistungsanforderungen nicht genügten. In der Rückschulung erleben sie sich nun erneut als zu wenig leistungsfähig. Es können auch Angstgefühle freigesetzt werden, die sie als Kind hatten, weil sie in entscheidenden Prüfungssituationen versagten. Dazu kann die allgegenwärtige Unsicherheit vieler umgeschulter LinkshänderInnen kommen: Funktioniert die eigene Intelligenz zuverlässig? Auch psychische Probleme wie depressive Verstimmungen oder akute Depressionen, die sich schon als Umschulungsfolge manifestiert hatten, können wieder auftreten.

Entstehen solche Begleiterscheinungen, ist es wichtig, dass der/die LinkshänderberaterIn eine entsprechende Unterstützung anbietet, die Symptome einordnet, Ratschläge zur besseren Kräfteeinteilung gibt, Entspannungstechniken vermittelt und gegebenenfalls rät, das Vorhaben für eine Weile ruhen zu lassen. Denn werden die Zeichen der Überlastung nicht erkannt oder übergangen, können die Folgen schwerwiegend sein und gravierende seelische Krisen auslösen.

Einstellung und Bewertungen der Umgebung

Die Beurteilung und Bewertung des Umfeldes ist ein großes Thema in der Rückschulung. Kinder äußern die Sorge, dass ihre Handschrift mit links nicht so schön ist wie mit rechts, und befürchten eine negative Rückmeldung von dem/der LehrerIn. Auch scheuen sich manche davor, als LinkshänderIn aufzutreten, weil sie sich als »anders« wahrnehmen. Manchmal sind es Bemerkungen der engsten Bezugspersonen, die Kinder zusätzlich verunsichern: »Ich kann gar nicht sehen, wie du mit links schreibst«, sagte eine Großmutter zu ihrer neunjährigen Enkelin, die hoch motiviert war, mit links schreiben zu lernen, nachdem sich durch die Umschulung eine Reihe von schulischen

Problemen manifestiert hatten. Als Folge dieser verletzenden Äußerung brach das Mädchen die Rückschulung ab. Zum Glück entschloss sie sich dann mit 13 Jahren – inzwischen auf der Realschule – sich doch noch zum Schreiben auf links umzustellen, wodurch nicht zuletzt ihr Selbstwertgefühl stieg und sie einen sehr guten Schulabschluss erreichen konnte. In der Linkshänderberatung begegnen mir immer wieder Eltern, die selbst umgeschulte LinkshänderInnen sind und deshalb die Maßnahme einer Rückschulung nicht unterstützen: »Ich bin doch auch als umgeschulter Linkshänder durch die Schule gekommen, dann wird mein Kind es auch schaffen…«

Auch für viele Erwachsene ist es nicht leicht, den Schritt nach außen zu gehen und beim Schreiben mit der linken Hand plötzlich aufzufallen. »Wieso machst du das, du hattest doch eine so schöne Schrift?« ist eine häufige Reaktion. Sie unterliegen den Anforderungen und vor allem den Bewertungen der Umwelt, sowohl in der Familie als auch im Beruf. Sich für eine Rückschulung zu entscheiden heißt auch, den Mut zu aufzubringen, für die eigenen Bedürfnisse einzustehen.

So wie wir in der Praxis in Bezug auf die Rückschulung bei Kindern oft auf Widerstände bei den Eltern stoßen, so müssen sich auch Erwachsene mit ihren Eltern neu auseinandersetzen. Im Prozess der Rückschulung kommen bei manchen starke Erinnerungen an die eigene Umschulung zurück. Diese wurde häufig von den Eltern initiiert, die sich entweder nicht für die Handpräferenz ihres Kindes interessiert oder manipulierend in den Handgebrauch eingegriffen haben – schlimmstenfalls durch Androhung von Strafen oder mit Gewalt. Einige Eltern tun das Thema Linkshändigkeit oder Rückschulung einfach als »Spinnerei« ab oder bagatellisieren es mit der Aussage »Wieso, ich bin doch auch Beidhänder«. Möglicherweise spielen dabei Schuldgefühle eine Rolle, wenn Eltern sich daran erinnern, dass sie an der Umschulung ihres Kindes beteiligt waren.[81] Wie die Erfahrung zeigt, verhalten sich die Betroffenen bezüglich des Themas Händigkeit ihren Eltern gegenüber oft loyal; sie brauchen geradezu die Zustimmung ihrer Eltern, um ihre Linkshändigkeit leben zu können. Sattler schildert den Fall des 26-jährigen Studenten Herbert J., dessen Rückschulung anfangs erfreulich schnell voranging – seine Schrift entwickelte sich sehr gut – und dann plötzlich stagnierte. Es traten unerwartete Konzentrationsprobleme auf, und er bestand seine Prüfungen nicht. Es stellte sich heraus, dass die Eltern des Studenten weder Verständnis für seine Probleme noch für seine Entscheidung zur Rückschulung zeigten. Erst als durch eine Anregung von außen ein Umdenkungsprozess in Gang gesetzt wurde, konnten sie ihren Sohn in seinem Anliegen unterstützen. Sattler kommentiert: »Diese

---

[81] Vgl. Neumann, Natürlich mit links. Zurück zur Linkshändigkeit – Befreiter leben mit der starken Hand, S. 156f.

Art der elterlichen ›Rehabilitation‹ hatte auch mit dazu beigetragen, dass Herbert J. feststellte, dass sich auf psychischer Ebene einiges plötzlich in Bewegung setzte.«[82]

3.3 Alternativen zur Rückschulung

Bei Kindern und Jugendlichen gibt es plausible Gründe, während der Schulzeit keine Rückschulung anzugehen, wie etwa die Anforderungen an Schreibleistung und Schreibgeschwindigkeit. Vielfach haben auch Eltern und Lehrkräfte zu hohe Erwartungen an eine schnelle Verbesserung der schulischen Leistungen. In solchen Fällen ist es besser, von einer Rückschulung abzuraten und beim Schreiben mit rechts zu bleiben, weil sich bezüglich eines Erfolgs keine zuverlässigen Prognosen abgeben lassen. Auch familiäre Probleme können das Kind so stark belasten, dass eine Rückschulung nur eine Überforderung verursachen würde. Mit verschiedenen Hilfestellungen kann die Schreibhaltung der nicht dominanten rechten Hand dennoch verbessert und die Stifthaltung durch geeignete Stifte entspannt werden. Auch die Sitzhaltung des Kindes beim Schreiben sollte überprüft und bei Bedarf korrigiert werden, um das Schreiben zu erleichtern. Wenn große Schwierigkeiten beim Schreiben mit der Hand bestehen, kann das Kind versuchen, Texte auf dem Computer zu schreiben.

Empfehlenswert ist eine gute Strukturierung des Tagesablaufes; das Kind sollte nicht mit zu vielen Aktivitäten überfordert werden, und ihm sollte die Wichtigkeit von Pausen klar sein. Bestimmte Lernstrategien – z.B. Eselsbrücken – können helfen, das Gelernte auch unter Stress abrufen zu können. Übungen aus der Kinesiologie – wie Über-Kreuz-Übungen – fördern erfahrungsgemäß die Zusammenarbeit der beiden Gehirnhälften und unterstützen beim Lernen. Gute Ausgleichsmöglichkeiten bieten auch Spiel, Sport und Bewegung. Entspannungskurse wie Yoga können zusätzlich eine positive Wirkung zeigen. Auch wenn das Kind weiterhin mit rechts schreibt, können neue Tätigkeiten mit links ausprobiert werden: die Bedienung der Maus am PC, eine Sportart mit Ball oder Schläger – und gegebenenfalls auch ein Musikinstrument.

Zudem ist es von erheblicher Bedeutung, die Begabungen und Interessen eines Kindes zu fördern und damit sein Selbstwertgefühl zu stärken. Dies gilt besonders, wenn es durch die Umschulung negative Reaktionen in der Schule und im sozialen Umfeld erfahren musste.

---

[82] Sattler, Der umgeschulte Linkshänder oder Der Knoten im Gehirn, S. 200.

Nicht selten entscheiden sich Erwachsene gegen eine Rückschulung zum Schreiben, auch wenn sie sich ihrer Linkshändigkeit sicher sind. Je nachdem, welche anderen Tätigkeiten sie seit jeher mit links ausführen und wie sie die Umschulungsfolgen für sich einschätzen, sehen sie keine Notwendigkeit, das Schreiben mit links zu lernen. Manchmal sind es auch körperliche Probleme oder feinmotorische Schwächen, die einer Rückschulung im Weg stehen. Die Betroffenen befürchten unter Umständen auch, dass aufgrund ihrer Lebensumstände, beruflicher oder privater Probleme oder aufgrund ihrer psychischen Disposition die Belastung einer Rückschulung zu groß sein könnte.

In diesen Fällen ist es eine Option, die linke dominante Hand zunächst einmal mehr in den Blick zu nehmen, das Malen mit links anzugehen oder neue Dinge – z.B. ein Musikinstrument – mit links auszuprobieren. Erstaunlich ist dabei, dass sich oft allein durch das Bewusstwerden der Linkshändigkeit bisher verborgenes Potenzial erkennen und bisher nicht geahnte Kreativität freisetzen lässt. Der linken dominanten Hand Beachtung zu schenken heißt auch, die Linkshändigkeit als wichtigen Teil der eigenen Persönlichkeit anzuerkennen. Das kann einiges an der Einstellung zu sich selbst verändern.

Häufig gehören hohe Erwartungen und Selbstüberforderung zum Alltag der betroffenen umgeschulten LinkshänderInnen. Hier kann der/die LinkshänderberaterIn unterstützen und als Alternative zu einer Rückschulung Hilfen für die Etablierung einer guten Tagesstruktur mit Pausen und Ausgleichs- und Entspannungsübungen geben.

Eine einmal getroffene Entscheidung gegen eine Rückschulung kann natürlich zu einem späteren Zeitpunkt widerrufen werden. Für Erwachsene kann das Umstellen auf die linke Hand zum Schreiben immer noch eine Option darstellen, wenn die berufliche Einbindung nachlässt oder wenn die Lebensumstände sich ändern. Und bei Kindern und Jugendlichen darf man darauf vertrauen, dass bei einer hohen Eigenmotivation eine Rückschulung zum Schreiben im Verlauf der Schulzeit oder nach dem Schulabschluss erfolgreich durchgeführt werden kann.

3.4 Geglückte Rückschulung: Chance für neue Entwicklungsmöglichkeiten

Woran erkennt man eine geglückte Rückschulung auf die linke Hand? Sicher lässt sich der Erfolg an einer flüssigen, leserlichen Schrift festmachen. Mindestens ein halbes Jahr sollte bei Kindern für den Prozess veranschlagt werden. Als geglückt kann die Rückschulung zunächst gelten, wenn die Kinder mit der linken Hand flüssig schreiben und auch in der Schule mit den Anforderungen an die Schreibgeschwindigkeit zurechtkommen. Über das Schreiben hinaus zeigen sich häufig viele weitere positive Effekte einer Rückschulung: Die »neuen Linkshänder« entwickeln ein besseres Körpergefühl und strahlen dadurch mehr Selbstsicherheit aus. Ihnen tut es gut, wenn sie neue Fähigkeiten an sich entdecken und mit der linken Hand etwas können, was vorher für die rechte Hand sehr anstrengend war. Die Eltern erleben ihre Kinder als deutlich ausgeglichener und selbstbewusster, auch unbeschwerter und fröhlicher. Die Aufmerksamkeitsspanne habe deutlich zugenommen, die Auffassungsgabe sei schneller, das Kind sei wacher – so beschreiben es Eltern und Lehrkräfte. Ein wichtiges Merkmal einer erfolgreichen Rückschulung ist auch die Verbesserung der Schulnoten, die sich bei einigen Kindern deutlich bemerkbar macht.

Bei Erwachsenen dauert es erfahrungsgemäß ungefähr ein Jahr, bis man von einer »automatisierten Schreibleistung« sprechen kann.[83] Die Entwicklung einer eigenen Handschrift mit links kann aber durchaus ein längerer Prozess sein. Wichtig ist es, dieser Entwicklung Zeit zu lassen.

»Welche Erleichterung die ersten Buchstaben, Worte, Sätze: Mit Lust und Freude habe ich Schreibübungen gemacht, ausprobiert mit dem Füller in der richtigen Schreibhaltung. Meine Schrift entdeckt. [...] Aber es wurde ungeheuer spannend, den Prozess innerhalb der mittlerweile sieben Jahre zu beobachten, wie sich meine Schrift nochmal entwickelt und verändert hat und wie sie nun wirklich »meine Schrift« geworden ist.«[84]

Für viele Betroffene ist das Erlangen einer automatisierten Handschrift nicht das primäre Ziel einer Rückschulung. Positive Ergebnisse, die rückgeschulte LinkshänderInnen schildern, sind Rückgang und auch völliges Verschwinden von Blackouts beim

---

[83] Vgl. Johanna Barbara Sattler/Christian Marquardt, »Rückschulung bei erwachsenen umgeschulten Linkshändern. Begleitung der Rückschulung und wissenschaftliche Untersuchungen der motorischen Schreibbewegungen, dokumentiert am Fallbericht einer Rückschülerin«, in: *Motorik, Zeitschrift für Motopädagogik und Mototherapie*, Heft 3, September 2006, S. 124.

[84] Solvejg Fiederling in Sattler, Der umgeschulte Linkshänder oder Der Knoten im Gehirn, S. 193.

schriftlichen und mündlichen Formulieren von Gedanken. Bei Vorträgen verlieren sie nicht mehr so schnell den Faden – ebenso erleben sie, dass es möglich ist, zu schreiben und gleichzeitig zuzuhören und neue Inhalte aufzunehmen. Die Konzentrationsfähigkeit und Aufnahmekapazität verbesserte sich bei fast allen – wenn auch erst nach einer gewissen Zeit. Manche Betroffene erleben jedoch auch, dass sie im Fall hoher Leistungsanforderungen nach wie vor nicht so belastbar sind wie diejenigen, die in der Kindheit nicht umgeschult wurden. Trotz spürbarer Verbesserungen durch die Rückschulung lassen sich in der Regel die Umschulungsfolgen nicht gänzlich überwinden.[85]

Mit der Rückschulung könne, so die Psychologin Marina Neumann, »ähnlich wie im Gehirn, auch körperlich ganz allmählich eine Neustrukturierung und Gesundung passieren. Die linke und die rechte Körperseite können neu zusammenfinden.«[86] Wenn man dem Körper für diesen Regenerationsprozess Zeit gibt, lässt sich ein neues körperliches Wohlgefühl auf Dauer etablieren.

Einigen Betroffenen bedeutet es viel, über ihre dominante Hand erstmals Zugang zu ihren kreativen Fähigkeiten zu bekommen. So konnte Klientin Frau M., 39 Jahre, mit rechts zwar technisch gut malen und zeichnen, war aber erst jetzt mit ihrer dominanten linken Hand in der Lage, Blumen mit dem Stift in Farbe und Form lebendig werden zu lassen. Plötzlich das ausdrücken zu können, was in einem ist – das ist die Erfahrung vieler Erwachsener, die sich auf die linke Hand zurückgeschult haben. Für das Erleben neuer Lebendigkeit nehmen sie gegebenenfalls in Kauf, dass ihre Schrift mit rechts schöner war. So kann eine Rückschulung auf der seelischen Ebene einiges in Bewegung setzen und heilen. »Insgesamt zufriedener und weniger selbstkritisch«[87] sei sie durch ihre Rückschulung zum Schreiben geworden, so die Flötistin Maria Augustin. Verschiedene KlientInnen berichten, dass sie erst durch die Rückschulung lernten, ihre eigenen Bedürfnisse wahrzunehmen und nach außen zu vertreten.

LinkshänderInnen, deren natürliche Händigkeit unterdrückt wurde, erlebten sich von ihren Gefühlen und Fähigkeiten wie »abgeschnitten« und fühlten sich häufig fremd in ihrer Haut. Durch die Rückschulung auf die dominante, die sozusagen »eigentliche« Hand scheint es den Betroffenen erstmals möglich, eine Verbindung zu sich selbst

---

[85] Vgl. ebd., S. 151.

[86] Neumann, Natürlich mit links. Zurück zur Linkshändigkeit – Befreiter leben mit der starken Hand, S. 176.

[87] Verein LinkeHand, Interview mit Maria Augustin, Teil 1, <http://www.linkehand.at/wissen1.php.html>, 25.08.2016.

herzustellen. Klientin Frau E. drückte es – auf Bayerisch – ungefähr so aus: »Jetzt bin ich endlich die, als die ich von Anfang an gemeint war…«

Eine Rückschulung ist immer ein sehr individueller Prozess, der bei jedem Menschen unterschiedliche Zeit braucht und der mit dem Erreichen einer schönen und flüssigen Handschrift noch nicht beendet ist. Das Wiederentdecken der dominanten Hand birgt eine Chance für die persönliche Weiterentwicklung in sich, wenn man sie als »Türöffner für innere Wachstums- und Veränderungsprozesse«[88] wahrnehmen kann.

3.5 »Musik« in der Rückschulung zum Schreiben

3.5.1 Rückschulung und Instrumentalspiel – Wechselwirkungen

Positive Effekte

Sattler trug im Laufe der Jahre eine Vielzahl von Erfahrungsberichten mit positiven Verläufen einer Rückschulung zum Schreiben zusammen. Einige dieser Erwachsenen spielten ein Musikinstrument und wurden zum Teil auch professionelle MusikerInnen.

Es schien sich zu bestätigen, dass das gleichzeitige Training beider Hände wie beim Musizieren »ein wichtiger, prägender Faktor sein kann, der sich positiv und bestimmend auf den Erfolg einer Rückschulung der Händigkeit zum Schreiben auswirkt.«[89] Sattler erklärt dies so, dass möglicherweise das Musizieren mit beiden Händen – besonders, wenn es von Kindheit an gepflegt wird – bewirkt, dass die »zerebralen Strukturen in Bezug auf ihre Interaktion zwischen den beiden Gehirnhemisphären bei diesen Betroffenen vielleicht nicht so fest verankert sind.«[90] Diese Erkenntnisse lassen sich durch neurophysiologische Untersuchungen mit MusikerInnen bestätigen. Es wurde festgestellt, dass sich durch intensives Musizieren von Kindheit an der »Balken«, also die Verbindungsstruktur zwischen den beiden Gehirnhälften, vergrößert, was bedeutet, dass bei MusikerInnen der Informationstransfer zwischen den Hemisphären im Vergleich zu NichtmusikerInnen verbessert ist.[91] Dies mag ein Grund dafür sein,

---

[88] Neumann, Natürlich mit links. Zurück zur Linkshändigkeit – Befreiter leben mit der starken Hand, S. 151.

[89] Sattler, Der umgeschulte Linkshänder oder Der Knoten im Gehirn, S. 189.

[90] Ebd., S. 194.

[91] Vgl. dazu Teil 2, Kap.1.1.3.

dass eine Rückschulung von der nicht dominanten auf die dominante Hand den Betroffenen leichter fällt. Zugleich hat die dominante linke Hand durch das Spielen eines Musikinstrumentes schon einen gewissen Trainingsvorsprung, der ihr ohne Musikinstrument fehlen würde. Die Rückschulungsbegleitung eines zehnjährigen Jungen, der seit der ersten Klasse Klavier spielte und auch an Wettbewerben teilnahm, bestätigt diese Annahme: Er schulte sich innerhalb von drei Monaten zum Schreiben auf die linke Hand zurück, was sofort eine Verbesserung seiner Noten zur Folge hatte.

Einige Betroffene erlebten, dass sich – umgekehrt – die Rückschulung zum Schreiben positiv auf das Instrumentalspiel auswirkt. Berufsorganist Herr G. fokussierte sich nach der Rückschulung beim Orgelspiel vermehrt auf seine linke Hand und bemerkte viel bewusster ihre Fähigkeiten und ihren Anteil am musikalischen Geschehen. Andere InstrumentalistInnen erlebten ebenfalls als positiv, dass sich durch die Rückschulung zum Schreiben die Wahrnehmung für die linke Körperseite und die linke Hand verändert habe. Die Pianistin Frau R. empfindet seit der abgeschlossenen Rückschulung ihren »Kopf jetzt [als] wesentlich sortierter«[92], was wiederum das Spielgefühl am Klavier deutlich angenehmer mache.

Konzertpianistin und Klavierlehrerin Verena Börsch stellte bei ihrer Schülerin Silke nach deren Rückschulung zum Schreiben fest, dass die Lernfortschritte am Klavier »im Allgemeinen schneller und vor allem stabiler«[93] geworden seien. Es habe sich außerdem »eine rhythmische Stabilisierung und ebenso eine Stabilisierung der Tempoführung«[94] gezeigt.

Negative Effekte

Bei den von Einzelnen als positiv empfundenen Auswirkungen darf nicht übersehen werden, dass in der Wechselwirkung von Rückschulung zum Schreiben und Instrumentalspiel Probleme auftreten können, die die Betroffenen sehr belasten und die weder förderlich für das Instrumentalspiel noch für den Prozess der Rückschulung sind.

---

[92] Gespräch vom 09.01.2019.

[93] Mail vom 12.11.2018.

[94] Ebd.

Kinder

Es scheint zunächst einleuchtend, dass Musizieren als beidhändige Tätigkeit während der Rückschulung zum Schreiben zur Lockerung und Entspannung beitragen kann. Jedoch zeigt die Praxis, dass Kinder, die an der Rückschulung arbeiten und gleichzeitig den Unterricht auf einem Musikinstrument in der »normalen« Spielweise fortsetzen, häufig überfordert sind. Einige Kinder sind sich plötzlich der eingespielten Bewegungsabläufe nicht mehr sicher: Sie nehmen z.B. ihren Bogen in die linke Hand, und halten die Geige auf der anderen Seite, vertauschen die Hände bei der Flöte, vergessen Griffverbindungen oder verwechseln beim Klavierspielen die obere und untere Notenzeile und die Spielrichtung.

Eine gängige Ansicht besagt, dass besonders das Klavierspielen während der Rückschulung geeignet sei, weil doch beide Hände gleichermaßen beteiligt sind und die gleichen Bewegungsabläufe ausführen. Wie bei anderen Instrumenten ist auch beim Klavier die Aufgabenverteilung der Hände unterschiedlich. Vereinfacht ausgedrückt ist die rechte Hand für die Melodie zuständig, während die linke Hand die Begleitung spielt. Nun soll beim Schreiben die linke dominante Hand das Kommando übernehmen, während sie sich am Klavier weiterhin unterordnen muss – ein Konflikt ist dadurch vorprogrammiert. So wurde zum Beispiel beobachtet, dass sich bei linkshändigen Kindern in der Rückschulung die rechte Hand beim Spielen plötzlich sperrte und nicht mehr gehorchen wollte – möglicherweise als Ausdruck eines unbewussten Widerstandes. Weder die Lehrkraft noch das Kind konnten dies verstehen, zumal die rechte Hand bisher stets zuverlässig mitgearbeitet hatte.

Das Selbstwertgefühl des Kindes kann erheblich leiden, wenn bei Stücken, die bisher einwandfrei beherrscht wurden, wegen plötzlicher Blockaden in der rechten Hand Probleme auftreten.

Es sollte nicht dazu geraten werden, während einer Rückschulung zum Schreiben ein neues Instrument in der herkömmlichen Spielweise zu lernen! Dies gilt für das Klavier ebenso wie für alle anderen Instrumente.[95] Die Umstellung auf die dominante linke Hand zum Schreiben ist ein anstrengender Prozess, und es könnte eine Überlastung für Körper und Gehirn bedeuten, ein Instrument zu lernen, bei dem die rechte Hand erneut die Führung übernehmen muss. Außerdem sollte für das Üben am Instrument viel Zeit und Konzentration aufgewendet werden – eine zusätzliche Energieleistung,

---

[95] Im zweiten Teil des Buches wird ausführlich dargestellt, wie sich die Aufgaben der beiden Hände bei verschiedenen Instrumenten verteilen und wie sich die Handdominanz beim Spielen eines Instrumentes auswirkt.

die ein Kind im Schulalter in der Rückschulung nur selten aufbringen kann. Der Erfolg der Rückschulung könnte so stark vermindert werden. Der/die betreuende LinkshänderberaterIn und die Instrumentallehrkraft sollten in diesem Falle zusammenarbeiten und sich darüber abstimmen, was das Kind in dieser Phase braucht. Unter Umständen kann im Klavierunterricht der Fokus auf die linke Hand gerichtet und Stücke ausgesucht werden, die der linken Hand den überwiegenden Anteil am musikalischen Geschehen überlassen. Auch bei anderen Instrumenten kann zeitweilig verstärkt zu spielerischen Übungen für die linke Hand, wie z.B. Greifübungen auf dem Streichinstrument, angeleitet werden. Nur wenn mit dem erforderlichen pädagogischen Einfühlungsvermögen gearbeitet wird, kann dies einen Rückschulungsprozess positiv unterstützen. In vielen Fällen ist es jedoch sinnvoll, mit dem Instrumentalspiel während der Rückschulung zum Schreiben zu pausieren.

Wenn sich das Schreiben mit der linken Hand schließlich stabilisiert hat, kann ein neues Instrument mit links begonnen werden. Ein Junge im Vorschulalter, der sich zum Malen und für Schreibvorübungen auf links umstellte, begann zum Schulanfang das Geigenspiel auf einem Linkshänderinstrument zu erlernen. Er spielte fünf Jahre lang und sein Gefühl für die motorische und sensorische Dominanz der linken Hand verbesserte sich währenddessen fortlaufend. Ein zehnjähriger Junge begann während der Rückschulung das Schlagzeugspielen auf einem Linkshänderschlagzeug, was ihn in seinem linksdominanten Körpergefühl unterstützte. Wenn die Erwartungen an die Leistung und den Fortschritt nicht zu groß sind, kann das Musizieren mit links der Festigung der dominanten Schreibhand also durchaus zu Gute kommen.

Erwachsene

Berichte von erwachsenen AmateurmusikerInnen oder ausgebildeten MusikerInnen, die nicht dauerhaft auf ihrem Instrument Höchstleistungen erbringen müssen, legen ebenfalls nahe, dass die Kombination von Rückschulung und Instrumentalspiel nicht ausschließlich als positiv empfunden wird. Besonders in der Anfangsphase der Rückschulung zum Schreiben machten sich bei einigen MusikerInnen Richtungsproblematiken bemerkbar. Die Pianistin Frau R. musste zu Beginn der Rückschulung mit dem Klavierspiel pausieren, weil plötzliche Unsicherheiten in Bezug auf die Zuständigkeiten der Hände und der damit verbundenen Spielrichtung auftraten. Bei Amateurpianistin Frau A. war nach dem Beginn der Rückschulung das Körpergefühl so irritiert, dass sie beim Spielen – besonders in Kombination mit dem Notenlesen – die Richtungen vertauschte. Für die Erzieherin Frau D., die seit ihrer Jugend Liedbegleitung auf der Gitarre praktizierte, fühlte sich im Prozess der Rückschulung zum Schreiben das Musizieren plötzlich »falsch herum« an. Zusätzlich zwang sie eine

Sehnenscheidenentzündung im rechten Handgelenk dazu, das Gitarrenspiel zu unterbrechen und schließlich ganz aufzugeben. Wenn am Instrument der musikalische Ausdruck bisher über die rechte, nicht dominante Hand geführt wurde, kann eine Umstellung auf die linke Hand zum Schreiben unter Umständen eine akute Gefühlsblockade bewirken – so erlebte es die 17-jährige Silke. Sie fühlte sich nach Beginn ihrer Rückschulung beim Klavierspiel von ihrer rechten Hand emotional wie »abgeschnitten«, was sie zunächst sehr verwirrte. Erst mit Hilfe ihrer Lehrerin und besonderen Ausgleichsübungen konnte sie auch die rechte Hand wieder annehmen und in ihr Spiel integrieren.[96]

Extrem belastend kann sich eine Rückschulung zum Schreiben bei BerufsmusikerInnen auswirken, für die das Musizieren und insbesondere das Konzertieren die Existenzgrundlage bedeutet. Den Betroffenen wird mit der Rückschulung erstmals klar, dass sie ihr Instrument bisher eigentlich falsch herum spielten. Auch der jahrelange zusätzliche Energieaufwand, den sie für das Musizieren gegen die eigene Natur aufbringen mussten, wird ihnen zu diesem Zeitpunkt bewusst. Durch die Rückschulung zum Schreiben erhofften sie sich, wieder zu ihrer dominanten Hand zurückzufinden. Auf dem Instrument sind sie jedoch weiterhin gezwungen, mit ihrer nicht dominanten Hand führend zu spielen – motorisch und emotional. Und sie sind darauf angewiesen, weiterhin die gleiche Leistung zu erbringen. Sie geraten möglicherweise in einen so großen Konflikt, dass sie ihre eigene Linkshändigkeit wieder in Frage stellen.

Eine professionelle Geigerin hatte sich bereits erfolgreich zum Schreiben auf die linke Hand zurückgeschult und war glücklich über die positiven Veränderungen in ihrem Leben. Sie war sich ihrer eigenen Fähigkeiten nun mehr bewusst und konnte ihre Bedürfnisse gegenüber anderen viel besser vertreten. Das Geigenspiel verfolgte sie weiterhin beruflich, spürte nun aber die damit einhergehende beträchtliche Anstrengung und verstärkte Überlastungsbeschwerden – besonders im rechten Bogenarm. Das Ungleichgewicht zwischen den Aufgaben der beiden Hände wurde ihr erst durch die Umstellung des Schreibens bewusst. Dies brachte sie allerdings so durcheinander, dass sie zwischenzeitlich wieder mit rechts schrieb und sich fragte, ob sie andere Tätigkeiten überhaupt mit links ausführen dürfe. Inzwischen hat sie ihr öffentliches Geigenspiel stark reduziert und unterrichtet fast ausschließlich. Sie schreibt wenig, das aber bewusst mit links, und achtet auf die Händigkeit ihrer Schüler. Die Zweifel an ihrer eigenen Linkshändigkeit scheinen jedoch noch nicht ausgeräumt.

---

[96] Vgl. Gespräch vom 23.10.2018.

So kann eine Rückschulung zwar in Bezug auf das eigene Leben, auf Haltungen und Einstellungen sich selbst und anderen gegenüber viel Positives bewirken, aber für das Musizieren und die Ausübung des Musikerberufes auch ein letztlich unauflösliches Dilemma bedeuten.

3.5.2 Das »gute Gefühl« mit links stärken – Musik und Therapie

Musizieren mit links

Erwachsene AmateurmusikerInnen erleben den Beginn auf einem Linkshänderinstrument (oder die Umstellung auf links auf einem Instrument) häufig als eine wertvolle Unterstützung im Prozess der Rückschulung zum Schreiben.

Sattler berichtet von Matthias N., der sich nach der Umstellung auf dem Schlagzeug und auf der Gitarre auch auf die linke Hand zum Schreiben zurückschulte – offensichtlich motivierte ihn der Erfolg auf dem Instrument, so dass er sich insgesamt nun »unvergleichlich wohler gegenüber früher«[97] fühlt. Ich selbst erlebte im Gitarrenspiel links herum die Dominanz meiner linken Hand noch einmal ganz neu, nachdem ich mich schon länger auf die linke Hand zum Schreiben zurückgeschult hatte. Wie sich die positiven Effekte der Rückschulung auf der körperlichen, kognitiven und emotionalen Ebene durch Musizieren mit links weiter verstärken können, zeigt auch der Fall von Frau W., die mit dem Trommelspielen begann.

»Für Frau W. war es unbedingt wichtig, die linke Hand als Führungshand zu nehmen, da sie nach ihrer Rückschulung vor zehn Jahren keine neue Irritation erfahren wollte. Außerdem hatte sie zu dem Zeitpunkt Schwierigkeiten mit der linken Schulter und erhoffte sich als Nebeneffekt des Trommelns eine Verstärkung des linken Arms und eine Verbesserung der Grobmotorik. Die Erwartungen haben sich erfüllt, ihr linker Arm ist kräftiger geworden, und das Trommeln macht ihr viel Spaß. Sie hat den Eindruck, sich die Rhythmen körperlich zu merken und nicht kognitiv. Während des Spielens kann sie sich im Raum umsehen oder auch gedanklich abschweifen.«[98]

Soweit bekannt, haben sich im professionellen Bereich nur vereinzelte linkshändige MusikerInnen gleichzeitig oder zumindest zeitnah zum Schreiben und auf ihrem

---

[97] Sattler, Der umgeschulte Linkshänder oder Der Knoten im Gehirn, S. 235.

[98] Ingrid Goes, Die Bedeutung der Händigkeit beim Trommeln, Schriftliche Hausarbeit im Rahmen der Zusatzausbildung zum/r LinkshänderberaterIn nach Methodik Dr. Johanna Barbara Sattler, 12.12.2007, S. 10.

Musikinstrument zurückgeschult.[99] Die Rückschulung zum Schreiben ist ein Prozess, der viel Energie kostet, zumal sich die Feinmotorik langsam entwickeln und sich die Psyche neu ordnen muss. Die Kraft aufzubringen, außerdem auf dem Musikinstrument so schnell wie möglich wieder die gleiche Leistung zu erbringen wie vorher – dies ist wohl nur in wenigen Ausnahmen realisierbar.

Musizieren als Therapie

Musik und Musizieren kann auf ganz elementare und spielerische Weise im Rückschulungsprozess unterstützend wirken – wenn Intuition und spontaner Ausdruck im Vordergrund stehen dürfen.

Kinder, die bei der Rückschulung zum Schreiben begleitet werden, betätigen sich in meiner Praxis auch »musikalisch« – mit elementaren Musikinstrumenten wie Trommel, Klanghölzern, Xylophon oder Kinderleier. Hier geht es um Spielfreude und Ausdruck, und linkshändige Kinder spielen normalerweise links führend, auch wenn sie sich zum Malen und Schreiben auf rechts umgeschult haben. Die Freude am musikalischen Tun über ihre linke dominante Hand kann sich dann auf die Mal- und Schwungübungen mit dem Stift in der linken Hand übertragen.

Abgesehen davon ermöglicht das Erleben, mit der dominanten Hand Musik erzeugen zu können, den Kindern eine neue Erfahrung von Wirksamkeit, die ihnen aufgrund der vielen negativen Rückmeldungen bezüglich ihrer schulischen Leistungen bisher häufig nicht gewährt wurde. Auch dies kann sie in der Rückschulung zum Schreiben auf die linke Hand unterstützen. Insofern kann das Musizieren auch in die therapeutische Arbeit mit Kindern eingebracht werden.

Für Erwachsene bieten regelrechte »musiktherapeutische« Interventionen eine weitere Möglichkeit, den Prozess der Rückschulung zu begleiten. Da eine Umschulung der Händigkeit sich bei den meisten Betroffenen auf das Gefühlserleben und das Verhalten auswirkt, kann therapeutisch mit besonderem Augenmerk auf diesem Punkt gearbeitet werden. Oft herrscht der Wunsch vor, nach der durch die Umschulung ausgelösten Selbstentfremdung in sich selbst anzukommen. »Klingen, um in sich zu wohnen« lautet der Titel des musiktherapeutischen Lehrwerkes von Udo Baer und Gabriele Frick-Baer. In Mittelpunkt dieser Methode der Kreativen Leibtherapie steht der sich erlebende Mensch. Musizieren (und auch Musikhören) wird in der Weise

---

[99] Vgl. dazu Teil 2, Kapitel 5.3.

eingesetzt, dass »die Fähigkeit und die Vielfalt des Erlebens unterstützt und gefördert werden«[100].

Im Rückschulungsprozess kann eine Musiktherapie den KlientInnen ermöglichen, ihre linke Hand, der sie bisher keine Beachtung geschenkt hatten, wahrzunehmen und schätzen zu lernen. Das verlorengegangene Körpergefühl kann zurückkehren. Einer ständig erlebten Überanstrengung kann so die Erfahrung entgegengesetzt werden, dass etwas leicht sein kann. Spielerisch erlaubt sich der/die KlientIn, die linke Hand auszuprobieren, was vorher als verpönt galt oder wozu schlicht der Mut fehlte. Die Betroffenen können unter Anleitung des/der TherapeutIn das Potential ihrer linken Hand entdecken und neue »Wirksamkeitserfahrungen« machen – erlebten sie doch bisher immer eine große Diskrepanz zwischen Bemühen und Ergebnis. Nachdem sich durch die Umschulung ein Gefühl des Abgeschnitten-Seins von den eigenen Fähigkeiten entwickelt hatte, entsteht nun ein neuer Zugang zu den eigenen Emotionen und damit zum wirklichen »Ich«. Das spielerische Einsetzen und Wahrnehmen der linken Hand – sei es durch Musikinstrumente, sei es auch durch Körpergesten – erlaubt den Betroffenen zusätzlich zur Rückschulung zum Schreiben häufig die Vervollständigung ihrer Persönlichkeit.

Dem 30-jährigen Klienten Herrn H. fehlte ein vertrautes Gefühl zu seiner linken Hand. Er führte zwar die Schwungübungen mit links bemüht aus, konzentrierte sich jedoch stark auf den technischen Ablauf. Ich schlug ihm vor, ein Instrument auszuwählen und dieses einmal mit der rechten und einmal mit der linken Hand zu spielen. Folgendermaßen beschrieb er sein Erleben: Beim Spielen der Leier mit links entstanden in seinem Kopf schöne Bilder, er empfand den Klang als wohlig und angenehm. Als er das Instrument mit rechts spielte, blieben diese Bilder und Empfindungen aus. Zunehmende Wertschätzung der linken Hand drückte sich schließlich darin aus, dass er in einer anderen Stunde für die linke Hand ein »schöneres« Instrument aussuchte als für die rechte.

Klientin Frau L., 42 Jahre, traute ihrer linken Hand zu Beginn der Therapie noch nicht viel zu. Sie spielte ein pentatonisches Glockenspiel – zunächst mit rechts – und nach Aufforderung auch mit links, wobei sie mit links länger als vorher mit rechts spielte. Sie empfand – was auch für die Therapeutin sofort hörbar war – dass sie mit rechts eher »kontrolliert« Ton für Ton spielte, während ihr Spiel mit links wesentlich freier,

---

[100] Udo Baer/Gabriele Frick-Baer, Klingen, um in sich zu wohnen. Methoden und Modelle leiborientierter Musiktherapie, Neukirchen-Vluyn 2009, 2. Aufl. in 2 Bänden (Bd. 2), S. 138.

fließender und natürlicher war. Hier wurde sicht- und hörbar, wie anstrengend viele Tätigkeiten mit der rechten Hand für sie gewesen sein mussten, während sich mit links sofort Leichtigkeit einstellte. Diese Klientin, die in ihrer Kindheit ständig damit konfrontiert worden war, unmusikalisch zu sein, konnte nun ihre musikalischen Fähigkeiten über die linke Hand entdecken und ausleben.

Wenn die KlientInnen sich darauf einlassen, mit direkt ansprechenden, für jede Spielweise offenen Instrumenten ihren spontanen Gefühlen nachzugehen, werden über diese »Handlung« häufig alte unterdrückte Gefühle freigesetzt, die mit der Umschulung zusammenhängen: Bei Frau L. war es Wut über das erlittene Unrecht der Umschulung. Bisher richtete sich diese Wut immer gegen sie selbst. Sie schlug die Trommel einmal mit rechts und einmal mit links. Beim Schlagen mit rechts erschraken Klientin und Therapeutin gleichermaßen; sie verzog das Gesicht, so unangenehm laut und hart (geradezu metallisch) wirkte der Klang auf sie. Als sie die gleiche Trommel mit links anschlug, vernahm sie einen deutlich angenehmeren, weichen Klang. Mit der rechten Hand hatte sich eine Wut entladen, mit der linken konnte sie einen »versöhnenden« Klang auf dem gleichen Instrument erzeugen.

Bei Klientin Frau M., 39 Jahre, waren es Traurigkeit und tief empfundene Einsamkeit, die sie während der Umschulung in der Kindheit erlebte, weil sie sich in der Familie immer »falsch« fühlte. In der therapeutischen Situation bekam sie bei der Betrachtung eines einzelnen Klangstabes, den sie für ihre linke Hand als »Stellvertreter« ausgewählt hatte, auf einmal wieder Zugang zu diesen verschütteten Gefühlen. Über viele Jahre hatte sie sich als »Macherin« in der Familie erlebt und alle derartigen Gefühle mit extrovertiertem Verhalten kompensiert.

Wie das Gefühl für die linke Hand bei Erwachsenen in der Rückschulung wächst, lässt sich bei einer solchen musiktherapeutischen Begleitung daran erkennen, dass die Musikinstrumente im Verlauf der Therapie vermehrt in die linke Hand wandern. Klientin Frau L. wurde nach der zehnten Stunde bewusst, dass sie ein Glockenspiel mit der linken Hand spielte. Sie wollte das Instrument generell nicht mehr mit rechts spielen – sie war sicher, dass dann eine große Wut hochkäme…

Im Spiel von Musikinstrumenten, die Intuition und Kreativität ansprechen, ohne dass Leistung gefordert ist, und in Begleitung einer wertschätzenden therapeutischen Beziehung eröffnen sich viele Gestaltungsmöglichkeiten für die Betroffenen. Alte Erfahrungen in Form von Misserfolgen und wenig positiven Beziehungsgefügen können so von wegbereitenden neuen Erfahrungen abgelöst werden.

Teil 2: Wie musizieren LinkshänderInnen?

1. Die Bedeutung der Händigkeit beim Musizieren

1.1 Musizieren – eine körperliche, geistige und emotionale Höchstleistung

1.1.1 Die Musizierbewegungen

Körperliche Grundlagen des Musizierens

»Musizieren besteht immer aus einem komplexen Zusammenspiel mehrerer Dimensionen, die untrennbar miteinander verbunden sind. Körper, Gefühl und Geist spielen gleichermaßen eine wichtige Rolle.«[101] So formuliert es Claudia Spahn, Ärztin und Professorin für Musikermedizin an der Musikhochschule Freiburg, in ihrem Buch »Musikergesundheit in der Praxis«.

Auf der körperlichen Ebene ist jegliches Musizieren »Bewegung«. Um ein Musikinstrument erfolgreich zu erlernen, bedarf es deshalb zunächst einer gewissen Grundkonstitution, Beweglichkeit, Schnelligkeit, Koordinationsfähigkeit, Kraft und Ausdauer. Musizierbewegungen sind höchst komplexe, dynamische Abläufe, für die die verschiedenen Teile des Körpers genau auf einander abgestimmt werden müssen. Dies gilt gleichermaßen für das instrumentale Musizieren wie für das Singen und Dirigieren. Grundvoraussetzung für eine freie Atmung sowie für koordinierte Spielbewegungen ist eine aufrechte Körperhaltung im Stehen oder Sitzen. Die Bewegungseinheit von Kopf, Wirbelsäule, Becken und unterer Extremität bildet dafür die Basis. Darauf aufbauend stellt die Funktionseinheit Schultergürtel, Schultergelenk, Arm und Hand die zentrale Bewegungseinheit für das instrumentale Musizieren dar. Eine weitere Funktionseinheit bilden die – für Bläser und Sänger besonders wichtigen – Strukturen und Organe Brustraum, Kehlkopf und Vokaltrakt.[102]

Der Hand kommt besondere Bedeutung beim Musizieren zu; neben den Lippen der Bläser und dem Kehlkopf der Sänger stellt sie den direkten Kontakt mit dem Instrument her. Die Evolution machte »durch die Befreiung der Hände in der Körperaufrichtung erst kulturelle Leistungen wie das Spielen eines Instrumentes überhaupt möglich.«[103] Bei den meisten Instrumenten ist die feinmotorische Geschicklichkeit der Hände und Finger in höchstem Maße gefordert. In der Regel werden zum Musizieren

---

[101] Claudia Spahn, Musikergesundheit in der Praxis. Grundlagen, Prävention, Übungen, Henschel, Leipzig 2015, S. 13.

[102] Vgl. ebd., S. 21.

[103] Ebd., S. 40.

beide Hände gebraucht, und es gilt, diese unabhängig voneinander in Bezug auf Krafteinsatz, Bewegungsrichtung und Bewegungsschnelligkeit zu führen und zeitlich exakt zu synchronisieren. Die einzelnen Finger jeder Hand müssen isoliert voneinander bewegt und zugleich miteinander koordiniert werden. Die Fingerbewegungen sind vom Schultergürtel ausgehend stets als Teil der ganzen Funktionseinheit zu sehen. Eine differenzierte Koordination innerhalb der Funktionseinheit stellt eine Grundvoraussetzung für präzise Leistungen beim Musizieren dar.[104]

Neurobiologische Grundlagen

An der Bewegungssteuerung beim Musizieren ist ein ganzes Netzwerk von Nervenzellen im Gehirn beteiligt. Das auslösende Bewegungskommando erfolgt aus dem Handareal der motorischen Großhirnrinde, von dem aus die Nervenimpulse über die sogenannten Pyramidenbahnen in die entsprechenden Muskeln geleitet werden. Aufgrund der Kreuzung der Nervenbahnen im oberen Rückenmark geht das Kommando von einer Gehirnhälfte in die jeweils gegenüberliegende Körperseite. Vor der Ausführung der eigentlichen Musizierbewegung sind bereits andere Gehirnbereiche aktiv: z.B. die benachbarten »Assoziationsfelder«, in denen die Planung und Vorbereitung der Bewegungen erfolgt. Gleichzeitig werden Informationen über die geplanten Bewegungen an die unter der Großhirnrinde liegenden Basalganglien gesendet; hier werden die Bewegungen bewertet und gesteuert. Weitere Kontroll- und Korrekturfunktion üben der Thalamus, die »Schaltstelle zum Bewusstsein«, und auch Bereiche des Kleinhirns aus.

Für die Feinabstimmung der Musizierbewegungen sind die Rückmeldungen aus den Sinneseindrücken wichtig, denn Musizieren ist »Sensomotorik«. Das Gehör stellt beim Musizieren aufgrund der Bedeutung der zeitlichen Präzision der Abläufe die entscheidende Sinnesmodalität dar. Das Auge ist für die Nachahmung und die Kontrolle der Bewegungsabläufe ein wichtiger Sinn. Für das Bewegungsgefühl spielt die Tiefensibilität, der kinästhetische Sinn, durch den Bewegung wahrgenommen und gegebenenfalls korrigiert wird, eine wichtige Rolle. Alle Informationen aus den Körpersinnen gelangen zu den sensorischen Arealen auf der prämotorischen Rinde. In den Assoziationsgebieten werden die Planung und Vorbereitung von Bewegungen mit der Verarbeitung der Sinneswahrnehmungen verknüpft. So geschieht jede zielgerichtete Bewegung, die für das Instrumentalspiel relevant ist, »in der Kombination von

---

[104] Vgl. ebd., S. 41.

Reizaufnahme und -verarbeitung (Sensorik) und der darauf abgestimmten Bewegung (Motorik)«[105].

Bewegung und musikalischer Ausdruck

Musikalische Bewegungen dienen nicht dem Selbstzweck, sondern haben ein konkretes Ziel: den Klang. Die Qualität der Bewegungen wird an diesem musikalischen Ergebnis gemessen. Das Ohr und die anderen Sinne kontrollieren und korrigieren, um beides – Bewegung und Klang – in Übereinstimmung zu bringen. So wird durch die Musizierbewegung die innere Klangvorstellung der Muszierenden, die sich durch musikalisches Lernen entwickelt hat, nach außen getragen. Zugleich sind es auch die persönlichen Emotionen der Ausführenden, die durch den musikalischen Gehalt mit bewegt werden, und die die Bewegungen hin zum Klang steuern. Insofern »sind die Spielbewegungen die Mündungsstellen auf dem Weg der Ideen, der Gefühle und musikalischen Vorstellung zur Klangrealität«, wie es der Musiker, Arzt und Bewegungstherapeut Horst Hildebrandt ausdrückt.[106] Wenn InstrumentalistInnen oder SängerInnen mittels Bewegung einen Klang nach außen transportieren, verbindet sich der dem Musikstück innewohnende Ausdrucksgehalt mit dem emotionalen Befinden der MusikerInnen. Beim Musizieren besteht eine ständige Wechselwirkung zwischen Bewegung und emotionalem Erleben. Nicht zuletzt ist die Qualität der Spielbewegungen deshalb auch vom Gesamttonus der Muskulatur bestimmt, in dem sich die emotionale Befindlichkeit der Musizierenden spiegelt. Bei Angst spannt sich z.B. die Muskulatur stark an, was den freien Fluss der Spielbewegungen hindert und den Klang beeinträchtigen kann. Hildebrandt erwähnt als wesentliche Tatsache, dass der Gesamttonus der Muskulatur »ständig von unterschiedlichsten, auch unbewussten Bereichen unseres Lebens beeinflusst« sei. Das Spektrum dieser Einflüsse reicht »von der psycho-physischen Antriebs- und Motivationssituation bis hin zur gespeicherten Summe aller bisher durchgemachten Bewegungs- und Lernerfahrungen«[107].

---

[105] Renate Klöppel/Eckart Altenmüller, Die Kunst des Musizierens. Von den physiologischen und psychologischen Grundlagen zur Praxis, Mainz 2013, 6. überarbeitete Aufl., S. 245f.; Für eine ausführliche Darstellung der an der Bewegungssteuerung beim Musizieren beteiligten Gehirnbereiche vgl. ebd., Teil 2, Kapitel 8 bis 10.

[106] Vgl. Horst Hildebrandt, Musikstudium und Gesundheit. Aufbau und Wirksamkeit eines präventiven Lehrangebotes, Bern 2004, 2. Aufl., S. 33. Hildebrandt ist Gründer des Schweizerischen Hochschulzentrums für Musikphysiologie und leitet den Bereich Musikphysiologie/Musik- und Präventivmedizin an der Zürcher Hochschule der Künste.

[107] Ebd., S. 33f.

Der Neurologe und Musikmediziner Eckart Altenmüller stellt als entscheidenden Aspekt des (professionellen) Musizierens die »enorm starke Kopplung der Bewegung an die Emotion«[108] heraus. Neurobiologisch sieht er dies begründet in den »starken Faserverbindungen zwischen dem für die Steuerung der Affekte zuständigen limbischen System und den sensomotorischen Regelkreisen.«[109] Was neurobiologisch noch wenig erforscht ist, scheint sich in Studien von MusikpsychologInnen zu bestätigen. So waren BerufspianistInnen für eine Untersuchung gebeten worden, den Beginn einer Mozartsonate einmal »rhythmisch exakt« und einmal »ausdrucksvoll« zu spielen. Es habe sich ergeben, dass ein ausdrucksloses Spiel für keine/n der MusikerInnen möglich war, was den Schluss nahelegt, »dass zumindest ein Teil der Merkmale emotionalen Spieles bereits in sensomotorischen Steuerprogrammen festgelegt und automatisiert ist.«[110] Altenmüller fasst zusammen, was die Musizierbewegungen von den meisten anderen Handtätigkeiten fundamental unterscheidet: »[E]s sind affektiv geführte Ausdrucksbewegungen.«[111]

1.1.2 Der Erfolg des Übens

Davon ausgehend, dass »Musikalität« bei den meisten Menschen angelegt ist[112], sind es im Wesentlichen die Umweltfaktoren, die die Art der Ausprägung einer musikalischen Veranlagung bestimmen. Zum Erlernen eines Instrumentes ist die richtige Förderung wichtig – zunächst durch das Elternhaus, das dem Kind einen Zugang zur Musik eröffnet, und anschließend durch Vorbilder und LehrerInnen, die dem jungen Menschen Orientierung und Unterstützung bei der Weiterentwicklung auf dem Instrument geben.

Das Erlernen eines Musikinstrumentes oder auch des Singens ist ein umfassendes Lernen: Kognitive Funktionen wie Aufmerksamkeit und Gedächtnis werden trainiert, musikalisches Wissen wird erworben, indem der/die Übende die Notenschrift erlernt, musikalische Strukturen erkennt und vieles mehr. Gehör und innere Klangvorstellung

---

[108] Altenmüller, »Vom Spitzgriff zur Liszt-Sonate«, S. 93.

[109] Ebd.

[110] Ebd.

[111] Ebd.

[112] Vgl. Klöppel/Altenmüller, Die Kunst des Musizierens. Von den physiologischen und psychologischen Grundlagen zur Praxis, S. 64.

entwickeln sich, zunehmend bekommt der/die Musizierende ein »Gefühl« für Musik und ein Gefühl für die eigene Person, die sich über Musik ausdrückt.

Um Musik auf einem Instrument darstellen zu können, ist es nötig – in der Regel mit beiden Händen – spezifische spieltechnische Bewegungen zu erlernen und weiterzuentwickeln. Üben am Instrument ist insbesondere »Bewegungslernen«. Wenn die entsprechende körperliche Grundkonstitution vorhanden ist, werden sich die Geschwindigkeit, Gleichmäßigkeit, Ausdauer und die Feinsteuerung der Musizierbewegungen durch gezieltes Üben weiter steigern. Dauer und Intensität des Übens bestimmen wesentlich den motorischen Fortschritt. Neben entsprechender Begabung spielt der möglichst frühe Beginn des Unterrichts eine große Rolle, wenn eine musikalische Karriere angestrebt wird.[113] Es ist zudem nachgewiesen, dass das Training am Instrument den Unterschied in der Leistungsfähigkeit der Hände verringert. Bei MusikerInnen weist durch das langjährige Üben mit beiden Händen auch die nicht dominante, also die eigentlich ungeschicktere Hand einen deutlicheren Leistungszuwachs gegenüber der nicht dominanten Hand bei NichtmusikerInnen auf.[114]

Beim Üben werden verschiedene Phasen durchlaufen, deren Ziel die Automatisierung der Bewegungsabläufe ist. Ganz gleich, auf welchem Niveau musiziert wird: Die schnellen und komplexen Bewegungen müssen irgendwann größtenteils unbewusst ablaufen, um ihre Stabilität bei jeder erneuten Ausführung (auch unter erschwerten äußeren Bedingungen wie Bühnensituationen) sicherzustellen. Bei Anfängern oder bei gänzlich neuen Bewegungen werden mit großem Konzentrationsaufwand die Einzelheiten der Bewegungsabläufe bewusst überwacht und von den Sinnen – dem Auge und dem Ohr – kontrolliert. In der zweiten Phase sinkt der Konzentrationsaufwand und die Bewegungskoordination wird selbstverständlicher, da die Bewegungen intuitiv durch die Klangvorstellung mitgesteuert werden. Mit dem Lernfortschritt wird die Abstimmung zwischen der Bewegung, der Rückmeldung der Sinnesinformationen und dem musikalischen Ergebnis »Klang« immer feiner. In der dritten Phase haben sich die Bewegungsabläufe schließlich so gefestigt, dass sie auch ohne bewusste Anstrengung den vorgestellten Klang umsetzen – dies ist die Phase der Automatisierung.

---

[113] Vgl. Klöppel/Altenmüller, Die Kunst des Musizierens. Von den physiologischen und psychologischen Grundlagen zur Praxis, S. 66.

[114] Vgl. Lutz Jäncke, Macht Musik schlau? Neue Erkenntnisse aus den Neurowissenschaften und der kognitiven Psychologie, Bern 2008, S. 150ff.

Je geübter ein/e MusikerIn ist und je mehr die Bewegungen automatisiert sind, desto mehr kann die Aufmerksamkeit von der konkreten Bewegungsausübung auf die Interpretation des Werkes gerichtet werden. Zunehmende Automatisierung erlaubt es den Musizierenden, vorauszuplanen, in Tempi und in der musikalischen Gestaltung zu variieren, andere Stimmen mitzuhören und sich im Ensemblespiel auf andere MusikerInnen einzustellen.[115]

Um eine Automatisierung zu erreichen, ist wiederholte Übung nötig. Die wiederkehrenden Bewegungsabläufe werden im Bewegungsgedächtnis, das Teil des sogenannten »prozeduralen« Gedächtnisses ist, abgespeichert, um immer wieder abrufbar zu sein. Neben diesem prozeduralen Gedächtnis ist allerdings auch das »deklarative« Gedächtnis notwendig, in dem formulierbare Wissensinhalte abgespeichert sind. Rein automatisiertes Spielen, ohne zu wissen, was man spielt, birgt erfahrungsgemäß Unsicherheiten, die sich gerade auch in Konzertsituationen sehr negativ auswirken und bis zum »Blackout« führen können.[116]

Nicht jede/r HobbymusikerIn hat den Anspruch, auf einem Instrument Höchstleistungen zu erbringen. Dennoch werden die meisten Musizierenden die Erfahrung machen, dass selbst für bescheidenere Ziele eine hohe Eigenmotivation vorhanden sein muss. Anfangs ist eine sorgfältige Anleitung wichtig, aber je weiter fortgeschritten ein/e MusikerIn ist, desto mehr wird er/sie in der Lage sein, selbstständig und in für ihn/sie geeigneter Weise zu üben. Jede/r MusikerIn wird sich im Laufe der Jahre individuelle Übestrategien aneignen und zugleich auf bewährte Etüden zur Technikverbesserung, Temposteigerung, Artikulation usw. zurückgreifen. Gerade für angehende professionelle MusikerInnen, deren Tagesablauf sehr vom Üben ihres Instrumentes geprägt ist, ist ein Übeverhalten im Einklang mit der eigenen Gesundheit unerlässlich. Hildebrandt macht darauf aufmerksam, dass viele junge MusikerInnen dazu neigen, über eine Ermüdung hinaus weiterzuüben, was »für die Entstehung von Verspannungen, Überlastungsbeschwerden und schließlich von berufsspezifischen Erkrankungen

---

[115] Vgl. Klöppel/Altenmüller, Die Kunst des Musizierens. Von den physiologischen und psychologischen Grundlagen zur Praxis, S. 61.

[116] Vgl. Spahn, Musikergesundheit in der Praxis. Grundlagen, Prävention, Übungen, S. 75.

eine überragende Rolle«[117] spiele; es sollte eine »Kultur der Pausen«[118] gepflegt werden, um Überlastungserscheinungen vorzubeugen.

Musizierende sollten sich außerdem bewusst sein, dass es durch den Publikumseffekt häufig zu einer überhöhten muskulären Anspannung kommt, die die Bewegungskoordination beeinträchtigen kann. Deshalb ist es wichtig, bereits beim Üben die Bühnensituation mit einzubeziehen. Die Musizierenden können sich dann bereits Techniken aneignen, die eine zuverlässige Kontrolle über die Muskelspannung ermöglichen. Um auch in Stresssituationen zuverlässig gute Ergebnisse zu erzielen, müssen die Musizierbewegungen ausreichend stabilisiert sein und der/die MusikerIn gleichzeitig einen guten Überblick über das auszuführende Musikstück haben. Dazu braucht es eine »enge Verbindung zwischen einem guten musikalischen Gedächtnis und dem Bewegungsgedächtnis.«[119]

1.1.3 Wie verändert Musizieren das Gehirn?

Anhand verschiedener Untersuchungen konnte nachgewiesen werden, dass sich insbesondere durch intensives Musizieren die Aktivität von Nervenzellen auf weite Bereiche des Gehirns ausdehnt. So werden sowohl beim Instrumentalspiel als auch beim Singen neben den für die Bewegungen zuständigen Gehirnbereichen gleichzeitig auch die für das Hören zuständigen Bereiche aktiviert. Je geübter ein/e MusikerIn ist, desto mehr sind die Zentren, die Gehör und Bewegungen steuern, miteinander verknüpft.[120] Musizieren aktiviert außerdem verschiedenste Gedächtnisfunktionen. Beispielsweise ist das deklarative Gedächtnis besonders gefordert, wenn Musikstücke anhand von Noten gelernt werden. Das prozedurale Gedächtnis, zu dem das Bewegungsgedächtnis gehört, speichert die wiederkehrenden Bewegungen. Dazu entsteht die Verknüpfung mit den Intentionen, wie ein Stück gestaltet wird, und mit den Emotionen. MusikerInnen entwickeln geradezu ein »Expertengedächtnis«: Sie können vielfältige Informationen mit den Bewegungen verknüpfen und diese beim Spielen eines

---

[117] Horst Hildebrandt, »Üben und Gesundheit. Ausgewählte musikphysiologische Aspekte des Übens und ihre besondere Bedeutung für den Ausbildungs- und Berufsalltag«, in: *Handbuch Üben*, hrsg. von Ulrich Mahlert, Wiesbaden 2006, S. 69.

[118] Ebd.

[119] Klöppel/Altenmüller, Die Kunst des Musizierens. Von den physiologischen und psychologischen Grundlagen zur Praxis, S. 49.

[120] Vgl. ebd., S. 253.

Musikstücks gleichzeitig abrufen.[121] Die weitere Forschung ergab, dass sich auch die Gehirnbereiche, in denen Musikwahrnehmung erfolgt, mit fortschreitender Übung ausweiten. Bei musikalischen Laien ist die Melodie- und Klangfarbenwahrnehmung in der rechten Gehirnhälfte lokalisiert, während die Rhythmuswahrnehmung in der linken Hirnhälfte stattfindet. Bei musikalisch ausgebildeten Hörern kommt es im Vergleich zu Laien zu einer insgesamt stärkeren Beteiligung der linken Hirnhälfte, in der sich (bei den meisten Menschen) auch das Sprachzentrum befindet.[122]

Wie in Studien mit bildgebenden Verfahren festgestellt werden konnte, entstehen in den Gehirnbereichen, die an der Kontrolle des Musizierens beteiligt sind, sogar anatomische Veränderungen. Anhand einer Studie der Harvard Universität (2009) wurde belegt, dass es bereits bei Kindern durch Klavierspielen zu Veränderungen des Gehirns kommt. Eine Gruppe von 15 Kindern (Durchschnittsalter sechs Jahre), die 30 Minuten Klavierunterricht pro Woche erhielten, wurde mit einer zweiten Gruppe von 16 Kindern verglichen, die 40 Minuten pro Woche sangen und auf Trommeln und Glöckchen spielten. »Nach 15 Monaten zeigte sich bei den Klavier spielenden Kindern im Vergleich zu den nicht spielenden eine Vergrößerung des für Handbewegungen zuständigen Bereichs auf der motorischen Hirnrinde und des Bereichs für das Hören in der oberen Schläfenwindung. Außerdem war im ›Balken‹ speziell die Nervenfaserverbindung zwischen der rechten und der linken Handregion beider Hirnhälften verstärkt.«[123]

Der Züricher Neurowissenschaftler Lutz Jäncke hatte mit seinem Team schon 1995 in einer Untersuchung mit professionellen GeigerInnen und PianistInnen herausgefunden, dass bei frühem Beginn des Instrumentalunterrichts bei professionellen MusikerInnen der »Balken« (die Faserverbindung zwischen rechter und linker Gehirnhälfte) im Vergleich zu NichtmusikerInnen vergrößert bzw. dicker ist. Dies weise auf einen besseren Informationstransfer zwischen den Gehirnhälften bei professionellen Musikern hin. Im vorderen Teil des Balkens werden sowohl die Felder, die für die motorische Kontrolle der Arme, als auch die Felder, die für die Kontrolle der Aufmerksamkeit zuständig sind, miteinander verbunden. Gerade diese Bereiche des Balkens seien bei ProfimusikerInnen besonders groß und dick, insbesondere bei denen,

---

[121] Vgl. Jäncke, Macht Musik schlau? Neue Erkenntnisse aus den Neurowissenschaften und der kognitiven Psychologie, S. 110.

[122] Vgl. Klöppel/Altenmüller, Die Kunst des Musizierens. Von den physiologischen und psychologischen Grundlagen zur Praxis, S. 289.

[123] Ebd., S. 67.

die vor dem siebten Lebensjahr mit dem Musiktraining begonnen haben. Jäncke vermutet den Grund dafür darin, dass in diesem Alter das Gehirn noch ungeheuer plastisch und nachgiebig für verändernde Einflüsse ist.[124]

Als weiterer Beleg dafür, dass der frühe Beginn eines musikalischen Trainings Spuren im Gehirn hinterlässt, kann eine andere Publikation aus dem Jahr 1995 hinzugezogen werden. Bei professionellen GeigerInnen und NichtmusikerInnen wurde die Verarbeitung von Druckreizen der einzelnen Finger der linken Hand, also der Greifhand, untersucht. Bei den GeigerInnen war dabei eine deutlich größere Nervenzellaktivität im sensomotorischen Areal für die linke Hand festzustellen als bei der Vergleichsgruppe. Auffällig war besonders folgender Befund: Je früher die MusikerInnen mit dem Geigen begonnen hatten, desto ausgedehnter war die Nervenzellaktivität in dem entsprechenden Hirnbereich.[125]

In einer Untersuchung von 1997[126], an der Jäncke ebenfalls beteiligt war, wurden mittels MRT die motorischen Handareale in Gehirnen von professionellen MusikerInnen betrachtet. Es wurde festgestellt, dass es durch das langjährige Training zu einer Vergrößerung der für die motorische Kontrolle der Hand zuständigen Bereiche im Gehirn kommt. Dabei korreliert die Größe der Handmotorareale mit dem Alter zu Beginn des Musiktrainings: »Je jünger die Musiker waren, als sie mit ihrem Musiktraining begannen, desto größer waren die Handmotorareale.«[127] In der Studie wurden ausschließlich RechtshänderInnen untersucht, und es konnte gezeigt werden, dass der Unterschied in der Größe der motorischen Areale für die dominante rechte und für die nicht dominante linke Hand wesentlich geringer war als der Unterschied zwischen den betreffenden Arealen bei NichtmusikerInnen. Offensichtlich ist es das langjährige Training beider Hände am Musikinstrument, das die Asymmetrie der beiden Gehirnhälften – die motorischen Funktionen betreffend – verringert.[128]

---

[124] Vgl. Jäncke, Macht Musik schlau? Neue Erkenntnisse aus den Neurowissenschaften und der kognitiven Psychologie, S. 340ff.

[125] Vgl. ebd., S. 336.

[126] Katrin Amunts/Andreas Dabringhaus//Lutz Jäncke/Gottfried Schlaug/Axel Schleicher/Helmuth Steinmetz/Karl Zilles, »Motor Cortex and Hand Motor Skill: Structural Compliance in the Human Brain«, in: *Human Brain Mapping* 5, 1997, S. 206-215.

[127] Jäncke, Macht Musik schlau? Neue Erkenntnisse aus den Neurowissenschaften und der kognitiven Psychologie, S. 339.

[128] Vgl. ebd., S. 338.

Jäncke stellt ein weiteres Ergebnis der Untersuchung von 1997 heraus, welches für den Zusammenhang von Händigkeit und Instrumentalspiel höchst interessant ist: Bei den ausschließlich rechtshändigen ProbandInnen der Studie zeigte sich, »dass das Handmotorareal in der linken Hemisphäre deutlich größer ist als in der rechten«[129] und dass somit »Rechtshändigkeit (nämlich die deutliche Bevorzugung der rechten Hand) mit einer klaren anatomischen Asymmetrie im Handmotorareal korreliert«[130]. Dieser Befund konnte für NichtmusikerInnen bestätigt werden. Im Vergleich zu diesen ist der Unterschied zwischen der Größe der Handmotorareale der beiden Hemisphären bei MusikerInnen zwar geringer, jedoch wird auch bei langjährigem Training beider Hände beim Musizieren nicht die Dominanz der einen oder anderen Gehirnhälfte aufgehoben. Es besteht kein Einfluss auf die Handdominanz an sich. Der Musikpsychologe Reinhard Kopiez bestätigt: »Selbstverständlich finden sich im Gehirn nach längerem intensivem Üben neuroplastische Anpassungen. Diese sind jedoch nicht mit einer veränderten Händigkeit (im Sinne einer ursprünglichen Anlage) zu verwechseln«[131].

Intensives Training am Instrument scheint die Leistungsunterschiede in beiden Händen zumindest nahezu auszugleichen, das heißt, auch die nicht dominante Hand kann motorisch ähnliche oder gleich große Leistungen vollbringen wie die dominante Hand. Die Händigkeit an sich (zu der noch mehr gehört als motorische Überlegenheit!) bleibt aber als unveränderbares Merkmal davon unberührt.

---

[129] Ebd., S. 339.

[130] Ebd.

[131] Reinhard Kopiez/Niels Galley: »Händigkeit – ihre theoretischen Grundlagen und ihre Bedeutung für das Instrumentalspiel«, in: *Begabungsförderung und Begabungsforschung in der Musik*, hrsg. von Heiner Gembris, Münster 2010, Bd. 2, S. 125. Die Autoren Kopiez und Galley verweisen in diesem Zusammenhang auf die Studie von Klöppel und al. von 2007 (vgl. Teil 1, Kapitel 2.1 dieses Buches), in der anhand einer Stichprobe von 16 Linkshändern die Folgen der Umschulung der Schreibhand auf rechts untersucht wurden: »Es zeigte sich, dass die Lokalisierung der höheren motorischen Zentren aus der dominanten Hemisphäre (bei Linkshändern also eher der rechten) auch durch jahrelanges Training nicht auf die linke Hemisphäre verlagert werden konnte.« (ebd., S. 126).

1.2 Die Effekte von Händigkeit auf das Musizieren

1.2.1 Handdominanz, Körpergefühl und Ausdrucksbewegung

Für jegliches Musizieren bildet die Hand das entscheidende Medium. Zunächst stellt sie das »letzte Glied« der funktionalen Bewegungskette Schultergürtel, Schultergelenk und Arm dar. Zugleich ist sie »ein sehr wesentlicher Ausgangsort zahlreicher Wahrnehmungen, Impulse und Bewegungen bzw. Gesten«[132]. Gerade unter dem Aspekt, dass jede Musizierbewegung eine »affektiv geführte Ausdrucksbewegung«[133] ist, spielt nicht nur die Hand an sich, sondern insbesondere die »dominante« Hand des Musikers oder der Musikerin – sei es beim instrumentalen Musizieren, sei es beim Singen oder Dirigieren – eine entscheidende Rolle.

Die Händigkeit eines Menschen bezieht sich einerseits auf die Bevorzugung und die Leistungsüberlegenheit einer Hand für Tätigkeiten, die Geschicklichkeit und Ausdauer erfordern. Andererseits ist die Händigkeit eine Sache des »Gefühls«. Die dominante Hand ist näher an dem, was uns im Inneren ausmacht, und sie ist die Hand, mit der wir unseren Gefühlen Ausdruck verleihen und in Kontakt mit der Außenwelt gehen.

Ob mit oder ohne Instrument – die Handbewegung beim Musizieren ist eine Geste. Es entspricht dem Körpergefühl, dass bei dieser Ausdrucksbewegung die dominante Hand die Führung übernimmt. Schon beim Reden und Singen begleiten wir uns mit Gesten, und sobald eine Aussage eine größere Bedeutung hat oder wir unserem Gesang besondere Ausdruckskraft verleihen wollen, fließt die Emotion automatisch in die dominante Hand ein.[134] LinkshänderInnen gestikulieren überwiegend mit der linken Hand und unterstreichen normalerweise beim Singen den emotionalen Gehalt des Gesangs mit der linken Hand. Und so, wie wir mit unserer dominanten Hand in Beziehung treten, einen anderen Menschen berühren, so führt auch der erste spontane Kontakt zu einem Instrument über die dominante Hand. Dies erleben wir bei Kindern im elementaren Musikunterricht, wenn sie mit links eine Rassel greifen, trommeln oder eine Leier zupfen und damit ganz unbewusst ihre Linkshändigkeit zeigen. Auch linkshändige Erwachsene, die in der Kindheit auf die rechte Hand zum Schreiben

---

[132] Horst Hildebrandt/Irene Spirgi-Gantert, »Die Hand – feinmotorisches Glied einer langen Kette«, in: *Dokumentation zum Zürcher Symposium der SMM »Die Hände des Musikers«*, Zürich 2004, S. 18.

[133] Altenmüller, »Vom Spitzgriff zur Liszt-Sonate«, S. 93.

[134] Vgl. Walter Mengler, Musizieren mit links. Linkshändiges Instrumentalspiel in Theorie und Praxis, Mainz 2010, S. 16.

umgeschult wurden, spielen beispielsweise spontan und intuitiv eine Trommel mit der linken Hand.

Eine Weise des Musizierens, bei der die Hände als entscheidendes Ausdrucksmedium wirken, ist das Dirigieren. Durch die bewegte Gestik der Arme und Hände wird die innere Vorstellung des Dirigenten auf den Klangkörper – Orchester oder Chor – übertragen. Insbesondere, wenn sie ein Instrument in der rechtshändigen Weise spielen, bedeutet für viele linkshändige MusikerInnen das Dirigieren eine Chance, sich über ihre dominante Hand musikalisch ausdrücken zu können. LinkshänderInnen dirigieren – ob intuitiv oder bewusst – meist mit der linken Hand führend. Für den linkshändigen Kirchenmusiker Herrn B., der zahlreiche Chor- und Orchesterwerke »mit links« dirigiert hat, steht die Bedeutung seiner dominanten Hand in der musikalischen Gestaltung außer Frage: »Die linke Hand erzählt, zeigt das Gefühlte nach außen, formt und malt.«[135]

Besonders beim Chordirigieren, bei dem kein Stab verwendet wird, können Ausdruckskraft und kommunikative Fähigkeiten der Hände zur Geltung kommen. Die linkshändige Kirchenmusikerin Frau E. berichtete, dass sie als Chorleiterin nur mit der linken Hand dirigieren könne, um mit dem Chor in einen direkten Kontakt zu treten und ihre musikalischen Vorstellungen unmittelbar verständlich zu machen. Im Musikstudium war ihr beigebracht worden, dass die rechte Hand die Haupthand bei der Orchesterleitung sei. Sie habe sich aber beim Dirigieren von Orchestern nie völlig frei gefühlt. Mit dem Stab in der rechten Hand sei die Musik nicht ins Fließen gekommen, außerdem habe sie sich beim Umblättern der Partitur mit links kurzzeitig wie »abgeschnitten« von der Musik empfunden.[136]

In einem Chorkonzert unter der Leitung des linkshändigen Dirigenten Herrn L. konnte ich intensiv beobachten, wie Chorleiter und Chor das musikalische Geschehen gemeinsam entwickeln, wenn der Dirigent über seine dominante Seite agiert und über seine dominante Hand in Kontakt mit dem Klangkörper tritt. L. wendete sich immer wieder mit seiner linken Seite dem Chor zu. Die fließenden Bewegungen seines linken Arms setzten sich in flexiblen, weichen Handgelenksbewegungen fort, während die gesamte rechte Seite eher statisch wirkte und sich die Bewegungen deutlich weniger fließend und harmonisch gestalteten. Gelegentlich ruhte auch der rechte Arm an der

---

[135] Mail vom 09.04.2018.

[136] Vgl. Gespräch vom 04.11.2016.

Körperseite, um dann punktuell (mit gestrecktem Zeigefinger) eine Stelle zu akzentuieren. Mit einer weichen, kreisenden Geste der linken Hand gestaltete Herr L. den
Abschluss der Chorstücke jeweils sehr stimmig.

Im klassischen Orchesterbetrieb gibt es »offizielle« Linkshänder, die ihren Dirigierstab
in der linken Hand halten. Zu diesen gehören der Schweizer Simon Gaudenz, der im
Jahr 2009 den deutschen Dirigentenpreis erhielt, der junge französische Barockdirigent Raphael Pichon sowie der Brite Donald Runnicles, derzeitiger Generalmusikdirektor an der Deutschen Oper Berlin.

Jedem Dirigenten, jeder Dirigentin geht es darum, unmittelbar in seiner/ihrer musikalischen Äußerung vom Klangkörper verstanden zu werden. Liegt es nicht nahe, dass
ein Dirigent, der mit seiner dominanten Hand führend dirigiert, intuitiver in seiner
Gestik, klarer im musikalischen Ausdruck und direkter in der Kommunikation mit
seinem Gegenüber ist? Ein Orchester, das seinen Dirigenten unmittelbar versteht, und
ein Publikum, bei dem die Musik unmittelbar »ankommt«, wird sich nicht die Frage
stellen, ob dieser mit der »richtigen« Hand dirigiert. Womöglich wird auch niemand
die Linkshändigkeit bemerken, wenn die Person, die den Stab führt, authentisch wirkt.
Dies bestätigt eindrücklich ein Erlebnis der Flötistin Karoline Renner, die Mitglied der
Südwestdeutschen Philharmonie Konstanz ist:

»Wir (die Südwestdeutsche Philharmonie Konstanz) sind regelmäßig geschätztes ›Versuchsorchester‹
für angehende Dirigenten. Im Rahmen von Dirigierkursen kommen die jungen Leute mit ihrem
Hauptfachlehrer […] und arbeiten mit uns und wir mit ihnen. Bei den nach den Proben stattfinden
den Feedbackrunden mit Orchestermitgliedern stellte sich heraus, dass ein Dirigierstudent Linkshän
der war und überlegte, ob er den Stab mal wechseln dürfte. Alle sprachen ihm zu. In der nächsten
Probe dirigierte er eine Stelle zunächst wie immer mit rechts, wiederholte anschließend dieselbe Stelle
mit links. Dann fragte [der Lehrer] das Orchester, ob sie einen Unterschied zwischen den beiden
Stellen bemerkt hätten. Die allgemeine Antwort war, dass die zweite Stelle viel klarer und flüssiger
gewesen war und überzeugter geklungen hätte. Auf Nachfrage, was anders gewesen war, stellte sich
jedoch heraus: Niemand hatte den Unterschied gesehen …«[137]

Der linkshändige kanadische Pianist Glenn Gould, von dem im Verlauf noch die Rede
sein wird, schien das Dirigieren sehr zu lieben. In zahlreichen Videoaufnahmen sieht
man, wie er sich beim Musikhören und beim Singen gestisch begleitet, beim Klavierspielen sich selbst und vom Klavier aus Ensembles dirigiert. Stets verwendet er seine

---

[137] Mail vom 02.10.2019.

linke Hand, und beim Dirigieren mit beiden Händen wirkt die linke Hand ausdrucks-
voller. Sein Dirigat wurde nicht sehr geschätzt, wie sein Biograph feststellt. Zum einen
habe ihm die Technik gefehlt – er hatte das Dirigieren nicht gelernt – und zum anderen
war man verwirrt darüber, dass Gould mit seiner linken Hand dirigierte. Allerdings
schien er doch letztlich mit seiner inspirierenden Art und der Fähigkeit, Musik zum
Leben zu erwecken, zu überzeugen.[138]

1.2.2 Zwei Hände – verschiedene Aufgaben

Zum Spielen eines Instrumentes benötigt man in der Regel beide Hände, und die Anforderungen an die Leistung beider Hände sind zweifellos groß. Beide Hände müssen
in Bezug auf Schnelligkeit, Kraft, Ausdauer und auch Feingefühl Enormes leisten, und
sie müssen beim Erlernen eines Musikinstrumentes neue Bewegungsabläufe einüben,
die sich stark von Alltagsbewegungen unterscheiden. Aufgrund dessen wird der Einfluss der Handdominanz auf das Instrumentalspiel häufig als unwichtig abgetan.

In seinem Buch »Musizieren mit links« betrachtet Walter Mengler Instrumente und
Instrumentenfamilien, die in der klassischen Musikausbildung und im Musikunterricht
gängig sind, auf die Aufgabenverteilung der beiden Hände hin. Dabei veranschaulicht
er sehr treffend, dass das instrumentale Musizieren zwar manuelle Höchstleistungen
verlangt, es aber hinsichtlich der Aufgaben der beiden Hände entscheidende Unterschiede gibt. Fast alle Instrumente kommen in ihrer Standardbauweise der Dominanz
der rechten Hand entgegen, sind also »Rechtshänderinstrumente«.

STREICHINSTRUMENTE

Streichinstrumente – Geige, Bratsche, Cello und Kontrabass – sind in der Bau- und
Spielweise asymmetrisch angelegt. Dass beide Hände beim Spielen unterschiedliche
Aufgaben wahrnehmen, scheint auch musikalisch unerfahrenen Menschen einzu-
leuchten: »Ist doch ganz klar – die eine Hand arbeitet zu, die andere Hand spielt!« So
drückte es einmal ein Ingenieur aus, der selbst kein Instrument spielte.

Cellist Ulf Prelle spricht von einem grundsätzlichen Unterschied in der »Bewegungs-
qualität« der beiden Hände. Die Bogenführung, für die die rechte Hand zuständig ist,
verlange höchst komplexe Bewegungen in verschiedenen Intensitätsstufen zwischen
Feinmotorik und Grobmotorik. Die Bogenhand müsse stets dynamisch reagieren,
während von der Greifhand Genauigkeit, Konstanz und Zuverlässigkeit verlangt sei.

---

[138] Vgl. Kevin Bazzana, Glenn Gould – Die Biographie, Mainz 2006, S. 387f.

Die Greifhand muss »selbstständig und zuverlässig Töne greifen«, wobei die Bogenhand »den Klang, die Klangfarbe und Lautstärke und damit den Großteil der musikalischen Intentionen umsetzt«[139]. Walter Mengler führt ebenfalls aus, dass die Bogen-
seite über »eine Fülle grob- und feinmotorischer Bewegungsmuster«[140] verfügen und
somit die unterschiedlichsten Stricharten sowie die Saitenübergänge bewältigen müsse,
und dass von der Bogenhand große Geschicklichkeit und ein Gespür für den angemessene Krafteinsatz verlangt sei. Die Aufgabe der Greifhand sei es im Wesentlichen,
so Mengler, durch »aktives Halten«[141] (was auch konstante Bewegungsabläufe mit einem trainierten Ineinandergreifen einzelner Fingerbewegungen meint) die Vorbereitung für die Bogenhand zu leisten. Als entscheidenden qualitativen Unterschied in der
Aufgabenverteilung der Hände beschreibt Mengler, dass »Dynamik, Klangfarbe und
Artikulation«[142] – alles, was den musikalischen Ausdruck bestimmt – über den Bogenarm nach außen transportiert werden. »Was im künstlerischen Moment passiert, passiert in der Bogenhand«[143] – bringt es die linkshändige professionelle Geigerin Frau G.
auf den Punkt. »Der Mensch an sich ist in der Bogenhand«[144] – so empfindet es der
Bratschist Jürgen Kussmaul. Mengler nennt den Bogen den »verlängerten Arm des
Redners«[145] und macht damit deutlich, wie sehr die Bogenbewegung eine »Geste« darstellt, in der sich die Spielbewegung mit dem emotionalen Ausdruck verbindet. In der
musikalischen Geste des Streichens vollzieht sich auch die Kommunikation mit dem
Publikum: die musikalische Energie erreiche den Zuhörer und Zuschauer über die geführte (und oft großräumige) Bewegung des Bogenarms, wie es Cellist Herr A. beschreibt. Dass beim Streichinstrument alle diese Aufgaben der Bogenhand – komplexe, dynamische Bewegungsabfolgen verbunden mit dem emotionalen Ausdruck –

---

[139] Vgl. Ulf Prelle, Leichtigkeit. Eine ergänzende Streichermethodik zur Befreiung der rechten
und linken Hand, S. 51.

[140] Mengler, Musizieren mit links. Linkshändiges Instrumentalspiel in Theorie und Praxis, S. 77.

[141] Ebd.

[142] Ebd., S. 78.

[143] Gespräch vom 06.02.2017.

[144] Dies äußerte Kussmaul in einem Feature des Bayerischen Rundfunks mit dem Titel »Seitenwechsel« vom 17.01.2015. Aus einer Musikerfamilie stammend lernte er nach einem Unfall in
der Kindheit auf Linksspielen auf der Bratsche um, was für ihn zunächst nicht leicht gewesen
sei. Als linkshändig spielender Bratschist ist er allerdings in vielen Orchestern und Ensembles
höchst anerkannt.

[145] Mengler, Musizieren mit links. Linkshändiges Instrumentalspiel in Theorie und Praxis, S. 16.

besser mit der dominanten Hand ausgeführt werden können, liegt nahe.[146] Insofern sind Streichinstrumente durch ihre standardmäßige Bau- und Spielweise Rechtshänderinstrumente.

BLASINSTRUMENTE

Holzblasinstrumente

Eine weit verbreitete Meinung beim Spiel von Blasinstrumenten ist, dass die Händigkeit keinen oder nur einen geringen Einfluss auf die Ausführung habe. Der klingende Ton ist nicht unmittelbar an eine Hand gekoppelt, sondern entsteht durch den Atemstrom der Musizierenden, der auf eine bestimmte Weise gesteuert wird. Die Aufgabe der Hände und Finger ist es, das Instrument zu halten und die Fingerbewegungen beim Herunterdrücken der Klappen oder dem Schließen der Grifflöcher mit der Atmung zu koordinieren. Bei den (nahezu) symmetrisch vor dem Körper gehaltenen Holzblasinstrumenten Blockflöte, Klarinette, Oboe sowie Fagott ist es die untere Hand, also normalerweise die rechte Hand, die die entscheidende Haltearbeit leistet. Während der Daumen der rechten Hand bei der Blockflöte für das Balancieren zuständig ist, muss er bei Oboe und Klarinette zusätzlich ein beträchtliches Gewicht tragen. Insgesamt braucht die Hand in der unteren Position zum Halten mehr Kraft. Zusätzlich zum Halten muss der/die SpielerIn verschieden schnelle Griffverbindungen ausführen und mit dem kleinen Finger die unterste Klappe bedienen bzw. das Loch schließen. Diese komplexe Aufgabe kann die dominante Hand leichter erfüllen als die nicht dominante; insofern scheinen die klassische Haltung und Spielweise der Holzblasinstrumente für RechtshänderInnen sehr viel angenehmer und geeigneter.

Bei der Querflöte ist es zunächst die Haltung nach rechts, die dem Körpergefühl von RechtshänderInnen entspricht. LinkshänderInnen empfinden es übereinstimmend für sich am natürlichsten, das Instrument nach links auszurichten. Neben der Körperhaltung ist es auch bei der Querflöte die Aufgabenverteilung der Hände, die der Dominanz der rechten Hand entgegenkommt. Der rechte Daumen balanciert das Instrument und muss es zugleich stabilisieren, damit der/die FlötistIn die Griffe sicher ausführen kann und die Kontrolle über die Fingerbewegungen behält.[147] Da der Körper bzw. der Bereich des Schultergürtels nach rechts gedreht ist und die rechte Hand noch dazu weit entfernt vom Körper arbeitet, ist die Koordination von Stabilisierung und schneller Fingerbeweglichkeit keine leichte Aufgabe für die nicht dominante Hand bei

---

[146] Vgl. ebd., S. 79.

[147] Vgl. Mail der Flötistin Karoline Renner an die Autorin vom 10.10.2019.

LinkshänderInnen. Mengler schreibt, dass gelegentlich sogar »linkshändigen Querflötisten wegen der großen Belastung der schwächeren Seite vom Musikstudium abgeraten wird.«[148]

Blechblasinstrumente

Auch bei den Blechblasinstrumenten ist die Verteilung der Aufgaben auf RechtshänderInnen zugeschnitten. Bei der Trompete bedient die rechte Hand die Ventile und ist verantwortlich für die Koordination mit der Tonproduktion. Bei der Posaune übernimmt die rechte Hand über den Zug die feine Tonregulierung. Auch das Vibrato und der musikalische Ausdruck werden von der Zughand ausgelöst.[149] Es erscheint einleuchtend, dass die dominante Hand besser für diese Aufgaben geeignet ist, in denen es um Feinabstimmung und Ausdrucksvarianten geht. Dazu kommt die Gewichtsverteilung: Durch den Posaunenzug sind die Hebelkräfte, die beim Spielen auf den Körper einwirken, besonders groß, da die Zughand weit entfernt vom Körper agiert. Die Haltung und Spieltechnik betreffend kommen rechtshändige MusikerInnen, die den rechten Arm und die rechte Hand für diese Aufgaben einsetzen, besser zurecht. Das Horn scheint das einzige tatsächliche Linkshänderinstrument zu sein, was jedoch einer zufälligen Entwicklung zu entsprechen scheint. Bevor das Horn mit einer Ventiltechnik ausgestattet wurde (ca. 1815), konnten die Halbtöne außerhalb der Naturtonreihe nur durch »Stopfen« mit der Hand im Inneren des Schalltrichters erzeugt werden, was eine Aufgabe für die dominante Hand des/der Rechtshänders/in war. Bei den heutigen Hörnern werden die Ventile mit der linken Hand bedient, wobei die rechte Hand im Schalltrichter ruht und nur noch zur Intonationskontrolle oder zur Veränderung der Klangfarbe gebraucht wird. Die Richtung der Haltung war aus praktischen Gründen nie geändert worden.[150] Ein professioneller Hornist erwähnte, dass das Spielen des Naturhorns, was ab und zu gefordert sei, von der rechten Hand viel Feingefühl erfordere.

Wie das Horn ist auch die »Wagnertuba« linksgriffig gebaut – sie gehört in Konstruktion und Form des Mundstücks zur Hornfamilie und wird in der Regel von HornistInnen geblasen. Jagdhörner haben keine Ventile und können nach einer beliebigen Seite ausgerichtet werden.

---

[148] Mengler, Musizieren mit links. Linkshändiges Instrumentalspiel in Theorie und Praxis, S. 93.

[149] Vgl. ebd., S. 104ff.

[150] Vgl. ebd., S. 102.

In der Regel fordert das Spiel von Blasinstrumenten von der rechten Hand mehr Leistung. Möglicherweise spielt jedoch bei Instrumenten, bei denen es nicht auf Schnelligkeit und Koordination der Fingerbewegungen, sondern entscheidend auf den Ansatz ankommt (wie z.B. bei der Tuba und anderen Bassinstrumenten), die Handdominanz eine untergeordnete Rolle.

ZUPFINSTRUMENTE

Die Gitarre, die Laute und verwandte Instrumente sind asymmetrisch gebaut und in ihrer gängigen Spielweise Rechtshänderinstrumente. Die Greifhand, normalerweise die linke Hand, erfüllt höchst anspruchsvolle Aufgaben: Das Abgreifen der Saiten setzt Kraft und gleichzeitig große Geläufigkeit voraus, Vibratotechniken benötigen Flexibilität in Handgelenk und Fingern. Dennoch ist die Greifhand nur die vorbereitende Hand. Die Zupf- und Schlaghand bringt schließlich das Instrument zum Klingen. Für die tonerzeugende Hand ist es besonders wichtig, dass sie schnell, präzise, kräftig und ausdauernd in der Bewegungskoordination ist. Beim Zupfen ist ein exaktes Timing gefordert. Insbesondere kommt es für die Tonbildung und Tongestaltung stärker als bei Streichinstrumenten auf die Sensomotorik der Finger an, die in der dominanten Hand besser ausgebildet ist. Auf einem normalen Instrument sind RechtshänderInnen also offensichtlich im Vorteil.

Ein weiteres Zupfinstrument ist die Harfe. Bei dieser ist die Aufgabenverteilung hinsichtlich der Führungshand und der Begleithand nicht ganz eindeutig zu klären. Sie ist nahezu symmetrisch gebaut, auch wenn die Saiten in der linken oberen Seite angebracht sind. Viele Techniken werden mit beiden Händen gleichermaßen ausgeführt, wie z.B. das Glissando, und die Hände greifen häufig übereinander.[151]

TASTENINSTRUMENTE

Klavier

PianistInnen und andere TasteninstrumentalistInnen sitzen symmetrisch vor ihrem Instrument und müssen keine Haltearbeit leisten – anders als beim Spiel von Streich- oder Blasinstrumenten. Beide Hände arbeiten in der gleichen Ebene, und alle Finger machen gleichartige Bewegungen. Dennoch sind die Anforderungen an die Hände unterschiedlich: Vereinfacht gesagt sind die Tasten so angeordnet, dass die rechte Hand für die höheren Töne und die »Melodie« zuständig ist und die linke Hand die »Begleitung« im tieferen Register spielt. Da die rechte Hand beim Klavierspiel – in der klassischen Literatur – in der Regel die melodische Führungshand ist, hat sie auch größeren

---

[151] Vgl. ebd., S. 123.

Anteil an der musikalischen Gestaltung und der emotionalen Umsetzung des musikalischen Gehaltes. So ist auch das Klavier in seiner Standardbauweise ein Rechtshänderinstrument.[152]

Bei der **Orgel** verhält es sich ähnlich wie beim Klavier. OrganistInnen haben jedoch mehr Möglichkeiten der individuellen Gewichtung von dominanter und nicht dominanter Hand. Ein Großteil der Orgelliteratur – man denke nur an Bachs Präludien und Fugen oder seine Choralvorspiele für zwei Manuale und Pedal – trägt dem gleichwertigen Anteil der Stimmen und damit der Hände am musikalischen Geschehen Rechnung. Durch die räumliche Trennung der Ebenen, wie sie an mehrmanualigen Orgeln möglich ist, und in Kombination mit dem Pedalspiel können die SpielerInnen ihr Körpergefühl möglicherweise leichter ausbalancieren, so dass die Handdominanz nicht mehr so stark zum Tragen kommt.

Ein weiteres Tasteninstrument ist das **Akkordeon**, bei dem man ebenfalls von einem Rechtshänderinstrument sprechen kann, weil die Aufgabenverteilung der beiden Hände so gestaltet ist, dass – wie beim Klavier – die rechte Hand die Melodie (auf den Tasten, sofern es sich nicht um ein Knopfakkordeon handelt) und die linke Hand die Begleitung im Bass (auf Knöpfen) spielt. Manche linkshändigen AkkordeonspielerInnen scheinen es als angenehm zu empfinden, das Spiel über die linke Seite führen zu können, da der linke Arm zusätzlich zum Spielen der Töne noch die Funktion der Luftregulation mit dem Balg erfüllen muss.

SCHLAGINSTRUMENTE

Bei den Schlaginstrumenten sind zunächst die Pauken zu nennen, die zu einem klassischen Orchester gehören. Es gibt zwei Aufstellungsvarianten: In der »deutschen« Aufstellung sind die tiefer gestimmten Pauken rechts, die höher gestimmten links vom Spieler aufgestellt. In der »amerikanischen« oder »internationalen« Aufstellung befinden sich die tieferen Pauken links und die höheren rechts, wie es der Anordnung der Töne auf dem Klavier entspricht. Möglicherweise kommt die deutsche Aufstellung den RechtshänderInnen entgegen, da der tiefere Ton (auf der rechten Seite) etwas mehr Kraft und auch Flexibilität im Handgelenk benötigt. In jedem Fall muss sich der/die SpielerIn an die vorgegebene Aufstellung anpassen, bei der im deutschen Raum die tieferen Pauken rechts angeordnet sind. Auch die Anordnung der Pedale bei

---

[152] Was für linkshändige PianistInnen die Anpassung an ein Rechtshänderinstrument bedeutet, wird Gegenstand des Kapitels »Wie spielen LinkshänderInnen Klavier?« sein.

den modernen Pauken auf der rechten oder linken Seite legt den Aufbau fest.[153] Weitere Fellinstrumente wie die Trommeln – große Trommel und Snare – werden standardmäßig mit einer Technik mit stark abgewinkelten Schlagstöcken bedient, wodurch die Trommeln gewöhnlich zur rechten Seite geneigt werden müssen. In Militärkapellen und Spielmannszügen ist diese Haltung verbindlich, da die einheitliche Formation von höchster Wichtigkeit ist. Im klassischen Orchester werden von einem oder von mehreren PerkussionistInnen viele verschiedene Schlaginstrumente bedient. Dazu gehören neben den Trommeln auch Becken, Zimbeln, Gong oder Glockenspiel. Bei großen Besetzungen, speziell bei Orchesterwerken der Spätromantik und der Moderne, gibt es sicher mehr Flexibilität bezüglich Spielweise und Spielrichtung für die MusikerInnen.

Die Stabinstrumente Metallophon, Marimbaphon, Glockenspiel und Vibraphon sind angeordnet wie die Tasten bei Tasteninstrumenten: links die tieferen, rechts die höheren Töne. Da die Anzahl der Töne für beide Hände meist gleich ist, kann man davon ausgehen, dass die Arbeit der beiden Seiten relativ ausgeglichen ist.[154] Es darf jedoch nicht übersehen werden, dass in der Literatur für diese Stabinstrumente die Melodie der rechten Hand und den höheren Tönen und die Begleitung der linken Hand und den tieferen Tönen zugeordnet ist, was wiederum der Dominanz der rechten Hand entgegenkommt.

Drumsets, wie sie in Bands verwendet werden, sind normalerweise in der Spielrichtung nach rechts aufgebaut und werden so gespielt, dass die rechte Hand die Führungsschläge übernimmt und der rechte Fuß die Bassdrum bedient.

Sowohl im klassischen Bereich als auch in der Popmusik wird übereinstimmend von SchlagzeugerInnen empfunden, »dass der erste Schlag die motorische Energie für den weiteren Verlauf freisetzt« und damit »die Sicherheit und Stabilität dieser ersten Handbewegung für die nachfolgenden Bewegungsabläufe verantwortlich ist«[155]. Dies bedeutet wiederum, dass der standardmäßige Aufbau des Schlagzeugs für RechtshänderInnen ausgelegt ist.

---

[153] Vgl. Mengler, Musizieren mit links. Linkshändiges Instrumentalspiel in Theorie und Praxis, S. 107f.

[154] Vgl. ebd., S. 109.

[155] Ebd., S. 108.

Fazit

Bereits in diesem Überblick wird deutlich, dass bei nahezu allen Musikinstrumenten die Aufgaben, die die rechte Hand übernimmt, den Fähigkeiten der dominanten Hand entsprechen: größere Geschicklichkeit, Flexiblilität, Repetitionsfähigkeit, Ausdauer, mehr Kraft, eine ausgebildetere Sensorik, wie sie für die Tonbildung beim Gitarrespielen wichtig ist, und eine bessere Ausdrucksfähigkeit. Nicht zuletzt ist die dominante Hand auch die intuitive Hand, die den ersten Schlag auf Trommel oder Schlagzeug ausführt und damit die musikalische Energie freisetzt. All dies spricht dafür, dass ein/e LinkshänderIn spontan das Instrument anders herum halten und spielen würde, um mit der dominanten linken Hand diesem Impuls zu folgen.

Was bedeutet dies für die Praxis des Instrumentalspiels? Wenn LinkshänderInnen spontan ihr Instrument links führend spielen möchten, sollten sie es nicht auch links herum, sämtliche Techniken also spiegelbildlich lernen dürfen?

1.2.3 Linksspielen und Wohlgefühl

Aus zahlreichen historischen Darstellungen wissen wir, dass es in der Musizierpraxis über die Jahrhunderte üblich war, Musikinstrumente sowohl rechtshändig als auch linkshändig zu spielen. Die Instrumente der Renaissancezeit konnten der jeweiligen Handstellung angepasst werden; die Flöte war beispielsweise für den kleinen Finger von vornherein mit zwei Bohrungen versehen, und das Loch, das nicht verwendet wurde, wurde mit Wachs verschlossen.[156] Ob die Musizierenden, die bei Blasinstrumenten die linke Hand unten halten, LinkshänderInnen waren, lässt sich nicht belegen. Zumindest wurde es als selbstverständlich angesehen, Instrumente, auch im Ensemble, in beide Richtungen zu halten und zu spielen – so, wie es anscheinend dem individuellen Empfinden der MusikerInnen entsprach.

---

[156] Vgl. ebd., S. 55.

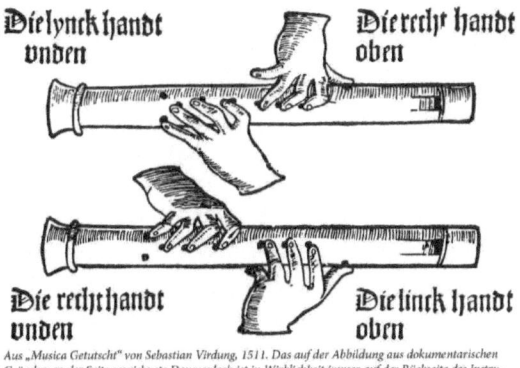

Die lynck handt vnden | **Die recht handt oben**

Die recht handt vnden | **Die linck handt oben**

Aus „Musica Getutscht" von Sebastian Virdung, 1511. Das auf der Abbildung aus dokumentarischen Gründen an der Seite gezeichnete Daumenloch ist in Wirklichkeit immer auf der Rückseite des Instruments angebracht.

Darstellung verschiedener Flötenhaltungen aus der Renaissancezeit[157]

Im 19. Jahrhundert gab es das flötenspielende und komponierende Brüderpaar Franz Doppler (1821–1883) und Karl Doppler (1825–1900). Da sich vermutlich auf der Flöte die Spielrichtung nach rechts bereits durchgesetzt hatte, galten die Auftritte der beiden als geradezu spektakulär: »Franz hielt die Flöte zur rechten Seite, Bruder Karl – offensichtlich ein Linkshänder – zur linken. Bei ihrem viel gerühmten Duospiel standen sie mit den Köpfen dicht beieinander, so dass das Publikum sich vor allem ›an der Spiegelsymmetrie ergötzte‹, wie ein Biograf schreibt.«[158]

Mit der Weiterentwicklung des Instrumentenbaus im 19. Jahrhundert wurde auch die Spielweise komplizierter, und gerade Blasinstrumente mit ihrer Klappentechnik wurden für die Spielrichtung nach rechts bzw. mit der rechten Hand unten festgelegt. Diese Praktik hat sich bis in die Gegenwart etabliert und wird kaum noch in Frage gestellt. Heutige InstrumentenbauerInnen stellen zwar Linkshänderinstrumente her, aber die Nachfrage ist derzeit noch gering. Erfreulicherweise gibt es einige erwachsene professionelle BläserInnen, die auf Linksspielen umgestellt haben und auf Linkshänderinstrumente zurückgreifen können.[159] Unter AmateurmusikerInnen gibt es im Blechbläserbereich einige linksspielende TrompeterInnen und PosaunistInnen – bei diesen Instrumenten ist ein Umbau relativ leicht. Einige Kinder lernen im Instrumentalunterricht Trompete, Posaune, Blockflöte und vereinzelt auch andere

---

[157] Entnommen aus: Sebastian Virdung, Musica getutscht und außgezogen. Erhard Oeglin, o. O., 1511. Abgedruckt in: Johanna Barbara Sattler, Das linkshändige Kind in der Grundschule, S. 57.

[158] Ebd., S. 94.

[159] Vgl. Kapitel 5 »Rückschulung auf links mit dem Instrument?«.

Holzblasinstrumente links herum. Mehr LinksspielerInnen gibt es an den Musikschulen unter den GitarristInnen und StreicherInnen. Insgesamt ist eine Tendenz festzustellen, dass durch die neueren Erkenntnisse über die Händigkeit linkshändige Kinder ihr Instrument links herum spielen dürfen, sofern sie Unterstützung von Lehrkräften und Eltern bekommen.[160]

Erwachsene professionelle MusikerInnen, die im Kindes- oder Jugendlichenalter mit dem Instrumentalspiel links herum begannen, bilden bisher noch eine Ausnahme. Man darf sie als IndividualistInnen bezeichnen, die ihrem eigenen (Körper)gefühl trauten und sich gegebenenfalls gegen die Haltung ihrer Lehrkräfte stellten.

Im nicht-klassischen Musikbereich schien es immer schon leichter zu sein, die Linkshändigkeit auch am Instrument umzusetzen. So werden als linksspielende Vorbilder im Popmusikbereich stets Paul McCartney und Kurt Cobain sowie Jimi Hendrix an der Gitarre und Phil Collins am Schlagzeug genannt. Auch in der Volks- und Tanzmusikszene ist Linksspielen relativ üblich. Insbesondere finden sich viele »Linksstreicher« in der sogenannten »Fiddle-Szene«, die ursprünglich von Irland ausging und in Amerika weit verbreitet ist. Ryan J. Thomson, ein links spielender Geiger aus Newmarket, New Hampshire – er hatte sich nach einem Unfall auf Linksspielen umgestellt – berichtet in seinem Buch »Playing Violin and Fiddle Left Handed«[161] von mehr als 80 links spielenden GeigerInnen – im Amerikanischen auch »southpaw fiddler« genannt.[162] Da in der Fiddlemusik das Rhythmische, Tänzerische im Vordergrund steht und in kleinen Ensembles mit verschiedenen Instrumenten gespielt wird, müssen die MusikerInnen sich nicht die Frage stellen, ob sie anders herum spielen dürfen. Entscheidend ist gerade, dass sie sich nicht im engen Rahmen einer klassisch geprägten Kultur bewegen. Die strengen Traditionen engen nicht mehr ein – LinkshänderInnen können individuell lernen und so spielen, wie es sich für sie richtig anfühlt.

Der englische Komiker **Charlie Chaplin** (1889–1977), Linkshänder, fühlte sich ebenfalls keiner klassischen musikalischen Tradition verpflichtet und spielte seine Geige links herum. Vermutlich, so Mengler, sei Chaplin zum Schreiben mit der rechten Hand erzogen worden. Er sei jedoch daran gewöhnt gewesen, »den Signalen seines Körpers

---

[160] Weiteres dazu im Kapitel »Instrumentalpädagogik für LinkshänderInnen?«.

[161] Ryan J. Thomson, Playing Violin and Fiddle Left-Handed, USA 2003.

[162] Vgl. Mengler, Musizieren mit links. Linkshändiges Instrumentalspiel in Theorie und Praxis, S. 70.

zu folgen«[163], weshalb es für ihn naheliegend gewesen sei, »den Bogen mit seiner ausdrucksstärkeren linken Hand zu führen.«[164] Bei seiner Geige waren die Saiten anders herum aufgezogen sowie der Bassbalken und der Stimmstock vertauscht. Obwohl London ein Zentrum der Musikkultur war, habe Chaplin keine reguläre musikalische Ausbildung bekommen, sondern wurde von verschiedenen Mitgliedern eines Theaterorchesters unterrichtet.[165] So war es gerade dem Umstand zu verdanken, dass Chaplin mehr oder weniger autodidaktisch lernte, dass er diese Freiheit in der Wahl der Spielrichtung hatte. In den Filmen »The Vagabond« von 1916 und »Limelight« von 1952 sieht man ihn als linksstreichenden Geiger.[166]

Im Rahmen des klassischen Musikunterrichtes galt es anscheinend auch in früheren Zeiten als befremdlich, ein Streichinstrument links zu spielen. Deshalb ist besonders bemerkenswert, was man über Carl Philipp Emanuel Bach (1714–1788), einen der Söhne des großen Johann Sebastian, erfahren kann. Der Vater bildete seinen Sohn im Klavierspiel aus und wollte, dass er, wie die anderen Söhne ebenfalls, neben dem Tasteninstrument auch Violine spielen lernte. Als Linkshänder soll Carl Philipp Emanuel in seiner Jugend die Geige auf »verkehrte Art« gespielt haben, wie es in einer damaligen Musikzeitung hieß. Er habe eine seitenverkehrte Spieltechnik angewandt, für die die Saiten spiegelverkehrt aufgezogen und andere kleine Veränderungen an der Violine vorgenommen werden mussten.[167]

In der heutigen Zeit finden sich unter den professionellen StreicherInnen einige wenige LinkshänderInnen, die ihr Instrument links herum erlernten und weiterhin spielen. Zu ihnen gehört der französische Geiger **Martial Gauthier**, Gründer des Guarneri-Streichquartetts und zweiter Geiger im Ensemble »Musique Oblique«, außerdem Professor an der Hochschule von Créteil.[168] Auf der Konferenz der European String Teacher's Association ESTA im Jahr 2007 sprach er über seine Erfahrungen mit dem Linksstreichen, »angefangen bei seinem ersten Lehrer, der ihn mit umgespannten Saiten machen ließ, über seinen vergeblichen Versuch, unter Qualen und Schmerzen

---

[163] Ebd., S. 57.

[164] Ebd.

[165] Vgl. ebd., S. 56f.

[166] Vgl. ebd.

[167] Vgl. Christine Blanken/Wolfram Enßlin (Hrsg.): Unterwegs mit Carl Philipp Emanuel Bach. Musikalisch-biographischer Reiseführer zu seinen Lebensstationen, Berlin 2014, S. 75.

[168] Im Kammermusikensemble sitzt er auf der rechten Seite, so dass er den linken Bogenarm zum Publikum hin richtet. <https://www.youtube.com/watch?v=I2GArzM4exU>.

doch umzulernen, da ihm sonst ein Leben als Berufsmusiker verwehrt sei, bis zu seinen Erfahrungen in Wettbewerben, die er dann wider alle Ratschläge und Erwartungen bestreiten konnte und sogar gewann. Sein eigenes starkes Gefühl, dass es so ›verkehrt herum‹ für ihn recht und richtig sei, ließ ihn schließlich alle Widerstände überwinden. Sein Fazit nach den Wettbewerben: Als ›Linksgeiger‹ bleibt man den Juroren
im Gedächtnis, was oft ein Vorteil ist.«[169] Am Ende des Artikels heißt es: »Martial
Gauthier hat bewiesen, dass sich Karriere und körperliche und seelische Zufriedenheit
nicht ausschließen müssen, wenn links das Rechte ist.«[170]

Ein weiterer Linksstreicher ist der norwegische Geiger **Terje Moe Hansen**, der erst
mit 20 Jahren den ersten Geigenunterricht erhielt. In einem Interview von 1999 (geführt bei der European String Teacher's Association ESTA) erzählte er, dass sein Vater, der ein Geigenbauer war, ihm einmal eine Geige in die Hand gegeben habe, damit
er die Klangqualität prüfen konnte. Intuitiv habe er den Bogen in die linke Hand und
das Instrument auf die rechte Schulter genommen. Der Amateur-Geiger, der ihm die
erste Stunde gab, habe von ihm verlangt, den Bogen mit der rechten Hand zu führen.
Hansen berichtet jedoch: »Ich konnte nicht. Mein Talent war weg. Mit den falschen
Händen konnte ich sofort einen recht schönen Klang erzeugen, Lagenwechsel voll-
führen und auch schon ein primitives Vibrato erzeugen.«[171] Hansen entschied sich für
das Linksspielen und wurde bereits nach drei Monaten Üben als Student am Konservatorium in Oslo angenommen. Dennoch war ihm nach dem erfolgreichen Abschluss
seines Studiums eine Orchesterstelle verweigert worden. So schlug er den Weg der
Lehre ein. Heute besetzt er eine Professur an der Norwegischen Musikakademie Oslo.
Nicht nur als Lehrer, sondern auch mit seinen kreativen Geigenkompositionen findet
er Anerkennung und zieht mit neuartigen technischen und klanglichen Experimenten
auf der Geige die Aufmerksamkeit auf sich.[172] In einem aktuelleren Interview sagte
Hansen, dass sein Linksstreichen gelegentlich von der Öffentlichkeit als seltsam empfunden wird. Hin und wieder fühle er sich selbst nach zahlreichen Erfolgen wie ein

---

[169] o. A., »War Paganini Linkshänder?«, in: *neue musikzeitung* 7/07, o. S.

[170] Ebd.

[171] Im Interview sagte er auf Englisch »with the wrong hands«. Das Interview wurde in einer
Ausgabe der vor einigen Jahren eingestellten Zeitschrift »Left Hand Corner« übersetzt.
<www.lefthandcorner.wtal.de./artikel/infos/MusikGeigeHansen.html>, 22.08.2019.

[172] Vgl. Website der Norges Musikkhogskole: <htttps://nmh.no/en/about_nmh/staff/terje-
moe-hansen>.

Außenseiter. Er denke aber nicht mehr so viel darüber nach wie als junger Geiger; das Linksspielen empfinde er eher als »Ressource« für sich und nicht als ein Problem.[173]

Zwei weitere Musiker, die ihr Instrument auf professioneller Ebene links spielen, sind im Bereich der sogenannten »Alten Musik« zu Hause, die die europäische Musik ab dem Mittelalter bis zur Barockzeit bezeichnet. Zahlreiche neuzeitliche Ensembles pflegen die Werke der Renaissance- und Barockzeit in historischer Aufführungspraxis. In diesen Formationen ist es vermutlich leichter, als LinksspielerIn integriert zu werden. Zum einen sind die historischen Instrumente in der Bauweise leichter umzustellen, zum anderen sind die Ensembles wesentlich kleiner als klassische Orchester. Außerdem sind die Stimmen meist solistisch besetzt, so dass der optische Eindruck nicht von einer Tradition der Gleichförmigkeit bestimmt und den InstrumentalistInnen mehr individueller Gestaltungsraum ermöglicht wird.

Spiel auf historischen Posaunen in rechtshändiger und linkshändiger Haltung

Die Linkshänderin **Alma Mayer** erlernte bereits im Alter von acht Jahren verschiedene Blasinstrumente, darunter die Blockflöte, in der rechtshändigen Spielweise. Während des Musikstudiums spezialisierte sie sich auf historische Blasinstrumente der Renaissance- und Frühbarockzeit und legte ihren Master of Music in »Alter Musik« ab. Obwohl in der Historie die Instrumente wie Cornett (Zink), Dulcian und Barockfagott (Bassoon) auch in der linkshändigen Weise gespielt und gehalten wurden, spielt Alma diese in der rechtshändigen Weise und empfindet dies als normal und angenehm. Bei

---

[173] Übersetzt nach Krista Pyykönen, A Handful of Considerations. Perspectives on Left-Handedness in Violin Playing and Violin Pedagogy. Masterarbeit an der Königlichen Musikhochschule Stockholm, Stockholm 2015, S. 37.

der Blockflöte, die sie ebenfalls studierte, tauscht sie allerdings immer wieder die Handstellung, was ihr selbst leichtfällt, bei anderen MusikerInnen aber gelegentlich Irritationen hervorruft. Vor einigen Jahren begann sie ein Zusatzstudium der Barockposaune. Als sie das Instrument zum ersten Mal »wie jeder andere auch« in die Hand nahm, habe es sich ein bisschen »unnatürlich« angefühlt. Deshalb drehte sie es auf die andere Seite um, so dass sie den Zug mit der linken Hand bedienen konnte, und es habe sich sofort »richtig« angefühlt.

Ab der ersten Unterrichtsstunde bei ihrem Professor erlebte sie von dessen Seite große Offenheit. Er bedeutete ihr, dass sie dabeibleiben solle, wenn es sich für sie gut anfühlt. Außerdem gäbe es auch einige andere professionelle linksspielende PosaunistInnen. Die Tenor-Barockposaune sei einfach für den linkshändigen Gebrauch einzurichten, da sie in einzelne Teile zerlegt und somit auch anders herum zusammengebaut werden kann. Bei einer Bass-Posaune müsse der Griff am Zug für die linke Hand angepasst werden, was eventuell etwas komplizierter sei. Alma spielt mit der Barockposaune bisher in wenigen professionellen Ensembles, zumal sie sich noch als Studentin betrachtet. Aber sie spielt konsequent, zum Beispiel bei studentischen Projekten und in ihren Kursen und Meisterklassen, links herum. Andere MusikerInnen, insbesondere die PosaunistInnen in ihrer Instrumentengruppe, begegnen ihr mit Neugier. Widerstände habe sie bisher nicht erfahren, zumal sie bereit ist, zu erklären, weshalb für sie als Linkshänderin das Linksspielen die passende Spielweise ist.[174]

Alma Mayer beim linkshändigen Posaunenspiel

---

[174] Vgl. Mail vom 10.11.2019.

In der Renaissance- und Frühbarockzeit war das Zupfinstrument Laute ein populäres Instrument, und mit der Wiederentdeckung der Alten Musik erfuhr auch die Laute in ihren verschiedenen Formen eine Wiederbelebung. Der linkshändige Lautenist Jonathan Rubin konnte sich in der Alte-Musik-Szene schon vor vielen Jahren etablieren.

Jonathan Rubin wurde in Sydney, Australien, geboren und lebt heute in Bern in der Schweiz. Als Linkshänder spielte er von Anfang an alle seine Instrumente – Gitarre, Laute und verschiedene Renaissanceinstrumente – links. Manche symmetrisch gebauten Lauten wurden einfach umbesaitet und Steg und Sattel etwas angepasst, und andere, wie eine Renaissancelaute oder unsymmetrische Barocklauten und Theorben, ließ er als Linkshänderinstrumente bauen.

Da er als Anfänger mit zwölf Jahren mit dem Linksspielen bei Lehrern auf Ablehnung stieß, eignete er sich die Instrumente autodidaktisch an. Seine musikalische Begabung muss jedoch aufgefallen sein, denn er erhielt ein Stipendium des australischen Staates, um »Alte Musik« an der Schola Cantorum Basiliensis in der Schweiz zu studieren. Nach seinem Diplom 1977 spezialisierte er sich auf das Basso-Continuo-Spiel mit den Instrumenten Laute und Theorbe.

Dass Jonathan Rubin als Musiker seit vielen Jahren eine große Anerkennung genießt, belegen seine reichhaltige Diskographie und seine Konzerttätigkeit mit den berühmtesten Ensembles und Dirigenten der Alten Musik. Zwischen 1976 und 1982 wirkte er bei über 300 Aufführungen der Opern von Monteverdi mit dem Dirigenten Nikolaus Harnoncourt mit. Die Produktionen der Monteverdi-Opern »Orfeo«, »Il Ritorno d'Ulisse« und »L'incoronatione di Poppea« des Regisseurs Jean-Pierre Ponnelle wurden verfilmt und bei vielen bedeutenden Festivals in ganz Europa aufgeführt.

Im Jahr 1986 begann seine Arbeit mit dem preisgekrönten Ensemble »Les Arts Florissants«, das sich durch viele Aufnahmen von Barockopern auszeichnete. Es entstanden außerdem Soloalben für Laute und Viola da Gamba. Derzeit tritt er in verschiedensten Renaissance- und Barockproduktionen mit der »Freitagsakademie Bern« auf, dem 1993 gegründeten ersten Barockensemble Berns.

Freitagsakademie Bern & Ensemble Bernvocal: »Alcina«

Von 1980 bis 2017 unterrichtete Jonathan Rubin Laute am Konservatorium in Genf und gab Meisterklassen auch außerhalb Europas. Er brachte mehrere Publikationen für Laute heraus.

Beim Unterrichten sitzt er den Schülern gegenüber, quasi als »Spiegelbild«, was er sogar als vorteilhaft empfindet. Für ihn als Lehrer sei es wichtig, zu Demonstrationszwecken verschiedene Lautenvarianten zur Verfügung zu haben. Dazu habe er zwei preisgünstige klassische Gitarren zu Linkshänderinstrumenten umgebaut, sie mit 14 Saiten versehen und die eine als Theorbe und die andere als Barocklaute gestimmt. Auf diesen beiden Instrumenten könne man fast alles spielen.

Für Rubin als Profimusiker war es nie ein Problem, links zu spielen. Manchmal habe er von seinem »Anderssein« regelrecht profitiert. Wenn beispielsweise das Instrumentalensemble in die Opernszenerie mit einbezogen wurde, wie es in der Produktion der Monteverdi-Oper »L'incoronatione di Poppea« des Regisseurs Ponnelle der Fall war, so schien es sogar »bildhübsch«, wie er sagt, einen Linkshänder und einen Rechtshänder auf der Bühne zu sehen.[175]

---

[175] Diese biographische Skizze ist eine Zusammenstellung aus einigen E-Mails von Jonathan Rubin aus dem Jahr 2018 und den Informationen auf der Website www.rubinlute.com. Von der Aufführung der »Poppea« unter der Leitung des Dirigenten Harnoncourt existiert eine Aufnahme: <https://www.youtube.com/watch?v=rZZyySg6JZU&feature> – Ab der Stelle 1:34:54 wird die Wirkung der Spiegelsymmetrie deutlich, wenn Rubin und sein rechtsspielender Lautenkollege mit in die Szene einbezogen sind.

Die Beispiele linkshändiger MusikerInnen aus der neueren Zeit zeigen eindrücklich, wie die Betroffenen ihre Linkshändigkeit konsequent leben. Um das Musizieren als Beruf auszuüben, haben sie sich das für sie passende Instrument ausgesucht oder es für sich passend gemacht. Ihr eigenes körperliches und seelisches Wohlgefühl steht für die Betroffenen an oberster Stelle, um auf hohem Niveau ausdauernd und mit Freude Musik machen zu können. Teilweise gegen Widerstände von außen verfolgten sie ihren eigenen musikalischen Weg und blieben dabei stets authentisch. Bisher sind es allerdings eher die musikalischen »Nischenbereiche«, in denen die Betroffenen ihren Platz gefunden haben. Es bleibt zu wünschen, dass mit zunehmender Anerkennung der LinkshänderInnen in der Musik viele weitere LinksspielerInnen in den professionellen Bereich und auch in die klassischen Orchester nachrücken.

1.3 Rechtshänderinstrument – (K)ein Nachteil für LinkshänderInnen?

1.3.1 Die möglichen Vorteile der LinkshänderInnen

Erfahrungen aus der Praxis

In Kreisen professioneller MusikerInnen und MusikpädagogInnen wird, wenn von Linkshändigkeit und Musizieren die Rede ist, oft das Argument vorgebracht, dass LinkshänderInnen in Bezug auf die normale Spielweise von Musikinstrumenten doch viele Vorteile hätten. Unbestritten können LinkshänderInnen bei einigen Instrumenten von der Überlegenheit ihrer dominanten linken Hand profitieren. StreicherInnen empfinden möglicherweise eine starke linke Hand als vorteilhaft in Bezug auf die Geläufigkeit am Griffbrett, bei Doppelgriffen und Sprüngen. Außerdem fällt die Intonation mit der dominanten Hand leichter. Ulf Prelle sieht den Vorteil der LinkshänderInnen beim Spielen eines Streichinstrumentes darin, dass die linke Hand durch ihr »besseres sensomotorisches Bewusstsein« befähigt sei, »die komplexen Bewegungsmuster, die auf dem Streichinstrument von der Greifhand verlangt werden, leichter und schneller zu lernen und auszuführen«[176] als es bei RechtshänderInnen der Fall sei. Mengler sieht in Bezug auf Lagenwechsel und Fingeraufsatzvarianten bis hin zur Klangfarbe einen kleinen Vorteil in der Linkshändigkeit.[177]

---

[176] Prelle, Leichtigkeit. Eine ergänzende Streichermethodik zur Befreiung der rechten und linken Hand, S. 82.

[177] Vgl. Mengler, Musizieren mit links. Linkshändiges Instrumentalspiel in Theorie und Praxis, S. 72/S. 77.

Bei BläserInnen scheint es auch einige wenige Vorteile für LinkshänderInnen zu geben, wie z.B. bei schwierigen Griffkombinationen.[178] Den Vorteil der Überlegenheit ihrer linken Hand werden LinkshänderInnen vermutlich insbesondere beim Horn empfinden.

Bei der Harfe kann eine starke linke Hand günstig sein, da diese weiter vom Körper entfernt spielt, die dickeren Saiten zupft und somit mehr Kraft braucht. Beim Akkordeon empfinden es LinkshänderInnen vielleicht als angenehm, mit dem Balg zur Luftdruckregulierung gleichzeitig den musikalischen Ausdruck über die linke dominante Seite zu führen. Am Klavier mögen LinkshänderInnen durch die Auswahl an Literatur die Stärke ihrer linken Hand ausspielen und als Vorteil für sich wahrnehmen, dass sie Stücke, in denen die linke Hand schwierigere Aufgaben bewältigen muss, besser umsetzen können als RechtshänderInnen. Bei der Erfassung der Struktur eines Musikstücks kommt linkshändigen PianistInnen die Dominanz ihrer rechten Gehirnhälfte entgegen: Sie erfassen z.B. die Stimmen eines Klavierstücks eher gleichzeitig und haben dadurch sofort eine innere Klangvorstellung. Menglers Erfahrung als Streicher ist, dass LinkshänderInnen sich mit bestimmten Spieltechniken, die sich ihnen gefühlsmäßig nicht sofort erschließen, intensiver auseinandersetzen als RechtshänderInnen und deshalb ihr Wissen als Lehrende besonders gut weitergeben können.[179]

Letztlich ist es der subjektiven Wahrnehmung der Musizierenden überlassen, wie sie die Vorteile innerhalb der gesamten Anforderungen gewichten, die das Spielen ihres jeweiligen Instrumentes verlangen.

Studienergebnisse

Auch mittels verschiedener Studien wurde versucht, die Vorteile der LinkshänderInnen beim Musizieren in der Standardspielweise nachzuweisen. Wenn LinkshänderInnen Nachteile beim Instrumentalspiel empfänden, dürfte man an den Musikhochschulen keine LinkshänderInnen finden, so heißt es in manchen Veröffentlichungen. Das Gegenteil scheint jedoch der Fall: Bereits 1999 hatten die amerikanischen Wissenschaftler Laeng und Park bei einer Befragung herausgefunden, dass der Anteil von LinkshänderInnen bei Klavierstudierenden einer Musikhochschule bei elf Prozent lag, was ungefähr dem Anteil von LinkshänderInnen in der Gesamtbevölkerung der USA

---

[178] Vgl. ebd.

[179] Vgl. ebd.

entspreche.[180] Reinhard Kopiez von der Musikhochschule Hannover und sein Team kamen 2010 zu weit höheren Zahlen: Unter Musikstudierenden wurde bei den PianistInnen ein Anteil von 27 Prozent, bei den StreicherInnen sogar ein Anteil von 35 Prozent LinkshänderInnen festgestellt. Diese Ergebnisse liegen weit über dem Prozentsatz von LinkshänderInnen in der Gesamtbevölkerung. Der hohe Anteil an linkshändigen GeigerInnen an Musikhochschulen belege, dass die Standardhaltung offensichtlich förderlich für LinkshänderInnen sei, denn die Greifhand profitiere von der Dominanz der linken Hand, so die Forscher.[181] Befragungen in Berufsorchestern scheinen jedoch diese hohe Zahl an LinkshänderInnen unter professionellen MusikerInnen nicht zu belegen.[182]

Kopiez folgert aus den Studienergebnissen, dass LinkshänderInnen im Musikstudium eine Art »Selektionsvorteil« hätten: RechtshänderInnen seien mit der linken Hand nicht so leistungsfähig wie LinkshänderInnen mit der rechten Hand. LinkshänderInnen neigen zum »Bilateralen« und halten die harte Musikerausbildung eher durch. RechtshänderInnen dagegen würden schneller »das Handtuch werfen«[183].

Eine Studie derselben Autoren von 2006 beschäftigt sich mit einem möglichen Leistungsvorteil von LinkshänderInnen am Rechtshänderinstrument. Die Untersuchung mit professionellen PianistInnen als ProbandInnen zeigte, dass LinkshänderInnen besser vom Blatt spielen könnten als RechtshänderInnen, was mit einer deutlich leistungsstärkeren linken Hand zusammenhängen könnte.[184] Abgesehen davon, dass es

---

[180] Vgl. Bruno Laeng/Ariane Park, Handedness effects on playing a reversed or normal keyboard, in: *Laterality* 4(4), 1999, S. 374.

[181] Vgl. Reinhard Kopiez/Niels Galley/Andreas C. Lehmann, »The relation between lateralisation, early start of training, and amount of practice in musicians: a contribution to the problems of handedness classification«, in: *Laterality* 15(4), 2010, S. 132.

[182] Vgl. Christiane Stenger/Antje Tiefenthal, Deine bessere Hälfte. Warum wir Rechts- oder Linkshänder sind und was das für unser Leben bedeutet, Hamburg 2018, S. 174. Im Übrigen darf man den Anteil der LinkshänderInnen an der Gesamtbevölkerung höher einschätzen als 10-15 Prozent, wie es weiterhin vielfach angenommen wird. Vgl. dazu Vasterling et al., Linke Hand – Rechte Hand: Ein Ratgeber zur Händigkeit, S. 14.

[183] Michael Engel, »Rechtshänder geben schneller auf. Linkshänder haben in der Musikausbildung einen ›Selektionsvorteil‹«, in: *Deutschlandfunk Kultur. Radiofeuilleton. Wissenschaft und Technik*, *01.07.2012*, <http://www.deutschlandfunkkultur.de/rechtshaender-geben-schneller-auf.1067.de.html>, o.S., 04.06.2019.

[184] Vgl. Reinhard Kopiez/Niels Galley/Ji In Lee, »The advantage of being non-right-handed: The influence of laterality on a selected musical skill (sight reading achievement)«, in: *Neuropsychologia* 44(7), 2010, S. 130.

sich beim Vom-Blatt-Spielen nur um eine musikalische Teilleistung handelt, die keine Schlussfolgerung auf die allgemeine Leistung beim Klavierspielen zulässt, war die Gruppe der LinkshänderInnen in der Untersuchung mit sieben ProbandInnen im Vergleich zu 45 RechtshänderInnen sehr klein und somit nicht repräsentativ für linkshändige MusikerInnen allgemein.

Eine weitere wissenschaftliche Studie, die große Nachwirkungen im Hinblick auf die Einstellung zu linkshändigem Musizieren hatte, war die Studie von Reinhard Kopiez und al., deren Ergebnisse 2011 unter dem Titel »Kein Nachteil für linkshändige Musiker«[185] veröffentlicht wurden.

Die Studie bestand aus zwei Teilen: In einem ersten Teilexperiment ging es um die subjektive Befindlichkeit am Instrument (Streichinstrument und Klavier), die mittels einer quantitativen Befragung erhoben wurde. Insgesamt waren 47 Musikstudierende und Lehrkräfte, davon 23 PianistInnen und 24 StreicherInnen, ausgewählt worden. Von den PianistInnen waren elf rechtshändig und zwölf linkshändig, von den StreicherInnen waren zehn rechtshändig und 14 linkshändig. Die ProbandInnen wurden nach »Hand-Problemen«, nach körperlichen Beschwerden insgesamt sowie dem Einfluss ihrer jeweiligen Händigkeit auf die Spielposition, die Ausdrucksfähigkeit und auf allgemeine sensomotorische Fähigkeiten beim Instrumentalspiel befragt. Insgesamt gesehen ergab die Auswertung keinen Hinweis darauf, dass linkshändige InstrumentalistInnen einen Nachteil bezüglich Leistung oder Wohlgefühl beim Spielen in der Standard-Position empfinden – im Gegenteil bewerteten sogar mehr linkshändige MusikerInnen (davon mehr PianistInnen als StreicherInnen) die Standard-Spielposition als vorteilhaft.[186]

Im zweiten Teilexperiment wurde die objektive Leistung der Hände bezüglich der Gleichmäßigkeit beim Tonleiterspielen bei PianistInnen untersucht. Von 19 professionellen PianistInnen (Klavierstudierende der künstlerischen Abteilungen einer Musikhochschule) waren zehn rechtshändig und neun linkshändig. Beim Tonleiterspielen erzielte die rechte Hand sowohl bei den RechtshänderInnen als auch bei den LinkshänderInnen eine größere Gleichmäßigkeit als die linke Hand, was die Forscher als

---

[185] Reinhard Kopiez/Hans-Christian Jabusch/Niels Galley/Jan-Christoph Homann/Andreas C. Lehmann/Eckart Altenmüller, »No disadvantage for lefthanded musicians: The relationship between handedness, perceived constraints and performance-related skills in string players and pianists«, in: *Psychology of music* 40(3), 357-384. Vermutlich bildet diese Untersuchung eine Antwort auf die ersten Veröffentlichungen Walter Menglers von 2004, die besonders in Streicherkreisen bei Kongressen für rege Diskussionen sorgten.

[186] Vgl. ebd., S. 367f.

Ergebnis des langen intensiven Trainings am Instrument bewerteten. Im Rahmen der Diskussion räumen Kopiez und al. ein, dass die rechte Hand am Klavier für die melodische Führung zuständig ist und PianistInnen daher der Ausbildung ihrer rechten Hand generell mehr Aufmerksamkeit schenken. In der Klavierliteratur werden zudem insgesamt höhere Anforderungen an die rechte Hand gestellt.[187] Zusammengefasst wurde als Ergebnis publiziert:

»Professionelle linkshändige Musikerinnen und Musiker haben keine Nachteile beim Spiel auf Rechtshänder-Instrumenten. Linkshänder profitieren vielmehr von den Vorteilen einer ›starken‹ linken Hand (z.B. bei der Greifhand der Geige). Forderungen nach speziellen Linkshänder-Instrumenten sind vor diesem Hintergrund pädagogisch nicht immer sinnvoll.«[188]

1.3.2 Die Sicht auf linkshändige MusikerInnen

LinkshänderInnen in Hochschulausbildung und Instrumentalpädagogik

Die Ergebnisse aller beschriebenen Untersuchungen im Umkreis der Musikhochschule Hannover reduzieren sich in den nachfolgenden Besprechungen im Wesentlichen auf die Aussage »LinkshänderInnen haben keinen Nachteil auf Rechtshänderinstrumenten«. Dies bedeutet einen Rückschritt hinsichtlich der in dieser Zeit in Musikerkreisen und insbesondere auch in der Pädagogik aufkommenden Offenheit in Bezug auf das Linksspielen von Instrumenten, zu der Walter Mengler erheblich beigetragen hatte. Verallgemeinerungen und plakative Aussagen wie »Professionelle Musiker adaptieren sich an die Standardspielweise unabhängig von ihrer objektiven Händigkeit«[189] versperren den Blick auf diejenigen linkshändigen MusikerInnen, die sich wünschen, ihrer Händigkeit entsprechend »anders herum« zu musizieren.

Von den Ergebnissen der Studie von 2011 lässt sich nicht im Allgemeinen darauf schließen, dass professionelle linkhändige MusikerInnen keine Nachteile beim Spiel auf Rechtshänderinstrumenten haben. Bei den StudienteilnehmerInnen handelt es sich um junge MusikerInnen in der Hochschulausbildung, die im Kindesalter mit dem

---

[187] Vgl. ebd., S. 374f.

[188] HMTMH (Hochschule für Musik, Theater und Medien Hannover), Meldungen: »Kein Nachteil für Linkshänder beim Spiel auf Rechtshänder-Instrumenten. Musikwissenschaftler aus Hannover, Dresden und Würzburg stellen Studienergebnisse vor«, <http://www.hmtm-hannover.de/de/druckansicht/aktuelles/meldungen/archiv/2012/ juni.html>, 07.09.2016.

[189] Günter Stein, »Klavierkonzerte für die linke Hand – Klavier für Linkshänder?«, in: *Musikphysiologie und Musikermedizin* 2, 2014, S. 95.

Instrumentalunterricht begonnen und entsprechend lange und intensiv geübt haben. Vermutlich empfinden die ProbandInnen in dieser Phase keine Nachteile oder können sie gegebenenfalls kompensieren. Gerade weil die Studie im Hochschulkontext durchgeführt wurde, erscheint auch eine Übertragung der Ergebnisse auf die Pädagogik mit InstrumentalanfängerInnen unzulässig. Die Schlussfolgerung »Forderungen nach speziellen Linkshänderinstrumenten sind vor diesem Hintergrund pädagogisch nicht immer sinnvoll« steht weder im Zusammenhang mit der Fragestellung noch mit den Ergebnissen. Kopiez relativiert in einer späteren Publikation, dass bei MusikerInnen, die keine professionelle Karriere anstreben und dementsprechend nicht viel Zeit ins Üben investieren, es in »Einzelfällen« auch »gute Gründe geben kann, anders herum zu spielen, weil das Gefühl nicht stimmt.«[190] Dieses könne man aber nicht generalisieren. »Bei der Entscheidung für ein Linkshänder-Instrument müsse man daher gut abwägen, ob das Kind vielleicht Berufsmusiker werden will.«[191] Es ist kaum nachvollziehbar, warum das »Gefühl« nur bei AmateurmusikerInnen eine Rolle spielen sollte und bei BerufsmusikerInnen nicht.

Des Weiteren wird im Nachklang der Studien immer wieder eine abwertende Haltung gegenüber LinkshänderInnen spürbar, die die Objektivität und Ergebnisoffenheit der Studien selbst in Frage stellt. So sagt Reinhard Kopiez in einem Interview zum Thema der LinkshänderInnen an Rechtshänderinstrumenten:

»Das ist das Erstaunliche. Nämlich, obwohl sie scheinbar benachteiligt in ihrer nicht bevorzugten Spielposition spielen, spielen sie trotzdem auf internationalem Niveau und gewinnen Wettbewerbe und spielen an ersten Pulten. Und das ist die Frage [...] Wie ist denn das möglich? Wie können wir das erklären, dass es offensichtlich keine wie häufig betonten Nachteile gibt, wenn man die **armen Linkshänder** *[Hervorhebung d.V.] nicht auf ihren bevorzugten Instrumentenhaltungen spielen lässt, sondern sie werden gezwungen, in der Rechtshänderposition zu spielen.«[192]*

Offensichtlich bevorzugen viele linkshändige MusikerInnen eine gespiegelte Haltung und Spielweise beim Musizieren. Die Lehrenden an den Hochschulen selbst sind in der Position, einen Rahmen für die Ausbildung an für LinkshänderInnen passenden Instrumenten zu schaffen. Solange jedoch »Rechts hat Vorfahrt in der

---

[190] Stenger/Tiefenthal, Deine bessere Hälfte. Warum wir Rechts- oder Linkshänder sind und was das für unser Leben bedeutet, S. 178.

[191] Ebd.

[192] Engel, »Rechtshänder geben schneller auf. Linkshänder haben in der Musikausbildung einen ›Selektionsvorteil‹«, o.S.

Musikerausbildung« gilt, wird das Linksspielen im professionellen Musikbereich weiterhin keine Anerkennung finden.

Linksspielen im Orchester?

Beim Thema »Orchester« zeigt sich in besonderer Weise, wie stark durch die Tradition einer einheitlichen Formation die Spielhaltung und -richtung nach rechts bestimmt wird. Gerade weil die Traditionen im klassischen Musikbetrieb so verwurzelt seien, hätten linksspielende MusikerInnen möglicherweise ihr Leben lang Schwierigkeiten, eine Stelle in einem Orchester zu bekommen, argumentieren Kopiez und al.[193]

Häufig werden in der Argumentation gegen das Linksspielen Platzgründe angeführt. Die Enge in Orchestergräben und auf der Bühne ließe eine gegenläufige Spielrichtung nicht zu. Es müssten alle StreicherInnen in dieselbe Richtung streichen, »sonst würden sich die Musiker gegenseitig die Augen ausstechen«[194]. Was die Orchestergräben betrifft, sollte die Platzfrage zwar ernstgenommen werden; jedoch lassen sich bei Offenheit für die Händigkeitsthematik vermutlich auf den meisten Konzertpodien praktikable Lösungen finden. Vereinzelt gibt es in modernen Symphonieorchestern, beispielhaft in Skandinavien, linksspielende StreicherInnen, die offensichtlich ihren Platz gefunden haben. Demzufolge scheint es bei der Diskussion weniger um das Platzproblem zu gehen, als dass LinkshänderInnen als »Störfaktor« im harmonischen Gesamtbild betrachtet werden, wenn sie sich beim Musizieren nicht den rechtshändigen Gegebenheiten anpassen: »Die Strich-Optik soll ein gleichmäßiges Bild ergeben. Stellen Sie ich vor, Sie haben zehn Streicher und einer schießt quer.«[195] wird ein Kulturreferent und Musikschulleiter in einem Zeitungsartikel von 2012 zitiert. Die Art und Weise, wie bis heute die Möglichkeit des Linksspielens abgewehrt wird, zeigt deutlich, dass Linkshändigkeit selbst weiterhin nicht selten als Makel und Defekt betrachtet wird.

Manche professionelle MusikerInnen sind der Auffassung, dass es den Klang beeinträchtigt, wenn StreicherInnen ihren Bogen spiegelverkehrt führen. Der wahre Grund liegt wohl eher in der Irritation des gewohnten Bildes, die wiederum das Gehör zu

---

[193] Vgl. Kopiez et al., »No disadvantage for left-handed musicians: The relationship between handedness, perceived constraints and performance-related skills in string players and pianists«, S. 377.

[194] Engel, »Rechtshänder geben schneller auf. Linkshänder haben in der Musikausbildung einen ›Selektionsvorteil‹«, o.S.

[195] Kerstin Hafner, »Orchester mögen keine Linkshänder«, in: *Mittelbayerische Zeitung vom 17.08.2012*, <https://www.mittelbayerische.de/region/regensburg-land-nachrichten/orchester-moegen-keine-linkshaender-21364-art820736.html>, 08.03.2017.

beeinflussen scheint. »Unser ästhetisches Empfinden bezüglich Gleichförmigkeit diktiert dem inneren Ohr womöglich, dass die musikalische Qualität leidet.«[196] – so denkt Geigerin Frau G. Einige MusikerInnen »sehen den Untergang der abendländischen Orchesterlandschaft vor sich, wenn der homogene Klang einzelner Orchesterstimmen im Ohr nicht mit dem optischen Eindruck konform geht.«[197] KonzertbesucherInnen stellen allerdings fest, dass die heutigen Symphonieorchester sehr unterschiedlich formiert sind – je nach Raum, Vorliebe des/der Dirigenten/in oder instrumentaler Besetzung. Bei klassischen Symphonien ist die Aufstellung eine ganz andere als z.B. bei einer Symphonie von Mahler. Auch die Sitzposition der MusikerInnen in den Instrumentengruppen ist in manchen Orchestern immer mehr von einer offenen Haltung des Einander-Zuwendens und des Miteinander-Musizierens geprägt. Angesichts dessen stellt sich die Frage, welche Auswirkungen es für das Gesamtbild hat, ob eine/r oder mehrere MusikerInnen links herum spielen.

Linksspielen wird in einigen Jugendorchestern schon selbstverständlich praktiziert – Darf es nicht auch in professionellen Orchestern Einzug halten? Statt an Argumenten für die Bewahrung der Tradition festzuhalten, in der »Rechts das Richtige« ist, sollte vielmehr das Miteinander verschiedener Spiel- und Streichrichtungen als Bereicherung für ein lebendiges Musizieren angenommen werden.

1.3.3 Die Leistung der Anpassung

Wie die Musizierpraxis zeigt, können LinkshänderInnen sich an das Spielen in der Rechtshänderposition anpassen und erfolgreiche MusikerInnen werden. Bei frühem Beginn und entsprechender Intensität des Instrumentalunterrichtes scheint es bei einigen InstrumentalistInnen keine bemerkenswerten Unterschiede in der motorischen Leistung von dominanter und nicht dominanter Hand mehr zu geben. Auch nichtprofessionelle linkshändige MusikerInnen können sich häufig schnell auf ein Rechtshänderinstrument einstellen. Die bereits genannte amerikanische Studie von 1999 beschäftigte sich mit dem Einfluss der Händigkeit auf das Klavierspiel im nicht-professionellen Bereich. Es konnte gezeigt werden, dass es linkshändigen Probandinnen, die sich bereits an ein reguläres Klavier angepasst hatten, schwer fiel, auf einem umgekehrten Klavier (ein Keyboard, bei dem mittels Tastenspiel die hohen Töne links und die tiefen Töne rechts liegen) zu spielen.

---

[196] Gespräch vom 06.02.2017.

[197] Mengler, Musizieren mit links. Linkshändiges Instrumentalspiel in Theorie und Praxis, S. 63.

Jedoch zeigte die Studie auch, dass es linkshändigen AnfängerInnen, die keinerlei Vorerfahrung mit dem Klavierspielen hatten, leichter fiel, auf einem umgekehrten Klavier zu spielen. Auf dem normalen Klavier passierten ihnen mehr Fehler. Zudem äußerten diese ProbandInnen, dass es für sie »mehr Sinn«[198] mache und »weniger verwirrend«[199] sei, mit ihrer dominanten linken Hand die Melodie und mit der rechten Hand die Begleitung zu spielen. Somit erfordert ein Rechtshänderinstrument für LinkshänderInnen eine Umstellung auf eine Spielweise, die nicht ihrem natürlichen Körpergefühl und ihren spontanen musikalischen Impulsen entspricht. Insofern stellt sich die Frage: Liegt es nicht nahe, betroffenen MusikerInnen die freie Entscheidung der Spielrichtung und des Instrumentes zu überlassen, da dies offensichtlich für ihr Wohlbefinden wichtig ist? Auch wenn für linkshändige MusikerInnen die Anpassung an ihre nicht bevorzugte Spielrichtung zwar möglich ist – bedeutet das, dass sie auch notwendig ist?

Die Anpassung an ein Instrument, das nicht dem natürlichen Körpergefühl entspricht, ist zwangsläufig mit einem zusätzlichen Energieaufwand verbunden. Flötistin und Pädagogin Karoline Renner, selbst Rechtshänderin, erläutert: »Beim Lernen eines Instrumentes muss sich ein Linkshänder für die Bewegungsabfolge viel mehr Zeit nehmen – er muss ›übersetzen‹«.[200] Die Flötistin Jelka Weber von den Berliner Philharmonikern hat manchmal das Gefühl, dass sie als Linkshänderin »etwas mehr daran arbeiten muss, mit beiden Händen gleich flink zu sein.«[201] Der Cellist und Cellopädagoge Ulf Prelle sagt, dass beim Erlernen eines Streichinstrumentes die »natürliche Präferenz«, über die linke Seite zu führen, »auf die rechte Seite umgelenkt werden«[202] müsse. Der Anfang auf dem Streichinstrument sei für LinkshänderInnen von daher ein »komplizierterer Start«[203] als für RechtshänderInnen.

Es scheint also nicht allgemein selbstverständlich für linkshändige MusikerInnen zu sein, ein Rechtshänderinstrument zu spielen, wie durch einige Studienergebnisse

---

[198] Bruno Laeng/Ariane Park, »Handedness Effects on Playing a Reversed or Normal Keyboard«, in: *Laterality* 4(4), 1999, S. 372.

[199] Ebd.

[200] Aus der Ankündigung eines Musik-Features im Bayerischen Rundfunk mit dem Titel »Seitenwechsel« vom 17.01.2015.

[201] Jelka Weber: »Mein Instrument als Lebenspartner«, in: *128 – Das Magazin der Berliner Philharmoniker* 1, 2016, S. 96.

[202] Prelle, Leichtigkeit. Eine ergänzende Streichermethodik zur Befreiung der rechten und linken Hand, S. 69.

[203] Ebd., S. 95.

suggeriert wird. »Mehr Zeit nehmen«, »übersetzen«, »umlernen«, »mehr arbeiten«, »komplizierterer Start«, die »natürliche Präferenz auf die rechte Seite umlenken« – diese Aussagen erfahrener professioneller MusikerInnen machen deutlich, dass LinkshänderInnen gegenüber RechtshänderInnen eine größere Leistung erbringen müssen, um erfolgreich ein Instrument in der rechtshändigen Spielweise zu erlernen. Die damit verbundene Anstrengung lässt sich auf den unterdrückten inneren Impuls zurückführen, das musikalische Spiel über die dominante linke Hand führen zu wollen. Dies bestätigt die Erfahrung des linkshändigen Violinprofessors und Violinsolisten Adam Kostecki:

»Also ich kann sagen, dass ich das nur erreichen konnte – als Linkshänder – was ich erreicht habe, durch eine unfassbar starke, geistige Arbeit. Also ich kämpfe ja bis heute mit meiner Linkshänderei sehr stark. Ich habe sogar – was lustig klingt – in meinem Geigenkasten so einen Zettel, wo es nur eine einzige Gebrauchsanweisung gibt: Spiel rechts.«[204]

Selbst nach jahrzehntelangem Spiel in der Rechtshänderposition scheint das Musizieren für Kostecki immer noch ein täglicher »Kampf« gegen die eigene Natur zu sein. An diesem Beispiel wird deutlich, wie stark der Einfluss der Händigkeit auf das Spielen eines Musikinstrumentes sein kann. Offensichtlich gibt es auch im professionellen Bereich linkshändige MusikerInnen, die das Spielen auf einem Rechtshänderinstrument als »Umschulung« empfinden und die entsprechenden Folgen spüren.

Sattler stellte in ihrer Forschungsarbeit fest, dass umgeschulte LinkshänderInnen mit Willensstärke und Durchsetzungsstreben durchaus erfolgreich Karriere machen können, dafür aber »ständig weit mehr Energie, Leistungseinsatz und Konzentration« benötigen als nicht umgeschulte LinkshänderInnen oder RechtshänderInnen, die sich »auf Routine und Automatismen verlassen können.«[205] Auch scheine es geradezu ein Wesensmerkmal der umgeschulten LinkshänderInnen zu sein, »eine manchmal bis zum Exzess betriebene Selbstdisziplin und Leistungsfähigkeit«[206] zu entwickeln. Ihr

---

[204] Engel, »Rechtshänder geben schneller auf. Linkshänder haben in der Musikausbildung einen ›Selektionsvorteil‹«, o.S.

[205] Sattler, Der umgeschulte Linkshänder oder Der Knoten im Gehirn, S. 110.

[206] Ebd., S. 111.

»meist weit überhöhtes Durchsetzungsbestreben«[207] ließe sie, »gewöhnt an eiserne Disziplin, in höchste Positionen aufsteigen.«[208]

Manche MusikerInnen mögen eine Anpassung leichter oder sogar ohne bemerkte Schwierigkeiten bewältigen. Wird Händigkeit als kontinuierlich ausgeprägtes Merkmal betrachtet, muss die Fähigkeit zur Anpassung davon abhängen, wie stark oder schwach die Linkshändigkeit der Betroffenen ausgeprägt ist. Auf der Basis von praxisbezogenen und neurophysiologischen Untersuchungen lässt sich diese Theorie jedoch nicht aufrechterhalten: »Es gibt keinen fließenden Übergang zwischen Links- und Rechtshändigkeit; man ist entweder links- oder rechtshändig.«[209] Wenn linkshändige MusikerInnen mit dem Spielen auf einem Rechtshänderinstrument zurechtkommen, so hängt dies nicht vom Grad der Linkshändigkeit ab, sondern ist im Wesentlichen das Ergebnis von »Training«. Dazu spielen – neben der musikalischen Begabung – die feinmotorische Begabung und die Anstrengungsbereitschaft eine Rolle. Ebenso scheint es vom Alter der betroffenen MusikerInnen abzuhängen, wie stark die Anstrengung empfunden wird. Während Musikstudierende sehr viel körperliche Energie einsetzen können, ohne dass sich Anstrengung großartig bemerkbar macht, nehmen bei MusikerInnen ab Mitte 30 die Leistungsbereitschaft und die tatsächlichen Kräfte ab.

In der Praxis der Linkshänderberatung zeigt sich häufig, dass die Belastungen, die mit einer Umschulung der Händigkeit einhergehen, bagatellisiert werden. Nicht selten sind gerade die Lehrkräfte und Eltern, die sich gegen eine Anerkennung der Problematik wenden, selbst umgeschulte LinkshänderInnen. Das Argument, dass sie »auch gut damit durchs Leben gekommen« seien, dass ihnen eine Umschulung »auch nicht geschadet« habe, nutzen sie als Rechtfertigung dafür, dem ihnen anvertrauten Kind ihre Unterstützung zu versagen und es in seinem Linkshändersein nicht ernst zu nehmen. Häufig verneinen gerade Instrumentallehrkräfte, die als LinkshänderInnen in der Rechtshänderposition spielen, dass Probleme ihrer SchülerInnen händigkeitsbedingt sind. Um sich nicht mit ihrer pädagogischen Haltung auseinandersetzen zu müssen, schieben sie vor, dass sie »doch auch gute Musiker geworden« seien. Insbesondere

---

[207] Ebd.

[208] Ebd. Sattler bezeichnet diesen Antriebsmotor für Höchstleistungen als »Demosthenes-Effekt«. Der griechische Volksredner Demosthenes hatte seine Sprachbehinderung dadurch überwunden, dass er mit Kieselsteinen im Mund sehr laut sprach. »Trotz seiner Behinderung hat er höchste Leistungen ›gerade auf dem Gebiet seiner Behinderung‹ vollbracht.«

[209] Ebd., S. 325.

umgeschulte LinkshänderInnen wehren sich dagegen die Problematik anzuerkennen, »wenn sie es geschafft haben, mit den Umschulungsfolgen mehr oder weniger gut fertig zu werden, und sich einen Platz in der Gesellschaft erkämpft haben.«[210]

In diesen Zusammenhang lässt sich auch eine Äußerung des Neurologen Eckart Altenmüller, der die Abteilung Musikphysiologie und Musikermedizin an der Hochschule für Musik, Theater und Medien Hannover leitet, einordnen: »Natürlich gibt es immer Fundamentalisten, die aus ihrer Tätigkeit ein Lebensproblem machen. Ich habe das nie verstanden, ich bin selbst ein umgewöhnter Linkshänder und hatte dadurch nur Vorteile.«[211] Wenn Personen mit einer solchen Einstellung einflussreiche berufliche Positionen innehaben, besteht die Gefahr, dass sie die öffentliche Erörterung von Linkshändigkeit ablehnen. So wird möglicherweise verhindert, dass in ihrem Bereich eine gründliche und objektive Auseinandersetzung mit der Thematik stattfinden kann, die wiederum Voraussetzung für eine entsprechende Prävention ist.[212]

Es ist ohne Zweifel respektabel, wenn betroffene LinkshänderInnen bereit sind, die Energie für die Anpassung an ein nicht passendes Instrument aufzubringen. Diese Anpassung aber von allen LinkshänderInnen zu fordern oder zu propagieren, dass beim Spielen eines Rechtshänderinstruments keine Probleme entstünden, entspricht nicht den realen Gegebenheiten.

---

[210] Sattler, Das linkshändige Kind in der Grundschule, S. 78.

[211] Stein, »Klavierkonzerte für die linke Hand – Klavier für Linkshänder?«, S. 95.

[212] Vgl. Sattler, Das linkshändige Kind in der Grundschule, S. 78.

2. »Umschulung« am Musikinstrument

2.1 Die Folgen der Anpassung

2.1.1 Unterdrückung des natürlichen (Körper-)Gefühls
Wenn das Wohlempfinden fehlt

»Mit einer normalen Flöte kann man einfach nicht so gut Musik machen.«

Diese Äußerung der linkshändigen 17-jährigen Flötistin Silke ist deshalb so beeindruckend, weil die junge Frau bis zu ihrem 17. Geburtstag zahlreiche Wettbewerbe gewonnen, solistisch auf vielen Konzertpodien gestanden hat und ebenso als Orchestermusikerin Anerkennung genießt – mit ihrer »normalen« Flöte. Sie spielte ihre Flöte immer gern, bis sie vor nicht allzu langer Zeit eine Linkshänderflöte entdeckte. Als sie diese zum ersten Mal ausprobierte, spürte sie unmittelbar, was ihr vorher trotz ihrer Erfolge gefehlt hatte.

Eine wichtige Voraussetzung, um »gut« musizieren zu können, scheint ein stimmiges Körpergefühl zu sein. Walter Mengler spricht vom »Wohlempfinden« als entscheidend für die Qualität des Instrumentalspiels[213], das sich für LinkshänderInnen nicht natürlicherweise einstellt, wenn das Instrument nicht passend ist. Oft wird betroffenen MusikerInnen erst im Rückblick bewusst, dass etwas mit Haltung und Spielweise ihres Instruments nicht stimmte und deshalb ein dauerhaftes Unwohlgefühl vorhanden war. Linkshändige StreicherInnen fühlen sich nicht uneingeschränkt wohl, wenn sie die größeren Bewegungen, über die sie den musikalischen Ausdruck transportieren, nicht über ihre dominante Seite ausführen können. Linkshändige BläserInnen empfinden es als unstimmig, wenn die nicht dominante Hand weiter entfernt vom Körper arbeitet und dennoch die Balance des Instruments herstellen soll. Insbesondere QuerflötistInnen spüren, dass die Ausrichtung ihres Instruments nach rechts, verbunden mit einer Drehung des Oberkörpers, nicht ihrem natürlichen Körpergefühl entspricht. Maria Augustin, die sich nach 22 Jahren auf einer »normalen« Flöte auf das Linksspielen umstellte, war schon früh aufgefallen, dass ihr Stand beim Querflötespielen »verdreht« gewesen sei und dass dadurch die Atmung »nicht so gut funktionierte«[214]. Weil sie keinen guten Stand spürte, sei sie »nicht optimal geerdet«[215] gewesen.

---

[213] Mengler, Musizieren mit links. Linkshändiges Instrumentalspiel in Theorie und Praxis, S. 15.

[214] Verein LinkeHand, Interview mit Maria Augustin, Teil 2.

[215] Ebd.

Für ein körperliches Wohlempfinden am Instrument ist eine Atmung zentral, die ohne zusätzliche Anstrengung so reguliert werden kann, dass die musikalische Energie ganz natürlich und frei über das Instrument oder die Stimme nach außen gelangt. Bei BläserInnen und SängerInnen, die sich aufgrund ihrer umgeschulten Linkshändigkeit in ihrem Körper nicht wohl und sicher fühlen, ist der Atemfluss oft blockiert. Dies hat zur Folge, dass der Ton unklar und das gesamte Auftreten gehemmt ist. InstrumentalistInnen sind bei Unsicherheiten im Körpergefühl weniger frei in ihren Musizierbewegungen. Eine Cellopädagogin beobachtet bei linkshändigen AnfängerInnen, dass sie vorwiegend kleine und zurückhaltende Bogenbewegungen mit rechts ausführen. Gelegentlich sieht man professionelle linkshändige StreicherInnen, die ausladende Bewegungen mit ihrem linken Arm machen, während der rechte Bogenarm eng am Körper anliegt. Linkshändige KlavierschülerInnen suchen mit ihrer rechten Hand die Sicherheit in der Nähe der Tasten, während die linke Hand wesentlich flexibler gestisch in der musikalischen Phrasierung mitgeht. Bei LinkshänderInnen am Rechtshänderschlagzeug wirken die Schläge oft »gebremst, gehemmt, kraftlos und ohne Ausdruck«[216], wie es Thomas Bittner beschreibt.

Wenn die Vertrautheit mit dem Instrument fehlt

Zum Wohlfühlen beim Musizieren gehört eine vertraute Beziehung mit dem Instrument. Wirkliche »Innigkeit mit einem Instrument«[217] könne man aber auch mit größter Anstrengung nicht erreichen, wenn man es nicht seiner Händigkeit entsprechend spielt, äußert die Klarinettistin Ulrike Scheuchl.

Die Geigerin Lucia Wagner, die sich am Ende ihres Studiums auf ein Linkshänderinstrument umgestellt hat, berichtet, dass sich das »normale Streichen« mit dem Bogen »immer etwas fremd«[218] anfühlte.

Der norwegische linkshändige und linksspielende Geiger und Violinprofessor Terje Moe Hansen empfindet es so:

»Ich weiß, dass ich niemals hätte ein professioneller Geiger werden können, wenn ich hätte ›normal‹ spielen müssen. Mit dem Bogen in meiner linken Hand fühlte es sich so an, als hätte ich schon immer

---

[216] Thomas Bittner, Linkshänder am Schlagzeug. Ein Ratgeber für Drummer und Schlagzeuglehrer, 2017, S. 28.

[217] Gespräch vom 05.10.2016.

[218] Eva Geiger, »Links, rechts, oben, unten? Über das Lernen und Umlernen, bis die Hand passt – und über das ›richtige‹ Instrument«, in: *Zwiefach* 60/1, 2017, S. 12.

Geige gespielt. Mit dem Bogen in der rechten fühlte es sich einfach nur falsch und unnatürlich an [...]
Für mich war es viel leichter, links zu spielen.«[219]

Wenn eine grundsätzliche Vertrautheit mit dem Instrument fehlt, scheinen sich auch
Abläufe und Handgriffe nicht so verinnerlichen zu lassen, dass sie jederzeit spontan
abrufbar sind. Geigerin und Geigenlehrerin Frau D., rechts spielende Linkshänderin,
erzählt, dass sie nach einer längeren Spielpause das Gefühl für den Bogen verliere und
sich jedes Mal wieder neu mit seinem Gewicht sowie mit der Stellung und dem Druck
der Finger an der Bogenstange beschäftigen müsse. Fühlen MusikerInnen sich nicht
mit ihrem Instrument verbunden, können sie nicht »aus dem Bauch heraus«[220] musizieren und das Spiel wird immer eher »kopflastig«[221] bleiben – so sieht es Schlagzeuger
Thomas Bittner.

»Jeden Tag aufs Neue ein mühsamer Prozess«

Linkshänderinnen, die zum Schreiben umgeschult wurden, benötigen einen weit höheren Energieeinsatz, um die gleiche Leistung zu erbringen wie nicht umgeschulte
LinkshänderInnen oder RechtshänderInnen. So empfinden es auch viele linkshändige
MusikerInnen, die auf einem Rechtshänderinstrument spielen: Um ihre Klangvorstellung über die Musizierbewegung umzusetzen, müssen sie sich immer mehr anstrengen
als RechtshänderInnen. Wie das »Fahrradfahren bei leicht angezogener Hand-
bremse«[222] sei das »Rechtsspielen« für einen Linkshänder, so Walter Mengler. »Wenn
man es nie anders kennengelernt hat, wird man es möglicherweise nicht einmal merken, denn man kann auch mit angezogener Bremse fahren und kommt ans Ziel, allerdings sehr viel erschöpfter und vermutlich nicht als Sieger eines Radrennens.«[223] Gabi
Scheungraber, Cellistin und Cellopädagogin, beurteilt dies ganz ähnlich: »Nach meiner
Beobachtung verbraucht das falsch herum Spielen sehr, sehr viel Energie, die man
auch anders einsetzen könnte.«[224]

---

[219] Übersetzt nach Krista Pyykönen, A Handful of Considerations. Perspectives on Left-Handedness in Violin Playing and Violin Pedagogy. Masterarbeit an der Königlichen Musikhochschule Stockholm, Schweden, 2015, S. 37.

[220] Bittner, Linkshänder am Schlagzeug. Ein Ratgeber für Drummer und Schlagzeuglehrer,
S. 28.

[221] Ebd.

[222] Mengler, Musizieren mit links. Linkshändiges Instrumentalspiel in Theorie und Praxis, S. 44.

[223] Ebd.

[224] Mail vom 15.04.2018.

Die linkshändige Klarinettistin Ulrike Scheuchl beschreibt die Anstrengung des Musizierens auf dem Rechtshänderinstrument folgendermaßen:

»Jeden Tag war es aufs Neue ein mühsamer Prozess, ein Wohlgefühl am Instrument zu finden, der mich oft die Hälfte der Übungszeit kostete. Auch hatte ich das Gefühl, nie richtig Pause bzw. Urlaub machen zu können, weil mir dieses mühevoll aufgebaute Körpergefühl und die Kondition in zu starker Weise verloren gingen.«[225]

Mengler macht darauf aufmerksam, dass es für linkshändige MusikerInnen am Rechtshänderinstrument beim Musizieren nur schwer möglich sei, einen »Flow«, einen Zustand der Mühelosigkeit zu erreichen.[226] Die Betroffenen müssen immer zusätzliche Energie dafür aufbringen, ihre natürlichen Bewegungsimpulse zu unterdrücken und gegen ein latentes Unbehagen anzuspielen. In einer Tätigkeit völlig aufzugehen, wie es Kennzeichen des Flow ist, setzt eine »Integration von Bewegung, Klang und Selbsterleben«[227] voraus – eine Erfahrung, die LinkshänderInnen am Rechtshänderinstrument häufig verwehrt bleibt.

Es scheint, als beträfe das »Energieproblem« die linkshändigen MusikerInnen, die zusätzlich zum Schreiben umgeschult wurden, in besonderer Weise. Die betroffene Geigerin Frau G., 42 Jahre, sagte in einem Gespräch, sie habe sich aufgrund des hohen Energieaufwands bei der Vorbereitung und beim Spiel nie in einen institutionellen Musikbetrieb eingliedern können. Das Unterrichten und das Mitarbeiten in Orchesterprojekten komme ihr daher entgegen. Das Musizieren mache ihr an sich sehr viel Freude, um gut zu sein, müsse sie jedoch immer ihre gesamte Energie sammeln. Nach einer Aufführung sei sie jedes Mal total erschöpft. Sie habe das Gefühl, sich vor einem Konzert quasi selbst »aufpumpen« zu müssen, um sich danach wie ein »verschrumpelter Luftballon«[228] zu fühlen.

---

[225] Ulrike Geiger, Versuch einer Anleitung zum Umlernen auf linkshändiges Klarinettenspiel auf Basis einer Auswahl von Unterrichtsmaterial. Diplomarbeit für den Diplomstudiengang Musikpädagogik im Fach Klarinette, Folkwang-Hochschule Essen 2006, S. 89.

Im Folgenden wird diese Arbeit zitiert als »Geiger, Diplomarbeit«. Ulrike Scheuchl hieß mit Mädchennamen Ulrike Geiger.

[226] Mengler, Musizieren mit links. Linkshändiges Instrumentalspiel in Theorie und Praxis, S. 84.

[227] Spahn, Musikergesundheit in der Praxis. Grundlagen, Prävention, Übungen, S. 188.

[228] Gespräch vom 06.02.2017.

»Man hört deine Gefühle gar nicht!«

Die Folgen einer Umschulung zeigen sich besonders dort, wo es um das »Gefühl« geht. Bei Musikinstrumenten in der Standardbauweise ist es die rechte Hand, die für die anspruchsvolle Aufgabe des emotionalen Ausdrucks zuständig ist. Viele Betroffene spüren gerade darin ein Defizit, dass sie über ihre nicht dominante Hand ihre musikalischen Vorstellungen und Gefühle nicht zufriedenstellend nach außen transportieren können. Den linkshändigen Pianisten Geza Loso belastete z.B. die erlebte Diskrepanz zwischen seiner inneren musikalischen Vorstellung und der Qualität des musikalischen Ergebnisses auf dem Instrument sehr. Er erinnert sich, dass er sich bei einer Studioaufnahme seines eigenen Klavierspiels selbst nicht wiedererkannt habe: »Wieso spiele ich das so, wenn ich es innerlich ganz anders fühle?«[229] Die linkshändige Kirchenmusikerin und Dirigentin Frau E. empfand, dass sie mit dem Taktstock in der rechten Hand die Musik nie richtig »rüberbringen« konnte. Die linkshändige Psychologin Marina Neumann fühlte sich beim Geigen, welches sie als Hobby betreibt, in ihrem »kreativen Ausdruck stark eingeschränkt«[230]. Als geradezu »dramatisch« empfand es die Cellistin Maren Seeliger, als Linkshänderin auf dem Cello ihre Gefühle nicht angemessen stark ausdrücken zu können.[231] Ulf Prelle erlebt bei linkshändigen Streichern, dass sie das Funktionieren der technischen Abläufe so in den Vordergrund stellen, dass dabei »Klang und die musikalische Ausprägung [...] vergleichsweise blass und unpersönlich«[232] bleiben. Geigerin Frau G. hört immer noch die Stimme ihrer Lehrerin aus der Jugend: »Du musst mehr geben, man hört deine Gefühle gar nicht!«[233] Dabei meinte sie doch stets, sich besonders anzustrengen.

---

[229] Stenger/Tiefenthal, Deine bessere Hälfte. Warum wir Rechts- oder Linkshänder sind und was das für unser Leben bedeutet, S. 170.

[230] Neumann, Natürlich mit links. Zurück zur Linkshändigkeit – Befreiter leben mit der starken Hand, S. 99.

[231] Vgl. Burkhard Straßmann, »Besser spielen auf Chaplins Geige?«, in: *Die Zeit* Nr. 25, Hamburg 2013, <http://www.zeit.de/2013/25/gehirn-haelften-doppelnatur-musik>, 06.06.2019.

[232] Prelle, Leichtigkeit. Eine ergänzende Streichermethodik zur Befreiung der rechten und linken Hand, S. 71.

[233] Gespräch vom 06.02.2017.

2.1.2 Spieltechnische und körperliche Auswirkungen

Feinmotorische Probleme

So wie sich als Auswirkungen einer Umschulung zum Schreiben feinmotorische Probleme manifestieren können, zeigen sich bei linkshändigen MusikerInnen am Rechtshänderinstrument häufig Probleme mit der Spieltechnik. Diese werden meist als sehr belastend empfunden, da in der Regel die Leistung von MusikerInnen an den Parametern Schnelligkeit und Genauigkeit gemessen wird.

Über Schwierigkeiten mit der Geläufigkeit berichtet der linkshändige Organist Herr G., der Skalen und Triller in der rechten Hand ab einer bestimmten Geschwindigkeit nicht mehr beherrscht. Die linkshändige Kirchenmusikerin Frau E. erhielt während des Musikstudiums immer wieder die Rückmeldung, dass ihre rechte Hand am Klavier so ungeschickt sei. Gitarristin Frau J. erreichte beim schnellen Zupfen mit rechts bereits nach kurzer Zeit ihre Grenzen. Herr S. war als Linkshänder nicht in der Lage, auf der Gitarre gleichmäßige Arpeggien mit der rechten Hand zu spielen. Bei linkshändigen FlötistInnen treten Probleme bei schnellen Trillern mit der rechten Hand auf, mit der sie zusätzlich die Flöte halten müssen. Für linkshändige StreicherInnen, die rechts spielen, sind schnelle Stricharten, Repetitionen und auch das Pizzicatospiel mit der nicht dominanten Hand nicht leicht zu bewältigen. Bei Bogentremoli über einen längeren Zeitraum tritt in der nicht dominanten Hand bald eine Ermüdung ein, was Ungenauigkeiten zur Folge hat.[234]

Umgeschulte LinkshänderInnen haben oft Schwierigkeiten, ihre Schreibbewegungen mit der nicht dominanten Hand zu kontrollieren und kräftemäßig anzupassen. Probleme mit der Kraftdosierung belastet auch linkshändige StreicherInnen beim Führen des Bogens mit der rechten Hand. Für die Hobbycellistin Maria, 28 Jahre, war es immer schwierig und anstrengend, den Bogen mit der rechten Hand gerade und gleichmäßig über die Saiten zu führen; bei langgezogenen Strichen hatte sie Sorge, dass der Bogen und damit der Ton wackeln könnte. Manche CellistInnen greifen den Bogen auch zu fest, um Unsicherheiten auszugleichen.[235] Linkshänderin Frau K., Schulmusikerin mit Hauptfach Geige, erwähnte, dass ihr Bogen – insbesondere bei Lampenfieber – oft unkontrolliert zitterte. Häufig berichten linkshändige professionelle GeigerInnen, dass sie während des Studiums mehr Bogenübungen machen mussten als ihre StudienkollegInnen. So habe z.B. Mats Strand, schwedischer linkshändiger Geiger und

---

[234] Mengler, Musizieren mit links. Linkshändiges Instrumentalspiel in Theorie und Praxis, S. 47.

[235] Vgl. ebd.

Pädagoge, immer hart daran arbeiten müssen, die schnellen Saitenübergänge mit dem Bogen zu bewerkstelligen.[236]

Nicht selten betreffen feinmotorische Schwierigkeiten auch die dominante Hand. Linkshändige StreicherInnen neigen dazu, mit ihrer linken Greifhand zu stark auf die Saiten zu drücken, was die Geläufigkeit beeinträchtigt.[237] Geigerin Frau G. kann durch zu viel Spannung in der dominanten Greifhand nicht unbewusst trillern: »Der Triller bleibt immer irgendwie hängen und ist total fest.«[238] Auch Frau K. hatte nie eine lockere Greifhand, da sie die Muskeln der Hand nicht isoliert bewegen konnte. Für das Vibrato eine Haltung zu finden, in der die Hand frei war, empfand sie als große Herausforderung. Wenn LinkshänderInnen versuchen, den Ausdruck über die dominante Greifhand zu führen, besteht die Gefahr, dass durch die verstärkte Spannung in der linken Hand das Vibrato übertrieben wirkt und sich nicht mehr dem musikalischen Kontext anpasst.[239] Gitarrist Herr S. berichtet über Schwierigkeiten in der dominanten linken Greifhand, da er immer »zu viel« machen wollte. Klarinettistin Ulrike Scheuchl bemerkte, dass die dominante Hand in der oberen Position häufig verkrampfte und an der falschen Stelle zu viel Kraft einsetzte, wodurch die Finger unbeweglich wurden. AmateurpianistInnen berichten von der Erfahrung, oft unkontrolliert zu viel Spannung in ihre dominante Hand zu geben, wodurch die musikalische Gestaltung unflexibel werde.

Körperliche Überlastungserscheinungen

Bei rechts musizierenden LinkshänderInnen ist die unausgewogene Spannungsverteilung zwischen der dominanten linken und der nicht dominanten rechten Seite ein Problem, das auch körperliche Beeinträchtigungen zur Folge haben kann. Diese können auch die dominante Seite betreffen. So erlitt Frau D., Geigenlehrerin und Linkshänderin, bereits zu Beginn ihres Geigenstudiums eine Sehnenscheidenentzündung im linken Handgelenk. Ihr Lehrer bemerkte den Zusammenhang zwischen der Entzündung und dem zu hohen Kraftaufwand in der linken Hand. Auch linkshändige

---

[236] Vgl. Pyykönen, A Handful of Considerations. Perspectives on Left-Handedness in Violin Playing and Violin Pedagogy, S. 38.

[237] Vgl. Mengler, Musizieren mit links. Linkshändiges Instrumentalspiel in Theorie und Praxis, S. 48.

[238] Gespräch vom 09.03.2018.

[239] Vgl. Prelle, Leichtigkeit. Eine ergänzende Streichermethodik zur Befreiung der rechten und linken Hand, S. 48.

GitarristInnen klagen über Probleme an den Sehnen der linken Greifhand, da sie viel Energie in das Greifen investieren. Linkshändige PianistInnen, die das Spiel unbewusst über ihre dominante Hand führen wollten, berichten über Verspannungen der linken Schulter. Der linkshändige Schlagzeuger Thomas Stölzl entwickelte durch die permanente Fehlbelastung am Rechtshänder-Drumset Nervenentzündungen an beiden Händen und musste sein Schlagzeugstudium abbrechen.[240] Bei Flötistin Silke war durch die ungünstige Körperhaltung beim Flötenspiel ihr rechter Unterarm ständig schmerzhaft verspannt, was sich in den Nacken- und Schulterbereich fortsetzte. Auch Flötistin Maria Augustin erwähnte, dass sie beim Flöten im rechten Arm wiederkehrende Muskelschmerzen gespürt habe. Als deutliches Zeichen von Überlastung aufgrund der Fehlhaltung erkannte Ulrike Scheuchl ihre Gelenk- und Kieferprobleme beim Spiel auf der Rechtshänderklarinette. Hobbymusikerin Frau I. berichtet von verspannten Lippen beim Blockflötenspiel; mit den Lippen versuchte sie offensichtlich das Instrument zu stabilisieren, was ihr in der rechtshändigen Handhaltung nicht gelang. Posaunistin Frau S. wollte die Schwäche der nicht dominanten Seite mit ihrem ganzen Körper ausgleichen, was zu Verspannungen im oberen Rücken führte. Geigerin Frau G. hatte über viele Jahre chronische Schmerzen in der rechten Schulter, die sich bis in den Unterarm zogen. Sie konnte eine Weile mit der rechten Hand weder den Bogen noch den Stift halten. Horst Hildebrandt, Leiter der Abteilung Musikphysiologie an den Musikhochschulen Zürich und Basel, erläutert, dass die »Umschulung auf die nicht dominante Hand zum Schreiben« nicht selten die Mitursache »im Falle von Hand-Arm-Beschwerden« bei MusikerInnen sei.[241]

Körperliche Auswirkungen einer Umschulung der Händigkeit können sich auch bei SängerInnen negativ bemerkbar machen. Einerseits sind es die Spannungen in der Schulter- und Nackenmuskulatur als Folge der Fehlbelastungen durch die Überanstrengung der nicht dominanten Körperseite, die das Wohlgefühl beeinträchtigen und eine freie Stimme verhindern. Zusätzlich kann bei umgeschulten LinkshänderInnen ein erhöhtes Spannungsaufkommen im Bereich der Kiefermuskulatur erkennbar sein. Dadurch ist der Resonanzraum eingeengt, was sich auf die Qualität der Stimme und des gesanglichen Ausdrucks auswirkt.[242]

---

[240] Thomas Stölzl, »Ein paar Worte zum Schlagzeug«, in: *Left Hand Corner* 04 07-1998, <http://www.lefthandcorner.wtal.de/artikel/infos/MusikSchlagzeug.html>, 05.04.2018. Über Thomas Stölzl siehe Kapitel 5 » Rückschulung auf links mit dem Instrument?«.

[241] Hildebrandt/Spirgi-Gantert, »Die Hand – letztes Glied einer langen Kette«, S. 24.

[242] Vgl. Mail der Atem-, Stimm- und Sprechtherapeutin Frau R. vom 24.09.2019 an die Autorin.

Rechts-Links-Unsicherheit

Rechts-Links-Unsicherheiten, die als Folge einer Umschulung zum Schreiben häufig auftreten, zeigen sich beim Musizieren insbesondere bei linkshändigen AmateurmusikerInnen und InstrumentalanfängerInnen in der Bewegungskoordination. So erleben sich LinkshänderInnen beim Trommeln mit den Händen als geradezu »orientierungslos«, wenn sie versuchen, eine Rhythmusfolge mit ihrer rechten Hand führend über längere Zeit durchzuhalten. Bei StreicherInnen äußert sich eine Rechts-Links-Unsicherheit gelegentlich in der Verwechslung von Auf- und Abstrich. Amateurschlagzeuger Herr H. musste feststellen, dass beim Spiel seine linke Hand unvermittelt die Führung übernehmen wollte, obwohl ihm die Abläufe »rechts herum« seit seiner Jugend vertraut waren. Linkshändige KlavierschülerInnen verwechseln gelegentlich die Hände oder vertauschen die Spielrichtung.

Professionelle linkshändige MusikerInnen erleben Richtungsunsicherheiten insbesondere in Stresssituationen. Tauchen bei einem Auftritt plötzliche Schwierigkeiten wie motorische Blockaden in der rechten Hand auf, reagieren die Betroffenen intuitiv und versuchen mit der dominanten linken Hand einen Ausgleich herzustellen. Die Aufgabenverteilung der Hände kann dadurch kurzzeitig aus der Balance geraten. Bei professionellen SängerInnen sind es gerade die umgeschulten LinkshänderInnen, die unter Bühnenbedingungen auffällige Rechts-Links-Unsicherheiten zeigen. So fällt mitunter die Entscheidung schwer, mit welcher Hand sie das Notenblatt halten und welche Hand die Sprache gestisch unterstützen soll. Horst Hildebrandt macht in seiner Arbeit immer wieder die Erfahrung: »Wer sich durch nicht geklärte Händigkeit nicht intuitiv in seinen Bewegungen sicher ist, ist auf der Bühne schlechter dran.«[243]

Exkurs: Die Musikerdystonie

Die sogenannte »Musikerdystonie« (auch als »Musikerkrampf« bzw. »fokale Dystonie« bekannt) ist eine Störung, bei der es zum »Verlust der feinmotorischen Kontrolle lange geübter Bewegungen am Instrument«[244] kommt. Bei BläserInnen tritt die Störung als Ansatzdystonie, bei den meisten InstrumentalistInnen als Handdystonie auf. Letztere beginnt häufig mit »leichten Unregelmäßigkeiten bei zuvor präzise beherrschten Passagen«[245] oder mit kaum auffälliger Bewegungserschwernis bei Trillern. Es können auch

---

[243] Gespräch vom 11.09.2017.

[244] Klöppel/Altenmüller, Die Kunst des Musizierens. Von den physiologischen und psychologischen Grundlagen zur Praxis, S. 259.

[245] Ebd.

»ungewollte Bewegungen wie das Einrollen eines oder mehrerer Finger«[246] auftreten. GitarristInnen, PianistInnen und HolzbläserInnen seien am häufigsten betroffen, wobei die Dystonie bei GeigerInnen weitaus häufiger in der linken, bei GitarristInnen dagegen häufiger in der rechten Hand auftrete. Als begünstigende Faktoren für die Entstehung einer Musikerdystonie werden die Anforderungen an »räumlich-zeitlich sehr präzise auszuführende repetitive Bewegungen« sowie eine »Neigung zu Angst« und ein »übermäßiger Perfektionismus«[247] genannt. Die Ursache für die Erkrankung läge »in einer Störung der zentralnervösen Steuerprogramme für die Bewegungen«[248]. Hildebrandt sieht eine »mangelnde Sensibilität für Ermüdungsanzeichen oder das Weiterspielen trotz wahrgenommener Ermüdung«[249] als wesentliche Ursachen der Fokalen Hand- bzw. Fingerdystonie. Dabei sei es »eine Ermüdung des Nervensystems«[250], die der muskulären Ermüdung vorausgeht, »welche die Bewegungsmuster bereits qualitativ verschlechtert«[251].

Angesichts der Anstrengung, die es für LinkshänderInnen bedeuten kann, auf einem Rechtshänderinstrument leistungsfähig zu musizieren, lässt sich nicht ausschließen, dass die Umschulung am Instrument auch einen Risikofaktor für eine Musikerdystonie darstellt. Zum einen sind die Anforderungen an Dauer und Präzision der Bewegungen mit der nicht dominanten Hand sehr hoch. Zudem haben gerade umgeschulte LinkshänderInnen hohe Leistungserwartungen an sich und fordern sich nicht selten weit über den Punkt der Ermüdung hinaus.

Interessant sind drei mir bekannte Fälle von MusikerInnen, bei denen eine Musikerdystonie bzw. Symptome einer beginnenden Fokalen Dystonie in der jeweils nicht dominanten rechten Hand festgestellt wurde: Es handelt sich um die Gitarristin Frau S., die Geigerin Frau G. und den Organisten Herrn G.

Gitarristin Frau S., 31 Jahre, erlernte zunächst das Gitarrenspiel mit links, stellte sich dann im Musikgymnasium auf Anraten der Lehrerin auf eine Rechtshändergitarre um.

---

[246] Ebd.

[247] Ebd.

[248] Ebd.

[249] Horst Hildebrandt, »Angewandte Musikphysiologie – Beiträge zur Prävention und Lösung von medizinischen Problemen beim Spiel von Tasteninstrumenten«, in: *Klavier und Bewegung. Dokumentation 2017/18*, hrsg. von der European Piano Teachers Association Sektion der Bundesrepublik Deutschland, Düsseldorf 2019, S. 13.

[250] Ebd.

[251] Ebd.

Da sie sehr ehrgeizig war, machte sie schnell Fortschritte und entschied sich für ein Gitarrenstudium. Bald nach Studienbeginn bemerkte sie allerdings, dass sie bestimmte Zupftechniken, die ihr vorher keinerlei Schwierigkeiten bereiteten, plötzlich nicht mehr beherrschte. Beim Tremolospielen verselbständigte sich der rechte Zeigefinger, er war nicht mehr kontrollierbar und »klappte irgendwie hoch«[252]. Ein Neurologe und Musikmediziner diagnostizierte eine »leicht ausgeprägte tätigkeitsspezifische fokale Dystonie des rechten Zeigefingers«[253]. Gemäß der Untersuchung sei bei Frau S. ein Auslöser für die Störung »die mögliche Irritation sensomotorischer Systeme durch das Umlernen von links nach rechts«[254] gewesen. Frau S. stellte sich später auf der Gitarre wieder auf links um, konnte jedoch nicht an ihre vorherigen Erfolge anknüpfen.

Auch bei der Geigerin Frau G., 42 Jahre, wurde während des Studiums eine »fokale Dystonie« festgestellt. Sie selbst sieht rückblickend einen Zusammenhang mit einer übermäßigen körperlichen und psychischen Belastung, zumal sie den Ansprüchen ihres Professors nicht genügen konnte. Der Musikmediziner, der ihre Diagnose gestellt hatte, empfahl ihr Physiotherapie, die jedoch nur gelinde Erleichterung verschaffte. Erst am Institut für Musikphysiologie an der Musikhochschule Zürich wurde der Zusammenhang zwischen ihren Spielproblemen und einer umgeschulten Linkshändigkeit festgestellt. Mit Übungen aus der »Dispokinesis« und entsprechenden Übetechniken gelang es ihr nach einiger Zeit, wieder zufriedenstellend Geige spielen zu können.[255]

Organist Herr G., 54 Jahre, entwickelte vor einigen Jahren Koordinationsstörungen in der rechten Hand, die als beginnende Dystonie eingeschätzt wurden. Er hatte er am Tasteninstrument seine rechte nicht dominante Hand mehr trainiert und gefordert als seine linke Hand und dennoch jahrelang keine Spielprobleme gehabt. Plötzlich beherrschte er den Daumenübersatz und -untersatz bei Skalen ab einer bestimmten Geschwindigkeit nicht mehr und konnte keine Triller mehr mit rechts ausführen. Er therapierte sich schließlich selbst mit einer Art Spiegeltechnik[256] und konnte die Spielschwierigkeiten weitestgehend überwinden.[257]

---

[252] Gespräch vom 26.07.2017.

[253] Ebd.

[254] Ebd.

[255] Vgl. Mail vom 07.04.2017.

[256] Vgl. dazu Kapitel 2.3.7.

[257] Vgl. Mail vom 19.10.2017.

Weitere Fälle berühmter Musikerpersönlichkeiten deuten darauf hin, dass es durchaus einen Zusammenhang zwischen Linkshändigkeit und Musikerdystonie gibt. Robert Schumann, der Linkshänder gewesen sein soll, litt unter dieser Krankheit. Er konnte beim Klavierspiel den dritten Finger der rechten Hand nicht mehr kontrollieren. Die Risikofaktoren für Musikerdystonie, die Eckart Altenmüller in seinem Artikel »Robert Schumann's Focal Dystonia«[258] nennt – extensives Üben, extreme motorische Belastung die zeitlich-räumliche Bewegungsausführung betreffend, sowie Persönlichkeitszüge wie Anfälligkeit für Angst und Perfektionismus – treffen auf Schumann zu.[259]

In der Liste der »hochbegabten, erfolgreichen Musiker«[260], die besonders anfällig für Musikerkrämpfe seien, führt Altenmüller auch den linkshändigen kanadischen Pianisten Glenn Gould (1932–1982) an. Goulds Biograph Bazzana beruft sich auf einen Neurologen, wenn er schreibt, dass bei Gould »die angeborene Beschaffenheit seiner Hände das biomechanische Risiko eines durch monotone Bewegungen und ständige Wiederholungen ausgelösten Stresssyndroms mit sich brachte, also zu einer Erkrankung wie etwa der ›fokalen Dystonie‹ (Musikerkrampf) führen konnte.«[261] Die These des besagten Neurologen lässt sich anhand von Filmaufnahmen der späten 1970er-Jahre stützen: Mittel- und Ringfinger der rechten Hand Goulds waren beim Klavierspielen teilweise leicht überlappt, der Ringfinger manchmal wie »eingerollt«, was typisches Anzeichen für eine Dystonie bei Pianisten ist. Abgesehen davon, dass sich in Goulds Persönlichkeitsstruktur einige Risikofaktoren für die Entwicklung einer Musikerdystonie finden lassen, wie z.B. die »Neigung zu Angst«, ist zusätzlich die Tatsache, dass er sich als Linkshänder einem Rechtshänderinstrument angepasst hat, in diesem Zusammenhang bemerkenswert.

---

[258] Eckart Altenmüller, »Robert Schumann's Focal Dystonia«, in: *Neurological Disorders in Famous Artists* 19, hrsg. von Julien Bogousslavsky und François Boller, Basel 2005.

[259] Vgl. ebd., S. 1f.

[260] Altenmüller, »Vom Spitzgriff zur Lisztsonate«, S. 108.

[261] Bazzana, Glenn Gould – Die Biographie, S. 344.

2.1.3 Auswirkungen für kognitive Funktionen: Konzentration, Gedächtnis und Notenlesen

Konzentrationsprobleme

Konzentrationsprobleme sind eine der häufigsten Folgen der Umschulung der Händigkeit. Was sich bei zum Schreiben umgeschulten Linkshändern als Flüchtigkeitsfehler, insbesondere bei schriftlichen Arbeiten, äußert, zeigt sich beim Musizieren in »Verspielern« als Folge einer schnelleren Ermüdung. Erfahrungsgemäß unterlaufen linkshändigen MusikerInnen, die gleichzeitig zum Schreiben umgeschult sind, bei Vorspielen besonders viele Fehler. An meist völlig unerwarteten Stellen trifft ein Finger plötzlich nicht mehr die richtige Taste, setzt die Koordination bei bestimmten Griffen unvermittelt aus. Die Erfahrung, trotz Übens keine zuverlässige Kontrolle über das Spiel zu haben, kann sich zu einer regelrechten Angst vor Fehlern entwickeln.

Gedächtnisprobleme

Umgeschulte LinkshänderInnen haben oft massive Probleme beim Aufnehmen, Behalten und Abrufen von Lerninhalten, wobei sie gerade »Blackouts« in Prüfungssituationen als extrem belastend empfinden.[262] Beim Musizieren sind verschiedene Gedächtnisfunktionen gefordert. Zum einen ist für das Auswendiglernen und Wiedergeben von Musikstücken das deklarative Gedächtnis nötig. MusikerInnen, die sich – zusätzlich zum Schreiben – auf ihrem Instrument umgeschult haben, fehlt die Verlässlichkeit ihres Gedächtnisses. Geigerin Frau G. erwähnte, dass das Auswendiglernen von Stücken sowohl im Unterricht als auch im Studium für sie »der Horror schlechthin« gewesen sei. Sie habe immer ihre rechtshändige Schwester beneidet, die Cello studierte und ganze Cellokonzerte auswendig spielte. Organist Herr G. konnte nie auch nur zwei Takte eines Stückes im Kopf behalten, während sein Bruder, links schreibender Linkshänder, als Pianist mit der Merkfähigkeit keine Probleme hatte. Die junge Amateurcellistin Maria, ebenfalls zum Schreiben umgeschult, brauchte unendlich lange, um die Stücke für ihre Abiturprüfung ohne Noten spielen zu können. Flötistin Maria Augustin berichtet, dass sie als umgeschulte Linkshänderin so viel Energie fürs Üben am Instrument aufwenden musste, dass keine Kapazität zum Auswendiglernen der Stücke übrigblieb. Sie sei stattdessen immer in die Improvisation ausgewichen. Auch Pianistin Verena Börsch sieht diesen Zusammenhang: Der große »mentale und psychische Zusatzaufwand«[263], den sie beim Spielen auf dem

---

[262] Vgl. Sattler, Der umgeschulte Linkshänder oder Der Knoten im Gehirn, S. 56.

[263] Mail vom 17.11.2018.

Rechtshänderinstrument leisten müsse, fordere manchmal seinen Tribut in »kurzen Erinnerungslücken«[264].

MusikerInnen prägen sich Stücke nicht nur über das deklarative Gedächtnis, sondern auch und vor allem über das prozedurale Gedächtnis, das Bewegungsgedächtnis, ein.[265] Linkshändige MusikerInnen am Rechtshänderinstrument erleben gerade letzteres als besonders störanfällig; Bewegungsabläufe lassen sich nicht in der Weise automatisieren, dass sie in jeder Situation verlässlich abrufbar sind. Linkshändige KlarinettistInnen und BlockflötistInnen, die mit ihrer rechten Hand in der unteren Position spielen, berichten z.B., dass sie sich unvermittelt an Griffverbindungen, die sie oft geübt hatten, nicht mehr erinnern. Auch Schlagzeuger Thomas Bittner sieht als eine Schwäche von LinkshänderInnen beim Spiel am Rechtshänderdrumset das »schnelle Vergessen der Abläufe in bereits geprobten/gespielten Songs«[266].

Legasthene Probleme (Notenlesen)

Bei zum Schreiben umgeschulten LinkshänderInnen besteht häufig eine Schwierigkeit beim (lauten) Lesen. Insbesondere bei Stress und starker Erschöpfung werden Buchstaben verdreht, Silben vertauscht oder Wörter ungenau erfasst und eher erraten.[267] Beim instrumentalen Musizieren müssen Notensymbole nicht nur erlernt und gelesen, sondern zusätzlich in Bewegung umgesetzt werden. AmateurpianistInnen und GitarristInnen empfanden das Übertragen des Notentextes als großes Problem und konnten nicht ohne Weiteres »vom Blatt« spielen. Für die Profi-Flötistin Maria Augustin sei das Notenlesen beim Rechtsspielen auf der Querflöte extrem anstrengend gewesen: »Ich war immer sehr knapp am Notenständer, um zu gewährleisten, dass ich die Noten gut sehe und mich nicht verspiele.«[268]

---

[264] Ebd.

[265] Klöppel/Altenmüller, Die Kunst des Musizierens. Von den physiologischen und psychologischen Grundlagen zur Praxis, S. 43.

[266] Bittner, Linkshänder am Schlagzeug. Ein Ratgeber für Drummer und Schlagzeuglehrer, S. 27.

[267] Vgl. Sattler, Der umgeschulte Linkshänder oder Der Knoten im Gehirn, S. 66f.

[268] Verein LinkeHand, Interview mit Maria Augustin, Teil 2.

Dass die Schwierigkeiten in der Umsetzung der Noten auch mit Richtungsunsicher-heiten als Umschulungsfolge zusammenhängen, zeigt sich z.B. bei KlavierschülerIn-nen, die Notenzeilen und Melodielinien vertauschen.[269]

Schlagzeuger und Lehrer Thomas Bittner erkennt die großen Schwierigkeiten beim Notenlesen als ein »typisches Defizit« bei LinkshänderInnen, die an einem Rechtshän-der-Drumset spielen. Er meint, dass durch die zusätzliche Energie, die beim Spielen gegen das natürliche Körpergefühl aufgewendet werden muss, keine Kapazität mehr vorhanden sei, um das Verstandene in Bewegungen umzusetzen.[270]

2.1.4 Folgen für Gefühlserleben und Verhalten

Minderwertigkeitsgefühle, Unsicherheit, Zurückgezogenheit

Die Erfahrung, dass Lernanstrengungen nicht den gewünschten Erfolg bringen, ist vielen zum Schreiben umgeschulten LinkshänderInnen gemeinsam. Auch linkshän-dige MusikerInnen am Rechtshänderinstrument erleben häufig, dass sie selbst mit größtem Übeaufwand nicht an die Leistungen der Rechtshänderinnen heranreichen. Diese fehlende Wirksamkeitserfahrung kann dauerhaft das Selbstwertgefühl schädi-gen. Manche Kinder, die am Instrument Misserfolgserlebnisse verkraften mussten, be-endeten den Unterricht mit der Erkenntnis »Ich bin unmusikalisch« und verstehen erst als Erwachsene rückblickend, dass ihr fehlendes musikalisches Selbstwertgefühl mit einer umgeschulten Linkshändigkeit zusammenhing.

Eine studierte Pianistin berichtete, dass sie als umgeschulte Linkshänderin sich nie traute, öffentlich zu spielen und sich in ein Leben als Hausfrau und Musiklehrerin zurückgezogen habe. Ulrike Scheuchl hatte als Hochschulstudentin immer »minder-wertige Gefühle« wegen ihrer für sie selbst nie zufriedenstellenden Spielweise auf der »normalen« Klarinette.[271] Kein stimmiges Spielgefühl zu empfinden, beeinträchtigt die Geigerin Frau G. in ihrer Selbstwahrnehmung sehr stark. Sie arbeitet jedes Mal nach Kräften daran, die daraus resultierende Unsicherheit zu »überspielen«. Bei Gitarristin Frau S. habe das Vertrauen in die eigene Musikalität bereits im Jugendalter stark nach-gelassen. Sie kam zwar nach der Umstellung auf das Rechtsspielen zunächst zurecht

---

[269] Es gibt neuere Erkenntnisse in der Musikpädagogik, nach denen eine gespiegelte Noten-schrift für Linkshänder leichter auf das Instrument übertragbar sei.

[270] Vgl. Bittner, Linkshänder am Schlagzeug. Ein Ratgeber für Drummer und Schlagzeuglehrer, S. 35f.

[271] Vgl. Geiger, Diplomarbeit, S. 90.

und erzielte wegen ihrer Begabung gute Leistungen, habe sich jedoch am Rechtshänderinstrument nie wohl und sicher gefühlt. Der linkshändige Organist Herr G. schreibt, dass ihn das Wissen um seine Spielschwierigkeiten beim öffentlichen Spielen »extrem behindert« habe. Dadurch, dass jeder Bewegungsablauf ihm die Beeinträchtigung seiner rechten Hand – die beginnende Musikerdystonie – ins Bewusstsein rückte, sei sein Selbstvertrauen als Musiker mehr und mehr geschwunden.

Überkompensation durch erhöhten Leistungseinsatz

Viele umgeschulte LinkshänderInnen reagieren auf die erlebte Diskrepanz zwischen der Wahrnehmung der eigenen Fähigkeiten und der Unfähigkeit, diese auch ausdrücken zu können, mit einem »inneren Zwang zu weit gesteigertem Leistungseinsatz«, der sich sogar zu einem eigenständigen Charakterzug entwickeln kann.[272] Auch linkshändige MusikerInnen erleben, dass sie es trotz einer großen musikalischen Begabung nicht schaffen, ihre musikalischen Vorstellungen am Rechtshänderinstrument zufriedenstellend umzusetzen. Manche Betroffene versuchen dieses Defizit durch verstärktes Üben zu kompensieren. Gerade professionelle MusikerInnen in der Ausbildung zeigen größte Leistungsbereitschaft und setzen die größtmögliche Energie ein, um erfolgreich und anerkannt zu werden. Dass LinkshänderInnen am Rechtshänderinstrument für dieses Ziel oft eine übermäßige Anstrengung aufbringen, wird nicht selten in einer »Unstimmigkeit« in Körperhaltung und Bewegungsabläufen sichtbar. Schon bei linkshändigen Kindern, die ihr Instrument rechts spielen, können ausgleichende Bewegungen oder Zusatzbewegungen, die keinen musikalischen Sinn haben, beobachtet werden. Auch einige professionelle MusikerInnen versuchen ihre körperliche und emotionale Unsicherheit am für sie falschen Instrument mit übertriebenen Bewegungen zu überspielen, die dem musikalischen Ausdruck nicht dienlich sind.

Eine interessante Beobachtung machte ich bei der Videoaufzeichnung eines Konzertes mit dem »Doppelkonzert d-moll BWV 1043« für zwei Violinen und Orchester von Johann Sebastian Bach. Es spielen zwei männliche Violinisten, von denen der eine bekanntermaßen Linkshänder ist. Der erste Geiger hat einen stabilen Stand, einen nach innen gerichteten Blick sowie einen entspannten Gesichtsausdruck. An den entscheidenden dialogischen Stellen nimmt er Blickkontakt zum Partner auf, ohne dabei den Kontakt zu seinem Instrument zu verlieren. Der zweite Geiger, Linkshänder, steht eher instabil und zeigt durchweg eine angespannte Mimik. Während des Spiels löst er immer wieder seinen Kopf vom Instrument und wirft ihn sogar während einer Phrase ruckartig nach rechts. In den Spielpausen im Satz spannt er seinen Bogen zweimal

---

[272] Vgl. Sattler, Das linkshändige Kind in der Grundschule, S. 72.

nach. Das ganze Gebaren wirkt irritierend auf den Betrachter und lenkt vom musikalischen Geschehen ab.

»Verhaltensauffälligkeiten«, wie sie bei umgeschulten linkshändigen Kindern im Schulalter beobachtet werden können, sind bei MusikerInnen ein heikles Thema. Auch MusikerInnen brauchen jedoch vermutlich ein Ventil, um der Unterdrückung ihres natürlichen Gefühls Raum zu geben. »Die künstlerische Gestaltungskraft bietet ideale Möglichkeiten, sich von innerem Druck zu befreien, die Übergänge von starkem Ausdruckswillen bis zu übertriebenem Virtuosentum sind fließend.«[273] So nähert sich Walter Mengler vorsichtig dem Thema. Er führt als Beispiel für berühmte linkshändige Musiker den italienischen Geiger Niccolo Paganini (1782–1840) an. Unter anderem seine »frappierenden Techniken der linken Hand«[274] wie besonders auch die Doppelgriffe und die Pizzicati mit der linken Greifhand scheinen dafür zu sprechen, dass Paganini Linkshänder war. Dazu werden ihm »auffallende Wesenszüge«[275] nachgesagt. Mengler sieht in diesen Faktoren einen Zusammenhang mit der Dominanz der rechten Gehirnhälfte.[276] Könnte man die Paganini zugeschriebenen Verhaltensauffälligkeiten nicht auch als Ausdruck einer Überkompensation infolge einer umgeschulten Linkshändigkeit (am Instrument) betrachten? Ebenso darf man sich beim berühmten linkshändigen Pianisten Glenn Gould die Frage stellen: Welche Rolle spielte die Händigkeit bezüglich seiner exzentrischen Eigenarten? Diese werden in allen Schriften über ihn thematisiert und überlagerten in Kritiken oft das eigentlich »Musikalische« der Aufführungen. Da waren das Mitsummen beim Klavierspielen, der Stuhl, die Kleidung – selbst bei wärmsten Temperaturen trug Gould Winterkleidung –, die Manier, vor Studioproduktionen seine Arme zwanzig Minuten lang in heißem Wasser zu baden und vieles mehr. Hatte Gould diese Charakterzüge entwickelt, um seine tiefgreifende Unsicherheit zu überspielen, die vermutlich nicht zuletzt in der Umschulung seiner Händigkeit am Musikinstrument begründet lag?

Psychosomatische Probleme

Sicherlich ist es schwierig, körperliche Probleme oder vegetative Symptomatiken mit einer seelischen Überlastung beim Musizieren in einen Zusammenhang zu bringen. Es ist aber durchaus vorstellbar, dass sich das Bemühen, durch einen verstärkten Krafteinsatz, durch vermehrtes oder auch extremes Üben gegen ein

---

[273] Mengler, Musizieren mit links. Linkshändiges Instrumentalspiel in Theorie und Praxis, S. 50.

[274] Ebd., S. 59.

[275] Ebd., S. 60.

[276] Vgl. ebd., S. 58ff.

Unsicherheitsgefühl anzugehen, auch körperlich niederschlägt. Symptome wie Kopfschmerzen, Rückenschmerzen und chronische Schulterschmerzen, unter denen linkshändige MusikerInnen nicht selten leiden, können daher als »psychosomatisch« eingeordnet werden.

2.1.5 Stressfaktor »Bühne« – eine besondere Herausforderung für LinkshänderInnen

Zum Musizieren gehört in der Regel, sich öffentlich zu präsentieren. Damit verbunden
ist bei den meisten – professionellen – MusikerInnen das sogenannte »Lampenfieber«,
das individuell sehr unterschiedlich erlebt wird. Für die einen wirkt es sich leistungs-
fördernd, für die anderen wirkt es sich leistungsbeeinträchtigend oder gar so belastend
aus, dass es zu einer »Aufführungsangst« führen und sie in ihrer Berufsübung erheblich
behindern kann.[277] Generell führt die Aufregung bei einem Auftritt zu einer erhöhten
Muskelspannung, die wiederum die Bewegungskoordination beeinträchtigen kann.
Hildebrandt zeigt auf, dass Lampenfieber auch »für die Entstehung von Verspannungen und Überlastungen des Bewegungsapparates von Bedeutung«[278] sei.

Das »Zusammenspiel geistiger, seelischer und körperlicher Prozesse«, welches in Bühnensituationen für MusikerInnen »noch einmal besonders deutlich erlebbar«[279] wird,
erfahren LinkshänderInnen, die auf einem Rechtshänderinstrument spielen, häufig als
weniger verlässlich als RechtshänderInnen. Umschulungsfolgen, die das Spielgefühl
beim Musizieren beeinträchtigen, verstärken sich bei manchen linkshändigen MusikerInnen besonders in Aufführungssituationen in extremer Weise.

Bereits der Instrumentalunterricht bei Kindern schließt ein, das Erlernte vor einem
Publikum vorzuspielen. Bei linkshändigen Kindern, insbesondere bei denen, die zum
Schreiben umgeschult sind, treten die feinmotorischen Schwächen der nicht dominan-
ten Hand häufig besonders bei Aufführungen hervor. Sie zeigen sich z.B. in Blockaden
in der rechten Hand beim Melodiespiel auf dem Klavier oder in einer unkontrollierten
Bogenführung beim Cellospiel. Manche müssen ihre Konzentration so sehr auf die
Bewegungskoordination richten, dass die gelernten Abläufe nicht mehr sicher sind und
unerwartete Fehler passieren. Auswendig gelernte Stücke lassen sich nicht verlässlich

---

[277] Vgl. Spahn, Musikergesundheit in der Praxis. Grundlagen, Prävention, Übungen, S. 90.

[278] Hildebrandt, Musikstudium und Gesundheit. Aufbau und Wirksamkeit eines präventiven
Lehrangebotes, S. 19.

[279] Ebd., S. 87.

abrufen, weil durch die Überanstrengung Gedächtnisfunktionen gehemmt sind. Die Erfahrung, sich nicht auf seine Leistung verlassen zu können, kann sich zu einer immer größer werdenden Angst vor jedem weiteren Vorspiel steigern. Erwachsene in der Linkshänderberatung, die als Kind ein Musikinstrument erlernten, berichten von teilweise beschämenden Erlebnissen bei Auftritten vor Eltern und Lehrkräften. Sie empfinden es als Befreiung, sich jetzt im Erwachsenenalter diesen Situationen entziehen zu können.

Im Alltag professioneller MusikerInnen haben, insbesondere während der Ausbildung, Aufführungen und Probespiele einen festen Platz. LinkshänderInnen, die ein Instrument rechtshändig spielen, leiden häufig unter extremem Lampenfieber, was sie in ihrem Spiel stark beeinträchtigt. Vor allem auf der Bühne treten die durch das unstimmige Spielgefühl hervorgerufenen Anspannungen und Unsicherheiten zu Tage, wie es z.B. Ulrike Scheuchl erlebt hat:

»Im Studium steigerte sich die Aufregung bei Vorspielen unkontrollierbar und belastend. Ich spürte intuitiv die Defizite und Hemmnisse bei der Haltung, Atmung und den Bewegungsabläufen, wusste aber nicht, woran das lag bzw. wie ich es verbessern konnte. Inzwischen weiß ich: Das lag eindeutig am Falschherumspielen.«[280]

Ein Problem von LinkshänderInnen am Rechtshänderinstrument, das sich in Vorspielsituationen verstärkt zeigt, sind Störungen der Feinmotorik. Diese lassen sich durch vermehrtes Üben unter Umständen kompensieren, wirken sich aber in Höchstleistungssituationen für die Betroffenen sehr belastend aus. Denn die Schwierigkeiten werden als »Fehler« nicht nur für die Musizierenden selbst, sondern auch für das Publikum hörbar. Berufsgitarrist Herr S. litt bei Konzerten häufig unter »Brüchen in der Feinmotorik«, die er mit der nachlassenden Konzentration durch die Umschulung begründete. Der linkshändigen Pianistin Frau R. unterliefen bei Vorspielen immer wieder »Stolperer« vor allem in den Bewegungsabläufen der rechten Hand, die ihr sehr zu schaffen machten. Die linkshändige Flötistin Solvejg Fiederling nannte dieses Phänomen, das sie selbst oft erlebte, »musikalische Legasthenie«. Unter diesem Begriff sind die »feinmotorisch völlig unterwarteten Störungen bei einer musikalischen Darbietung«[281] zu verstehen, die meist nicht an einer bestimmten, besonders schwierigen Stelle auftreten, sondern »sich wechselnd, oft auch nur durch leichte Verzögerungen beim Halten des Taktes«[282], bemerkbar machen können. Auch »leichte

---

[280] Mail vom 24.04.2018.

[281] Sattler, Der umgeschulte Linkshänder oder Der Knoten im Gehirn, S. 72.

[282] Ebd.

Unregelmäßigkeiten in der vorgeschriebenen Tonabfolge oder eine Art ›Verhaspeln‹ und direktes Auslassen von Tönen«[283] gehören dazu. Vermutlich betrifft diese Problematik besonders diejenigen, die auch zum Schreiben umgeschult wurden.

Zu den Betroffenen gehörte auch die Flötistin Viola B.:

»Viola war sehr musikalisch und studierte auf der Musikhochschule Querflöte, beherrschte dieses Instrument immer besser und liebte es fast wie ein Lebewesen. Aber sie erlebte immer wieder, dass es an völlig unerwarteten Stellen zu Fehlern kam, die eindeutig in plötzlichen Blockaden der Feinmotorik zu suchen waren. Deprimierend belastend war, dass sie nie voraussagen konnte, an welcher Stelle das geschehen würde: Es war keine Blockade durch Angst vor einer besonders schwierigen Passage, sondern es geschah unerwartet und an den verschiedensten Stellen, und man konnte es hören…«[284]

Horst Hildebrandt hat in seiner Arbeit mit linkshändigen MusikerInnen am Institut für Musikphysiologie an der Musikhochschule Zürich und Basel weitere Erfahrungen gemacht. Es scheint, als treten bei Stress die Schwächen der nicht dominanten Hand besonders hervor. Unter Extrembedingungen wie bei Probespielen für eine Orchesterstelle oder im Finale eines Wettbewerbs sind es bei linkshändigen StreicherInnen und GitarristInnen insbesondere die feineren Bogen- bzw. Zupfbewegungen, die mit rechts weniger gut gelingen. Außerdem ist die Energie, die in der nicht dominanten Hand nicht mehr zur Verfügung steht, häufig vermehrt in der dominanten Hand wahrnehmbar. Unter emotionalem Stress wie beim Musizieren auf der Bühne wird die Spannung schneller und stärker in die dominante Hand verschoben – das heißt z. B. bei Streichinstrumenten und der Gitarre in die Greifhand.[285]

Fließt die Spannung vermehrt in die dominante Hand, wird diese fest und unbeweglich, was den Spielfluss hemmt. So erlebte es auch Maria Augustin bei Auftritten:

»Und was beim Rechtsspielen noch ein Nachteil war, vor allem wenn ich aufgeregt war, drückte die linke Hand fester zu […], mit dem Daumen auf die Klappe. Und wenn man in der Mitte der Flöte fester zudrückt, sind die schnellen Läufe nicht so gut spielbar. Die Finger sind einfach nicht so frei.«[286]

Des Weiteren beobachtet Hildebrandt, dass das »Tempo der Rechts-Links-Koordination« auf der Bühne bei linkshändigen MusikerInnen häufig nicht verlässlich ist. Während im Alltag die dominante Hand die schnellere Hand ist, geraten linkshändige MusikerInnen am Instrument in einen Konflikt, wenn die linke dominante Hand schneller

---

[283] Ebd., S. 73.

[284] Ebd., S. 74.

[285] Vgl. Gespräch vom 11.09.2017.

[286] Verein LinkeHand, Interview mit Maria Augustin, Teil 2.

reagiert. Die eingeübte Ordnung, in der die rechte Hand die Führung übernimmt, gerät so durcheinander. Besonders diejenigen, die sich ihrer Händigkeit nicht sicher seien, werden von einer schnellen Spannungserhöhung in der dominanten Hand überrascht, was die Bewegungskoordination beeinträchtigt und zu noch größerer Unsicherheit auf der Bühne führt.[287]

Als große Belastung erleben linkshändige MusikerInnen, dass sie unter Aufführungsbedingungen Gelerntes nicht zuverlässig abrufen können. »Blackouts«, wie sie zum Schreiben umgeschulte LinkshänderInnen in Prüfungssituationen häufig erleben, treffen MusikerInnen auf der Bühne gelegentlich völlig unvermittelt. Zum einen versagt das Bewegungsgedächtnis, so dass geübte, automatisierte Bewegungsabläufe plötzlich nicht mehr reproduzierbar sind. Zum anderen ist auch das deklarative Gedächtnis betroffen: Das Auswendiggelernte scheint teilweise wie ausgelöscht. Als eindrucksvolles Beispiel für eine solche Erfahrung mag eine Passage aus einem Buch des linkshändigen norwegischen Pianisten Ketil Björnstad dienen, in der er einen Auftritt in Lillehammer beschreibt:

»Es läuft wunderbar. Ich merke, dass ich in Form bin. Kein Wunder. Ich habe geübt. Ich bin besonders gut vorbereitet. Die Mozartsonate klappt ohne technische Probleme, und ich habe das Gefühl, die Tempi gut getroffen zu haben […] Nach einer kleinen Pause beginne ich mit den vier Balladen [von Chopin]. Die technischen Schwierigkeiten kommen in rascher Folge, aber ich denke erst an sie, wenn es so weit ist. Wenn ich auswendig spiele, benutze ich sowohl das Ohr wie die visuelle Erinnerung. Ich benutze auch den Verstand und die reflexive Muskelerinnerung. Alles hilft mir, mich zu erinnern. Es ist nicht so schwierig, wie man vielleicht glaubt. Aber plötzlich, in der dritten Ballade, der in As-Dur, verliere ich die Kontrolle, etwa in der Mitte des Stückes, vor dem langen Crescendo mit den Oktaven, die zum Ende hinführen. Das ist mir noch nie passiert. Es müssen die Nerven sein. Ich versuche es zu vertuschen, so gut ich kann. Aber einige Takte sind definitiv nicht Chopin. Dann finde ich zum Glück den Faden wieder und mache weiter, als sei nichts geschehen, obwohl mir die Hände zittern.«[288]

Viele umgeschulte LinkshänderInnen empfinden sich als »sehr, sehr störungsempfindlich auf Einflüsse von außen, […] denn dann funktionieren […] die gewohnten Abläufe nicht mehr.«[289] Gerade die Angst vor einem solchen Kontrollverlust scheint linkshändige MusikerInnen, die auf einem Rechtshänderinstrument spielen, in Aufführungssituationen besonders zu belasten.

---

[287] Vgl. Gespräch vom 11.09.2017.

[288] Ketil Björnstad, Mein Weg zu Mozart, Berlin 2016, Deutsche Ausgabe, S. 319.

[289] Sattler, Der umgeschulte Linkshänder oder der Knoten im Gehirn, S. 71.

2.1.6 Gedanken zur »Gesundheit« beim Musizieren

Gesundes Musizieren in der Lebensspanne

Dass Musizieren im Einklang mit der eigenen Gesundheit erfolgen sollte, rückt zunehmend ins Bewusstsein von professionellen MusikerInnen und InstrumentalpädagogInnen. Gesundheitsprävention sollte bereits bei Kindern und Jugendlichen im Instrumentalunterricht ansetzen. Denn anhand wissenschaftlicher Untersuchungen konnte belegt werden, dass bis zu zwei Drittel der musizierenden Kinder und Jugendlichen zwischen vier und 18 Jahren bereits an gesundheitlichen Problemen leiden, die mit dem Instrumentalspiel zusammenhängen. Die Beschwerden sind körperlicher Art – wie Schmerzen in Schultern, Handgelenken, Fingern und im Rücken – betreffen aber auch das seelische Wohlempfinden, z.B. in Form von übersteigerter Nervosität bei Auftritten.[290]

Erwachsene, die in ihrer Freizeit musizieren, empfinden Singen oder das Spielen eines Instrumentes meist als positiven Ausgleich zum Beruf. Es kann von daher als gesundheitsfördernd angesehen werden. Jedoch verlangen auch AmateurmusikerInnen sich selbst häufig eine hohe Leistung ab. Da das Üben oft nach einem anstrengenden Berufsalltag stattfindet, sind körperliche Ermüdung sowie eingeschränkte Konzentrationsfähigkeit nicht selten der Grund für Überlastungsbeschwerden.[291]

Wird das Musizieren zum Beruf gemacht, treten die Freude an der Musik und das Wohlbefinden eher in den Hintergrund, da das professionelle Musizieren vornehmlich ein dauerhaftes Erbringen von Höchstleistungen mit Stimme oder Instrument erfordert. Nicht selten leiden professionelle MusikerInnen unter berufsbedingten Problemen oder sogar Krankheiten, die sie in der Ausübung ihres Berufes erheblich einschränken. Diese sind nicht zuletzt Folge der immer höher werdenden Ansprüche an Perfektion sowie der starke Konkurrenzdruck, z.B. bei der Bewerbung um eine Orchesterstelle. Seit den 80er-Jahren des letzten Jahrhunderts gibt es Studien zum Gesundheitszustand von BerufsmusikerInnen, die verdeutlichen, dass ausgiebiges Musizieren für Körper und Seele nicht dauerhaft beschwerdefrei verläuft. Dabei stellten sich zwei Schwerpunkte heraus: Der eine liegt auf orthopädischen und neurologischen Problemen und der zweite auf psychischen und psychosomatischen Beschwerden.[292] Neuere Untersuchungen mit Musikstudierenden bestätigen: Mehr als die Hälfte der

---

[290] Vgl. Spahn, Musikergesundheit in der Praxis. Grundlagen, Prävention, Übungen, S. 131.

[291] Vgl. ebd., S. 148.

[292] Vgl. Hildebrandt, Musikstudium und Gesundheit. Aufbau und Wirksamkeit eines präventiven Lehrangebotes, S. 25.

MusikerInnen leidet zu mindestens einem Zeitpunkt bereits während der Ausbildung an einem gesundheitlichen Problem. Es wurde festgestellt, dass 58 Prozent der gesundheitlichen Probleme vorwiegend körperlich, 24 Prozent überwiegend psychisch und 18 Prozent sowohl körperlicher als auch psychischer Art waren. Die körperlichen Probleme betrafen hauptsächlich Schmerzen des Schulter-Arm-Gürtels, der Hand und des Rückens als Folge von Überlastung. Die psychischen Beschwerden äußerten sich in depressiver Stimmung, Konzentrationsstörungen sowie Überforderung und Angst.[293]

Prävention und Gesundheitsförderung sind inzwischen fester Bestandteil eines jeden Musikstudiums. Es gibt Sprechstunden für angehende MusikerInnen an den Musikhochschulen angegliederten Instituten, und es werden Körperschulungen und Entspannungsmethoden für Musikstudierende angeboten. Ebenso sind Lehrveranstaltungen im Fach Musikphysiologie und Musikermedizin an fast allen Musikhochschulen in Deutschland etabliert.[294]

Horst Hildebrandt, Gründer und Leiter des Schweizerischen Hochschulzentrums für Musikphysiologie, vertritt das Konzept der »Angewandten Musikphysiologie«, welches eine »Brücke zwischen Musikermedizin und musikalischer (Hochschul-)Ausbildung«[295] schafft. An den Schweizer Musikhochschulen sind Lehrveranstaltungen zum Thema Prävention und Musikermedizin schon lange fester Bestandteil des Curriculums. In enger Kooperation der Lehrenden erhalten die angehenden MusikerInnen neben der künstlerischen Ausbildung auch Unterricht in Körperschulung, Entspannungstechniken und Bühnentraining. Es konnte belegt werden, dass die Teilnahme an den Lehrveranstaltungen sich auf das körperliche und seelische Befinden, das Sicherheitsgefühl in Bühnensituationen sowie die berufliche Tätigkeit als MusikerIn generell ausschließlich positiv auswirkt.[296]

---

[293] Vgl. Spahn, Musikergesundheit in der Praxis. Grundlagen, Prävention, Übungen, S. 139.

[294] Vgl. ebd., S. 143.

[295] Horst Hildebrandt, »Angewandte Musikphysiologie. Brücke zwischen Musikermedizin und musikalischer (Hochschul-) Ausbildung«, in: *Gesund und motiviert musizieren. Ein Leben lang. Musikergesundheit zwischen Traum und Wirklichkeit*, hrsg. von Silke Kruse-Weber und Barbara Borovnjak, Mainz 2015, S. 251.

[296] Vgl. Hildebrandt, Musikstudium und Gesundheit. Aufbau und Wirksamkeit eines präventiven Lehrangebotes, S. 152. Vom Schweizerischen Hochschulzentrum aus wird ein Weiterbildungsstudium in Musikphysiologie für Musikstudierende und AbsolventInnen in künstlerischen und musikpädagogischen Berufen angeboten. Damit findet das Thema der Gesundheitsprävention eine weitere Verbreitung in der Arbeit von Fachlehrkräften an Musikschulen.

Linkshändigkeit als Risikofaktor für gesundes Musizieren?

Dass im Berufsleben allgemein die Linkshändigkeit inzwischen mehr Beachtung findet, ist vor allem ein Verdienst des Netzwerks der LinkshänderberaterInnen um Johanna Barbara Sattler. So stieg die Sensibilität dafür, dass Arbeitsplätze überwiegend für RechtshänderInnen eingerichtet und Maschinen für den rechtshändigen Gebrauch normiert sind. Aufgrund von unnatürlichen Haltungen an unpassenden Maschinen und Werkzeugen und rechts ausgerichteten Arbeitsabläufen leiden LinkshänderInnen in Berufen in Handwerk und Industrie häufig unter akuten oder chronischen Beschwerden sowohl körperlicher als auch seelischer Art. Im Rahmen von Präventivmaßnahmen in einigen Handwerks- und Industriebetrieben wird die Handdominanz inzwischen als »Einflussgröße für die Leistungsfähigkeit wie auch für physische und psychische Beanspruchungsprozesse bei der Arbeit« anerkannt.[297]

Auch bei einem Musikinstrument handelt es sich insofern um ein »normiertes« Gerät, als es in seiner Standardbauweise der Dominanz der rechten Hand entgegenkommt. Neben den feinmotorischen und intellektuellen Anforderungen ist die zusätzliche Herausforderung beim Musizieren, dass auch der emotionale Ausdruck über die rechte Hand geführt wird.

Hildebrandt berichtet, dass seine musikphysiologische Sprechstunde überproportional von LinkshänderInnen aufgesucht wird. Er ist der Überzeugung, dass die Links- oder Rechtshändigkeit von MusikerInnen in Bezug auf die Umsetzung der Bewegungsvorstellung auf dem Instrument eine große Rolle spielt. Eine Umschulung der Händigkeit zeige sich zum einen in körperlichen Beeinträchtigungen bei ausgiebigem Musizieren am nicht passenden Instrument. Außerdem wirken sich die durch die Umschulung bedingten Unsicherheiten in der Aufgaben- und Spannungsverteilung der Hände insbesondere unter Aufführungsbedingungen auf die Psyche der betreffenden MusikerInnen aus. Bei einer Extrembelastung, wie sie das professionelle Musizieren darstellt, lasse sich ein solches Ungleichgewicht nicht in jedem Falle kompensieren.[298]

An der Zürcher Hochschule der Künste wird seit 2009 ein Handlabor betrieben, in dem die Hände von MusikerInnen mit Hilfe spezialisierter Messinstrumente analysiert

---

[297] Vgl. BGHM (Berufsgenossenschaft Holz und Metall), Fachinformation Händigkeitsgerechtes Arbeiten. Hinweise in Regelwerken und arbeitswissenschaftliche Erkenntnisse (Nr. 34/2013), <https://lefthander-consulting.org/deutsch/wp-content/uploads/2019/-04/FI_0034_Haendigkeitsgerechtes_Arbeiten.pdf>, 18.03.2020.

[298] Vgl. Gespräch vom 11.09.2017.

werden. Eine Untersuchung dort umfasst auch die Frage nach der Händigkeit.[299] Es wird der Ansatz verfolgt, dass für eine Behandlung von Musikerbeschwerden die gezielte Betrachtung der Hand in einen gesamtkörperlichen Zusammenhang gestellt werden muss. Dazu sei es wichtig, auch »Co-Faktoren im Sinne eines bio-psycho-sozialen Ansatzes«[300] in die Beratung mit einzubeziehen.

In der Gesundheitsprävention für MusikerInnen wird von einer Vielfalt an Risikofaktoren ausgegangen, die zu spielbeeinträchtigenden Beschwerden beim professionellen Musizieren führen können. Auch die Händigkeit ist in diesem Zusammenhang ein wichtiger Faktor, da Beeinträchtigungen beim Spiel sowie übertriebenes Lampenfieber und Aufführungsängste mit der falschen Haltung und Spielweise am Rechtshänderinstrument zusammenhängen können. Gemäß dem Beispiel des Schweizerischen Hochschulzentrums für Musikphysiologie sollte an allen Musikhochschulen das Thema Händigkeit in der Gesundheitsprävention berücksichtigt und in der therapeutischen Arbeit mit MusikerInnen ernst genommen werden.

2.2 Gesund und gut musizieren – auf dem Rechtshänderinstrument?

2.2.1 Das Spielgefühl verbessern

Die Beispiele vieler linkshändiger – auch professioneller – MusikerInnen zeigen, dass es durchaus möglich ist, als LinkshänderIn auf einem Rechtshänderinstrument erfolgreich zu musizieren. Es hilft den Betroffenen, wenn sie sich ihrer eigenen Linkshändigkeit bewusst sind. Statt ein ständig vorhandenes latentes Unwohlsein, scheinbar unerklärlich feinmotorische Ungeschicklichkeiten, körperliche Verspannungen oder emotionale Unstimmigkeiten immer nur zu »überspielen«, können linkshändige MusikerInnen, wenn sie sich ihrer Handdominanz sicher sind, zumindest in gewissem Maße selbstbestimmt ihre Spielbewegungen gestalten, die emotionale Beteiligung steuern und ihren gesamten Energieeinsatz regulieren.

Am Klavier ist dies vermutlich am leichtesten umzusetzen. Einige linkshändige PianistInnen erlebten eine positive Veränderung ihres Spielgefühls, nachdem sie ihre Linkshändigkeit erkannt hatten. Erstmals schenkten sie nun der linken Hand und der linken Körperseite Aufmerksamkeit, wo vorher der Fokus fast ausschließlich auf der Ausbildung der rechten nicht dominanten Hand lag. Manche MusikerInnen empfinden ein

---

[299] Vgl. Mail von Hildebrandt an die Autorin vom 11.11.2018.

[300] Oliver Margulies/Horst Hildebrandt, »Musikerhände erforschen und behandeln«, in: *promanu* 2, 2014, S. 8.

neuartiges emotionales Gleichgewicht, wenn sie bewusst die Beteiligung der linken Hand am musikalischen Geschehen wahrnehmen und, wie Pianistin Frau R., »genießen, was die linke Hand tut«[301].

Seitdem sie um ihre Linkshändigkeit weiß und sich zum Schreiben auf die linke Hand zurückgeschult hat, erforscht die Pianistin Verena Börsch das ihr dadurch klar gewordene »linkshändige Körpergefühl« auch beim Klavierspielen. Es helfe ihr, beim Üben ab und zu durch eine leichte Drehung des Körpers nach rechts die Verbindung des linken Ohres (das ihr dominantes Ohr ist) mit der rechten Hand herzustellen. Damit könne sie Körpergefühl und musikalische Vorstellung immer wieder in eine bessere Übereinstimmung bringen. Börsch beobachtet diese Vorgehensweise auch bei anderen linkshändigen PianistInnen. Unabhängig davon, welches Ohr dominant ist, suchen die Betroffenen möglicherweise intuitiv nach einer Balance zwischen dominanter und nicht dominanter Körperseite. Börschs Klavierschülerin Silke habe beispielsweise »herausgefunden, dass das Treten des rechten Pedals mit links helfen kann, wieder zu sich zu finden und einen Instabilitätsfaktor auszuschalten.«[302] Dies ist allerdings nur sporadisch beim Üben möglich, da der linke Fuß sonst für das linke Pedal gebraucht wird.

Auch andere linkshändige Musikerinnen scheinen unbewusst nach einem Ausgleich ihres unstimmigen Körpergefühls zu suchen: FlötistInnen drehen z.B. beim Spiel ihre linke Seite nach vorne. Linkshändige GeigerInnen scheinen es als wohltuend zu empfinden, ihr Instrument auf der linken Schulter und im linken dominanten Arm zu halten.

Insbesondere für professionelle MusikerInnen ist es wichtig, ein ausgeglichenes Körpergefühl anzustreben und zu erhalten, um spieltechnische und emotionale Unsicherheiten zu minimieren und auf hohem Niveau weiterhin leistungsfähig musizieren zu können.

2.2.2 Das motorische Gleichgewicht finden

Horst Hildebrandt empfindet es als wichtiges Ziel in seiner Arbeit, linkshändige MusikerInnen, die weiterhin auf dem Rechtshänderinstrument spielen, darin zu unterstützen, ihren »motorischen Frieden« zu finden. Es müsse viel Zeit auf die Ausbildung der nicht dominanten Hand verwendet werden, damit diese unter Stress auch

---

[301] Gespräch vom 09.01.2019.

[302] Mail vom 17.11.2018.

»funktioniert«. Unabhängig vom Instrument sind Übungen zur Aktivierung und Sensibilisierung des rechten nicht dominanten Armes empfehlenswert, was sich positiv auf das Körpergefühl und die Musikalität des Spiels auswirkt. Insgesamt sind spannungsausgleichende Übungen vor allem im Hinblick auf die Bühnenbedingungen sehr hilfreich. Da unter Stress die Spannung stets zuerst die dominante Hand ergreift, wird der/die MusikerIn nicht überrascht, wenn er/sie sich vorher bereits entsprechende ausgleichende Techniken angeeignet hat.[303]

Walter Mengler empfiehlt »zum Ausgleich der Dysbalance« den betroffenen MusikerInnen »Unabhängigkeitsübungen, bei denen die Kraft in den Händen wechselseitig aktiviert wird«[304]. StreicherInnen könnten z.B. dem Bogen ganz nahe am Steg viel Gewicht geben und gleichzeitig die Greifhand mit ganz wenig Kraft aufsetzen. Bei anschließendem »normalen« Spiel werde ein verändertes Spannungsverhältnis der Hände wahrgenommen. Für andere Instrumente ließe sich dies entsprechend variieren. Auch Ulf Prelle schlägt Übungen vor, die die wechselseitige Beeinflussung der Hände in der Kraftverteilung einbeziehen. Wenn mit der Greifhand begonnen wird und deren Finger sehr leicht aufgesetzt werden, könne die damit verbundene Leichtigkeit in die rechte Bogenhand übergehen und das ganze Spiel davon profitieren.[305] Auch von der rechten nicht dominanten Seite her könne sich ein angenehmes Spielgefühl auf die dominante linke Seite übertragen, wenn StreicherInnen beispielsweise zwischenzeitlich einmal den Fokus nur auf ausladende Bogenübungen mit rechts legen.[306]

Einige linkshändige MusikerInnen empfinden es als hilfreich, bei neuen Stücken systematisch die Hände getrennt zu üben. Der schwedische linkshändige Geiger Mats Strand entwickelte beispielsweise für sich die Technik, schwierige Stellen wie schnelle Saitenübergänge zunächst mit dem Bogen allein zu spielen, bevor er die Greifhand dazunahm.[307] Gitarrist Herr S. berichtet, dass er als Linkshänder mit »normalem« Spiel nur zurechtkommt, wenn er beim Einüben eines Stückes die Bewegungen der Hände einzeln nacheinander erlernt. Manche linkshändige PianistInnen erarbeiten sich Werke

---

[303] Vgl. Gespräch vom 11.09.2017.

[304] Mengler, Musizieren mit links. Linkshändiges Instrumentalspiel in Theorie und Praxis, S. 145.

[305] Vgl. Prelle, Leichtigkeit. Eine ergänzende Streichermethodik zur Befreiung der rechten und linken Hand, S. 148.

[306] Vgl. Mengler, Musizieren mit links. Linkshändiges Instrumentalspiel in Theorie und Praxis, S. 147.

[307] Vgl. Pyykönen, A Handful of Considerations. Perspectives on Left-Handedness in Violin Playing and Violin Pedagogy, S. 38.

über ihre linke Hand, die dann ein sicheres Fundament für die musikalische Entfaltung der rechten Hand bildet.

2.2.3 Ergonomische Veränderungen am Instrument

Im Rahmen der musikphysiologischen Beratung wird an vielen Musikhochschulen eine individuelle Anpassung eines Instrumentes an die physiologischen Gegebenheiten der MusikerInnen vorgenommen. Für die Betroffenen sind solche Maßnahmen oft mit erheblicher Entspannung und Erleichterung in Bezug auf Körperhaltung und Spieltechnik verbunden, wodurch sich auch der Klang verbessert. So gibt Hildebrandt im Rahmen der in seiner Abteilung praktizierten »Dispokinesis« den Musikstudierenden Hilfestellungen zur Veränderung der Spielposition sowie zur individuellen Umformung der handelsüblichen ergonomischen Hilfsmittel wie z.B. der Schulterstützen und Kinnhalter bei der Geige. Mengler erwähnt, dass beim Cello kleine Veränderungen in der Saitenlage am oberen Teil des Griffbrettes die dominante Hand entlasten und dass weichere Saiten eine leichtere Ansprache des Instruments ermöglichen. Eine kleine Umstellung am Bogen kann einen sichereren Griff mit der nicht dominanten Hand bewirken. Bei der Gitarre lässt sich die Spannung in der linken Greifhand verringern, wenn Sattel sowie Saitenlage und Saitenabstand auf dem Griffbrett leicht angepasst werden. Bei Blasinstrumenten können Veränderungen an Klappen und Ventilen vorgenommen werden, damit sie auch für die nicht dominante Hand unten gut zu erreichen sind und die Gewichtsverteilung angenehmer wird.[308]

Geigerin Frau G. berichtet, dass ihr als Linkshänderin das zwischenzeitliche Spielen einer Barockgeige ein völlig neues, angenehmeres Spielgefühl brachte. Grundsätzlich benötige das Spiel der Barockgeige »weniger Druck«[309]. Man brauche »nicht so viel zu machen«[310], weder mit der dominanten linken Greifhand, da die Darmsaiten wesentlich druckempfindlicher seien als die Stahlsaiten beim modernen Streichinstrument, noch mit der nicht dominanten Bogenhand, da der Bogen kürzer und leichter ist. Die Barockmusik ist insgesamt »leichter« als z.B. romantische Musik, da das Spielerische

---

[308] Vgl. Mengler, Musizieren mit links. Linkshändiges Instrumentalspiel in Theorie und Praxis, S. 149f.

[309] Gespräch vom 09.03.2018.

[310] Ebd.

und Rhythmische im Vordergrund steht. »Man muss nicht so lange in der Saite drinbleiben«[311], was vor allem die nicht dominante rechte Hand entlaste.

PianistInnen müssen sich in der Regel auf vorhandene Instrumente einstellen. Professionelle MusikerInnen haben eher die Möglichkeit, sich zum Üben ein für sie passendes Instrument bauen, ändern oder sich für einen Auftritt ein Klavier anpassen zu lassen. Wenn man bedenkt, wie akribisch sich Glenn Gould den Veränderungen von Anschlag und Mechanik seiner Klaviere widmete und wie sehr er die Mitarbeiter der Firma Steinway forderte, um ein ideales Instrument für seine Bedürfnisse zu erhalten, so mag er dabei auch ganz intuitiv für sich als Linkshänder gesorgt haben: »Er wollte maximale Reaktion bei möglichst geringer Anstrengung.«[312]

2.2.4 Gelegentliches Linksspielen

Einmal oder gelegentlich auszuprobieren, linksherum zu spielen, kann linkshändigen MusikerInnen ein verändertes, positives Spielgefühl ermöglichen. Die Erfahrung kann entlastend sein, da sich das Wohlgefühl beim Streichen oder Zupfen mit der dominanten Hand auf die andere Seite mitnehmen lasse.[313]

Wenn PianistInnen zwischenzeitlich den Fokus nur auf die linke Hand legen, indem sie zum Beispiel Übungen für die linke Hand allein machen oder sich kleinen oder großen Musikstücken für die linke Hand allein widmen, wirkt dies sehr befreiend. Das schöne Gefühl, der dominanten Hand einmal die gesamte Tastatur und somit die gesamte musikalische Gestaltung zu überlassen, beeinflusst wiederum das Spiel der rechten Hand positiv.

Manche linkshändige MusikerInnen entdecken im gelegentlichen Linksspielen ungeahnte musikalische Ausdrucksmöglichkeiten, eine nie vorher gehörte Klarheit des Tons sowie eine nie vorher gespürte Musizierfreude. Die 17-jährige Silke machte eine solche Erfahrung mit einer Linksflöte[314], die sie durch Zufall entdeckte. Obwohl diese Flöte nur ein einfaches Schülerinstrument war, fand sie es für eine Weile »trotzdem

---

[311] Ebd.

[312] Bazzana, Glenn Gould – Die Biographie, S. 203.

[313] Vgl. Mengler, Musizieren mit links. Linkshändiges Instrumentalspiel in Theorie und Praxis, S. 146.

[314] Allgemein verwende ich den Begriff Linkshänderinstrument bzw. Rechtshänderinstrument. Bei der Flöte schließe ich mich der Bezeichnung »Linksflöte« bzw. »Rechtsflöte« an, wie sie von mehreren professionellen FlötistInnen verwendet wird.

irgendwie schön«[315], darauf immer wieder zu spielen und sie in ihr Üben auf der Rechtsflöte mit einzubeziehen. Wenn sie beispielsweise das angenehme Gefühl beim Spielen mit dem Linkshänderinstrument in Kombination mit der Linksdrehung des Körpers und dem Hören des Klanges am linken Ohr eine Weile genossen hatte und sich wieder ihrer gewohnten Flöte und ihrer rechten Seite zuwandte, so hatte sie dann auch beim »normalen« Spielen ein besseres Gefühl. Für eine Weile konnte das Linksspielen die Qualität ihres Flötenspiels auf dem Rechtshänderinstrument bereichern. Inzwischen spielt sie allerdings ausschließlich auf der Linksflöte.[316]

Der Schweizer Flötist Jan Grimm geht mit dem Linksspielen bewusst an die Öffentlichkeit. Als Linkshänder hat er immer auf die klassische Weise gespielt und fühlt sich mit Haltung und Spielweise nach rechts gut und sicher. Er macht aber deutlich, dass er großen Spaß am Hin- und Herwechseln zwischen der Linksflöte und der Rechtsflöte hat und empfindet das Linksspielen für sich als »echte Ergänzung« zum Rechtsspielen. Der Wechsel zwischen beiden Flöten gebe ihm »eine mentale und körperliche Frische« und sei für ihn »ein totaler Glücklichmacher«[317]. Auch wenn das Wechseln der Spielrichtungen nur für wenige eine Option sein mag, so kann doch Grimms Erfahrung für betroffene MusikerInnen höchst inspirierend sein.

All dies – ein neues, freieres Spielgefühl, ein neues Klangerlebnis und nicht zuletzt der Spaß, den das Linksspielen für LinkshänderInnen bedeuten kann – lässt sich bei bewusstem Einsatz in das gewohnte Spiel auf dem Rechtshänderinstrument mit hineinnehmen und kann das musikalische Spiel bereichern. Es darf und sollte jedoch die Freiheit des Musikers oder der Musikerin sein, wie er oder sie das Linksspielen für sich als Ressource entdecken und nutzbar machen kann.

---

[315] Gespräch vom 23.10.2018.

[316] Silkes Entwicklung lässt sich im Kapitel 5 »Rückschulung auf links mit dem Instrument?« nachverfolgen.

[317] Mail vom 11.03.2018; Hier sieht man Grimm in einer Aufnahme von 2015 bei einer Aufführung »Andante und Rondo op. 25 für zwei Flöten und Klavier von Franz Doppler« beim Wechseln von der Links- zur Rechtsflöte: <https://www.youtube.com/watch?v=IASqPnkL8JU>.

2.2.5 Das Übeverhalten anpassen

Für MusikerInnen im professionellen Bereich besteht der Alltag im Wesentlichen aus Üben. Wenige – besonders auch Musikstudierende – nehmen dabei auf Ermüdungserscheinungen Rücksicht, zumal sie einem ständigen Konkurrenzdruck ausgesetzt sind. Jedoch ist ein Weiterspielen trotz Ermüdung wenig förderlich für Wohlbefinden und Gesundheit. Um Überlastungsbeschwerden und berufsspezifischen Erkrankungen vorzubeugen, rät Hildebrandt Musikstudierenden, die Übesequenzen zu verkürzen und vor allem Pausen einzulegen, »bevor die Muskulatur Müdigkeit signalisiert«[318]. Pausen könnten sinnvollerweise auch für »einen Moment der Entspannung und Reflexion«[319] genutzt werden.

Gerade LinkshänderInnen könnten von einer Veränderung ihres Übeverhaltens profitieren, zumal nicht wenige Betroffene der Auffassung sind, dass »mehr Üben« das Erfolgsrezept sei, um auf dem Rechtshänderinstrument alle Schwierigkeiten überwinden zu können.

Pianistin Verena Börsch sagt, dass kurzes, intensives Üben sich für sie als am wirksamsten herausgestellt habe. Zwischen den Übeeinheiten brauche sie unbedingt »immer wieder lange Pausen zum Verdauen.«[320] Die Bedeutung von Pausen hat auch die linkshändige Flötistin Solvejg Fiederling, die sich zum Schreiben zurückgeschult hat und weiterhin professionell Flöte in der Standardposition spielt, für sich erkannt: »Ich weiß aber heute, warum ich Ruhepausen benötige, um Blackouts bei meinem Beruf als Musikerin auszuschließen bzw. um sie rechtzeitig abzufangen.«[321]

Der Sinn und Zweck des Übens ist es, eine Automatisierung der Bewegungsabläufe zu erreichen, um die Aufmerksamkeit auf die Interpretation des Musikstückes richten zu können. Darauf müssen linkshändige MusikerInnen durch eine besonders systematische Vorgehensweise große Sorgfalt legen.

Um die musikalische Sicherheit möglichst zu gewährleisten, sollte die Aufführungssituation beim Üben bereits mit einbezogen werden. Auch ist es gerade für diejenigen, die gegen ihr natürliches Körpergefühl spielen, wichtig, äußere Stressfaktoren möglichst auszuschalten. Hildebrandt empfiehlt (nicht nur für LinkshänderInnen): »Beim

---

[318] Horst Hildebrandt, »Üben und Gesundheit. Ausgewählte musikphysiologische Aspekte des Übens und ihre besondere Bedeutung für den Ausbildungs- und Berufsalltag«, S. 69f.

[319] Ebd.

[320] Mail vom 17.11.2018.

[321] Sattler, Der umgeschulte Linkshänder oder Der Knoten im Gehirn, S. 193.

Üben die ›Selbstregie‹ für einen Auftritt gleich mit einbeziehen und Aktionsmuster aufbauen, welche in der Bühnenrealität bestehen können!«[322]

Sängerin Frau M., 54 Jahre, die sich bei Auftritten auf der Gitarre begleitet, berichtet, dass sie beim Üben konkret die Aufführungssituation konstruiert, indem sie im Stehen übt, sich des Bodens vergewissert, auf dem sie steht, die Schuhe anzieht, die sie beim Auftritt tragen wird, ihren eigenen festen Notenständer benutzt, die Notenblätter anklammert, um – wenn sie draußen spielt – nicht vom Wind überrascht zu werden und vieles mehr. Das gebe ihr als umgeschulter Linkshänderin, die die Gitarre »normal« spielt, das Maximum an Sicherheit. Von Kindheit an habe sie durch die Umschulung eine grundsätzliche Verunsicherung gespürt, und erst durch die Rückschulung zum Schreiben sei ihr bewusst geworden, dass sie in vielen Lebenssituationen ein besonders großes Sicherheitsbedürfnis habe.

2.2.6 Das mentale Training

Im Leistungssport ist das mentale Training, d.h. das Üben in der Vorstellung, eine wichtige Methode, um bei Wettkämpfen auf das gesamte Leistungspotential zurückgreifen zu können. Indem sie Bewegungsfolgen zum aktiven Training zusätzlich geistig durcharbeiten, können Sportlerinnen diese automatisieren, präzisieren und stabilisieren. Auch MusikerInnen sind darauf angewiesen, »psychische und physische Prozesse so zu automatisieren, dass sie auch in Extremsituationen wie in einem Konzert oder Wettbewerb schnell, ökonomisch und zuverlässig abrufbar sind«[323]. Viele professionelle Musikerinnen integrieren deshalb das mentale Training bewusst in ihren Übealltag. Es hilft ihnen, sich Struktur und geistigen Gehalt eines Musikstückes anzueignen und sich gleichzeitig die Bewegungskoordination im Zusammenspiel mit dem musikalischen Ausdruck besser einzuprägen.

Insbesondere linkshändige MusikerInnen können von einem Üben in der Vorstellung profitieren. Wenn sie die Werke im Geiste spielen, ist ihr Körper viel entspannter als beim Üben auf dem Instrument. Ebenso lassen sich technische Schwierigkeiten (in der nicht dominanten Hand) über die Vorstellung verringern und Bewegungsfolgen sich

---

[322] Hildebrandt, »Üben und Gesundheit. Ausgewählte musikphysiologische Aspekte des Übens und ihre besondere Bedeutung für den Ausbildungs- und Berufsalltag«, S. 75.

[323] Christian A. Pohl, »Mentales Üben«, in: *Handbuch Üben. Grundlagen – Konzepte – Methoden*, hrsg. von Ulrich Mahlert, Wiesbaden 2006, S. 288.

– zumindest bis zu einem gewissen Grad – stabilisieren. Auch für die Festigung des deklarativen Gedächtnisses kann das mentale Training angewendet werden.

Vermutlich ist es immer die Kombination aus mentalem Üben und dem Üben am Instrument, mit dem die besten Erfolge erzielt werden. Als eine Art »halb mentales Training« kann man bei StreicherInnen das Üben ohne Bogen betrachten, das sich für LinkshänderInnen bewährt habe.[324] So übt z.B. die linkshändige Geigerin Frau G. inzwischen neue Musikstücke zunächst über stummes Greifen mit der linken dominanten Hand ein, der Bogen kommt erst später dazu. Sich die Stücke zu »ergreifen«, habe sehr viel Spannung aus ihrem Körper genommen. Indem sie zunächst mit ihrer dominanten Seite übe, habe sie bereits den Klang, so wie er ihrer musikalischen Vorstellung entspricht, in sich; die rechte Bogenhand sei dann nur noch die ausführende Hand.

Pianistin Verena Börsch nutzt das mentale Training für sich in außergewöhnlicher Weise: Sie übt in der Vorstellung immer wieder auch »links herum«. Schon vor der Erkenntnis, Linkshänderin zu sein, habe sie Momente gehabt, in denen ihr Gehirn komplexe Abläufe einfach umdrehte, als würde sie auf einem gespiegelten Klavier spielen. Börsch erlebt, dass durch das mentale Üben »links herum« ihre musikalische Vorstellung sofort klarer sei und sich der Fluss der Musik für sie viel selbstständiger ergebe. Als weiteren positiven Effekt erkennt sie, dass das »Phänomen des ›Überübens‹, das sich beim Training am Instrument sofort einstellt«[325], nicht mehr vorkomme. Nicht zuletzt sei es für sie die einzige Möglichkeit, als Linkshänderin Musik zu machen, wenn sie möglichst ausschließlich in der musikalischen Vorstellung lebe. Sie hat die Erfahrung gemacht, dass »jede technische Einmischung oder Kontrolle« sie sofort »in die falsche Rechtshändigkeit zurückbefördert«[326]. Im Übrigen machte sie die Beobachtung, horizontal gespiegelte Noten anders, nämlich » flüssiger und linearer« lesen zu können, »was auch sofort einen anderen musikalischen Eindruck«[327] ergebe.

Im Rahmen seines Vorspieltrainings am Institut in Zürich empfiehlt Horst Hildebrandt den Musikstudierenden insbesondere das mentale Training zur Vorbereitung auf ein Probespiel. »Ein Fahrplan im Kopf hilft gegen Stress« – so lautet seine Empfehlung. Gerade ein solcher »Fahrplan im Kopf« sollte auch sollte dem großen Sicherheitsbedürfnis   umgeschulter   LinkshänderInnen   entgegenkommen.   In

---

[324] Vgl. Mengler, Musizieren mit links. Linkshändiges Instrumentalspiel in Theorie und Praxis, S. 148.

[325] Mail vom 17.11.2018.

[326] Ebd.

[327] Ebd.

Stresssituationen (wie bei Auftritten oder Probespielen) brauchen sie besonders feste, sichere Abläufe, die durch mentales Training gestärkt werden können. Auch kommt es dem rechtshemisphärischen Denken von LinkshänderInnen entgegen, bestimmte Stellen im Vorspielstück beim mentalen Üben mit Bildern, Farben oder Stichworten zu versehen. Je klarer die Bilder, je einfacher die Schlagworte, desto besser kann in der Vorspielsituation darauf zugegriffen werden.[328]

2.2.7 Spiegelübungen

Es ist eine häufige Erfahrung in der Linkshänderberatung, dass die dominante Gehirnhälfte eine Tätigkeit, die mit der nicht dominanten Hand bzw. in der nicht dominanten Richtung geübt wird, gespiegelt abspeichert und so unaufgefordert mitlernt. Die ungeübte linke Hand kann die Bewegung dann meist ohne Probleme ausführen.[329]

Das »Spiegeln« methodisch einzusetzen, um ein Gleichgewicht zwischen der dominanten und der nicht dominanten Hand herzustellen, kann einen Effekt auf das gesamte Spielgefühl haben. Wenn PianistInnen ein Bewegungsmuster der rechten Hand beispielsweise gespiegelt mit beiden Händen gleichzeitig spielen, werden Abläufe als angenehmer und sicherer empfunden und zugleich Blockaden im Kopf gelöst. Kehrt ein/e MusikerIn zur nicht dominanten Hand zurück, so bleibt dieses Wohlempfinden erhalten.[330] Linkshänderin und Pianistin Frau R. erzählt, dass sie es als »angenehm im Kopf«[331] empfand, ihre Hände für ein paar Takte zu überkreuzen, also mit der rechten Hand die untere Stimme und mit der linken Hand die obere Stimme zu spielen. Manchmal habe sie auch bei schwierigen Stellen für die rechte Hand die Tonfolge mit der linken Hand gespiegelt gespielt, um ein Gefühl für die Fingerstellung zu bekommen, und dies dann erfolgreich auf die rechte Hand übertragen können.

---

[328] Aus dem »Psycho-physiologischen Vorspieltraining« bei Horst Hildebrandt in der Abteilung Musikphysiologie der Züricher Hochschule der Künste am 17.11.2017.

[329] In der Sport- und Musikmedizin ist der sogenannte »Rechts-Links-Transfer« bekannt, der besagt, dass beim Üben von nur einer Hand sich auch eine deutliche Verbesserung in der ungeübten Hand feststellen lässt. Siehe dazu Klöppel/Altenmüller, Die Kunst des Musizierens. Von den physiologischen und psychologischen Grundlagen zur Praxis, S. 147.

[330] Vgl. Mengler, Musizieren mit links. Linkshändiges Instrumentalspiel in Theorie und Praxis, S. 147.

[331] Gespräch vom 09.01.2019.

Auch Organist Herr G., Linkshänder, wendete eine Art »Spiegelmethode« für sich selbst an, um die Koordinationsstörung der Finger seiner rechten Hand zu überwinden:

»Als Idee stand zunächst dahinter, dass ich – anders als früher – von meiner rechten Hand nicht mehr verlangte als von meiner linken. Die linke war eindeutig die schlechter ausgebildete. Dann war mir auch klar, dass ich die rechte sozusagen neu lehren bzw. lernen musste. Also versuchte ich wie ein Kind das Vorbild linke mit all seinen Unperfektheiten nachzuahmen. Das geschah so: Nimmt man die Taste ›d‹ als Symmetrieachse, so ist ab- bzw. aufwärts gesehen die Topografie der Klaviatur identisch. Das macht es möglich, einen Bewegungsablauf der rechten Hand absolut identisch [...] der linken zuzuweisen. Natürlich entsteht daraus in der Regel musikalischer Nonsens, aber das ist hier zweitrangig. Es geht nur darum, eine Bewegungsvorlage der ›gesunden‹ Hand für die ›kranke‹ zu erhalten. Ohne es beweisen zu können, vermute ich, dass die ›Unperfektheiten‹ der linken Hand als Vorbild einen Bewegungsraum für die rechte eröffneten.«[332]

Herr G. wertete für sich selbst als Therapieerfolg, dass sich durch das spiegelbildliche Nachahmen des Bewegungsmusters der linken Hand sowohl die Fingerstellung und Beweglichkeit der Finger der rechten Hand erheblich verbesserten und sich zugleich in der rechten Hand ein ganz neues (musikalisches) Spielgefühl entwickelte.

Die Methode des gespiegelten Mitübens mit der anderen Hand lässt sich vermutlich nur eingeschränkt auf andere Instrumente übertragen. Beim Musizieren eine gespiegelte Haltung auszuprobieren und Bewegungen der einen Hand pantomimisch mit der anderen Hand zu vollziehen, scheint sich jedoch insgesamt positiv auf das Körpergefühl auszuwirken.

2.2.8 Bühnentraining

Da linkshändige MusikerInnen aufgrund der permanenten Sorge, ihre Leistungen nicht verlässlich abrufen zu können, besonders häufig unter Lampenfieber und Bühnenangst leiden, sollten gerade sie sich Selbsthilfemöglichkeiten aneignen, damit bei einer Aufführung vor Publikum alles möglichst reibungslos funktioniert. Um ihre mit der Umschulung verbundene Unsicherheit zu minimieren, ist es günstig, sich bereits beim Üben ein Höchstmaß an Sicherheit zu verschaffen. Der musikalische Verlauf eines Stückes sollte mit den dazugehörigen Bewegungsmustern der Arme und Finger, einschließlich des Atems, verknüpft und so verankert werden, dass jederzeit verlässlich

---

[332] Mail vom 04.10.2017.

darauf zurückgegriffen werden kann.[333] Besonders für am Instrument umgeschulte
LinkshänderInnen ist es wichtig, sich jederzeit bewusst darüber zu sein, welche Bewegungen zur Umsetzung ihrer musikalischen Vorstellungen einsetzt werden. Geschieht
dies immer auf die gleiche Weise, kann auch unter Stress die Aufmerksamkeit leichter
auf das musikalische Geschehen gerichtet werden. Spannungserhöhungen und überraschende Blackouts lassen sich so minimieren sowie negative Gedanken und Gefühle
ausblenden.

Horst Hildebrandt etablierte das psycho-physiologische Vorspiel- und Vorsingtraining
an den Schweizer Musikhochschulen mit dem Ziel der »Weiterentwicklung von Büh-
nenkompetenzen im Sinne der Selbstregie«[334]. Die Studierenden – verschiedener Leis-
tungsstufen vom Studienbeginn bis zum Solistendiplom – können vor einer Gruppe
von KommilitonInnen Stücke, auch halbfertige, vorführen. Dazu gehört ähnlich wie
in einem Konzert eine bestimmte Reihenfolge inklusive Verbeugen, Applaus und Mo-
deration. Nach dem Vortrag gibt der/die Konzertierende sich zunächst selbst ein
Feedback. Dieses »startet obligatorisch mit der Feststellung und Beschreibung der
soeben gelungenen Anteile sowie der Würdigung der Stärken.«[335] Dieser Ablauf ist für
MusikerInnen außerordentlich heilsam, zumal »die Mehrheit der Studierenden bisher
eher auf Defiziterkennung sowie auf Beschreibung und Vermeidung von Fehlern hin
trainiert war.«[336] Das abschließende konstruktive Feedback der ZuhörerInnen und
des/der Dozenten/in hilft den MusikerInnen, die eigene Wahrnehmung nochmals zu
schärfen oder ggf. zu korrigieren.

Von einer solchen Feedbackkultur profitieren nicht zuletzt auch LinkshänderInnen.
Gerade für umgeschulte LinkshänderInnen ist es besonders wichtig, ihre Stärken einmal benennen zu dürfen, erlebten sie doch seit der frühen Jugend, insbesondere unter
»Stress« eine ständige Diskrepanz zwischen Bemühen und Bestätigung, zwischen Anstrengung und Erfolg – und damit auch eine Störung ihrer »Wirksamkeit«. Häufig haben auch die MusikerInnen, die als LinkshänderInnen ein Rechtshänderinstrument
spielen, in ihrer Kindheit schon prägende, zum Teil beschämende Erfahrungen bei

---

[333] Vgl. Hildebrandt, , »Üben und Gesundheit. Ausgewählte musikphysiologische Aspekte des
Übens und ihre besondere Bedeutung für den Ausbildungs- und Berufsalltag«, S. 72f.

[334] Horst Hildebrandt, »Bühnenkompetenz erlernen. Das Psycho-physiologische Vorspiel- und
Vorsingtraining an der Musikhochschule«, in: *Dokumentation zum Zürcher Symposium der SMM
›Psychische Belastungen im Musikerberuf‹*, 2005, S. 8.

[335] Ebd.

[336] Ebd.

Vorspielen vor Publikum gemacht. Auf ihre eigenen Ressourcen zu blicken kann ein Weg sein, um schlechte Erfahrungen zu überschreiben.

Im Bühnentraining ist die Beibehaltung eines festen Rahmens und Ablaufs wichtig. Wenn die äußeren, neben dem eigentlichen musikalischen Geschehen nötigen Bewegungsabläufe schon eingespielt sind, sind sie auch unter Stress leichter abrufbar. So sollte ein/e MusikerIn sich selbst klare »Regieanweisungen« geben und in den Wochen vor dem Auftritt das Hereinkommen, Auftreten, Verbeugen, Positionieren, Atmen, Einsetzen schon als Choreographie einüben. Dadurch werde das Denken von Kontrollansprüchen entlastet und für künstlerische Inhalte freigegeben. Weitere Empfehlungen von Hildebrandt sind, die aufzuführenden Stücke in ihrem Verlauf zu gliedern, sich dabei architektonische Merkmale wie Schwerpunkte und Betonungen klarzumachen, und »musikalische und technische Ankerplätze im Sinne von sicheren Orten im Ablauf« festzulegen. Wichtig sei es auch, Ankerplätze innerhalb des eigenen Körpers zu spüren. Dabei sind es vor allem die Körperpartien der unteren Extremitäten und des Beckens, die die Stabilität auf der Bühne sichern.[337]

Die Verinnerlichung von Maßnahmen dieser Art kann insbesondere auch linkshändigen MusikerInnen zu Gute kommen, die auf einem Rechtshänderinstrument musizieren. Denn diese fühlen sich meist in ihrem Körper unsicher und erleben häufig extremes Lampenfieber, zumal sie sich in Aufführungssituationen weder auf ihr deklaratives noch auf ihr prozedurales Gedächtnis verlassen können.

---

[337] Vgl. ebd.

2.2.9 Körperschulung und Entspannungsübungen

Im Rahmen einer Prävention von Gesundheitsproblemen nehmen zahlreiche angehende MusikerInnen Angebote der Musikhochschulen für Körperübungen und Entspannungsmethoden an oder suchen privat nach entsprechenden Kursen. Da LinkshänderInnen, die vom Körpergefühl her »falsch« herum spielen, besonders unter Unsicherheiten in der Spannungsverteilung der Körperseiten und der Hände leiden, können sie von solchen Übungen hinsichtlich der Verbesserung ihres Körpergefühls und der besseren Koordination von Haltung, Atmung und Bewegung sehr profitieren – vorausgesetzt, ihnen sind die Auswirkungen ihrer Linkshändigkeit auf das Instrumentalspiel bewusst.

Gerade im Hinblick auf den Auftritt als MusikerIn können körperliche Entspannungsmethoden dazu beitragen, die Angst zu verringern. Zunächst bietet sich die »Progressive Muskelentspannung« nach Jacobson an, die sich mehr als andere Techniken die enge Beziehung zwischen Angst und Muskelspannung (die wiederum die Bewegungskoordination blockiert) zunutze macht. »Entspannung der Muskulatur vermindert das Angstgefühl«[338] so Renate Klöppel.

Die »Feldenkraismethode« lässt sich bei MusikerInnen einsetzen, um die bewusste Aufmerksamkeit auf eingefahrene, hindernde Bewegungsmuster zu lenken und entsprechend zu verändern.[339] Linkshändige MusikerInnen mit Spielproblemen am Rechtshänderinstrument können über diese Methode zu einer differenzierteren Körperwahrnehmung gelangen und erspüren, wo die Ursachen ihrer Überlastungsbeschwerden liegen.

Auch die »Alexandertechnik« ist eine häufig von MusikerInnen angewandte Methode, die unkontrollierten Körperhaltungen und motorischen Abläufen mit Bewusstmachung entgegenwirken will. Über die mentale Steuerung werden hier die geistige und emotionale Verfassung und zugleich die körperliche Spannung günstig beeinflusst und verändert. Während bei der Feldenkraismethode der Schwerpunkt auf der differenzierten Körperwahrnehmung liegt, stellt die Alexandertechnik »die bewusste

---

[338] Klöppel/Altenmüller, Die Kunst des Musizierens. Von den physiologischen und psychologischen Grundlagen zur Praxis, S. 110; bei der Beschreibung des Übungsablaufs heißt es sogar, dass LinkshänderInnen mit der linken Seite beginnen sollen!

[339] Vgl. Simone Irmer, »Die Feldenkraismethode für MusikerInnen und Musiker«, <http://www.musiker-feldenkrais.com/methode.html>, 24.02.2020.

Entscheidung gegen gewohnte Bewegungsabläufe«[340] in den Vordergrund, wobei der Kopf-Rumpf-Beziehung grundlegende Bedeutung beim Erproben neuer, harmonischer Bewegungsvorgänge beigemessen wird.

Die Pianistin Verena Börsch praktiziert seit vielen Jahren die Alexandertechnik. Sie empfindet, dass der Unterricht ihr Gehirn »scheinbar immer wieder in die richtige Dominanz«[341] bringt. Zumindest bemerke sie sofort, wenn ihre rechte Hand beim Klavierspiel in die Rechtshändigkeit verfällt, d.h. die Dominanz wieder übernimmt, was zu spielbehindernden Verspannungen und Gedächtnislücken führt. Die Anwendung der Alexandertechnik helfe ihr auch während des Spielens. Letztlich habe sie erst durch diese ihre eigene »Umpolung« erkannt. Börsch erwähnt auch Übungen aus der »Kinesiologie«, die LinkshänderInnen im Hinblick auf das Spielen auf einem Rechtshänderinstrument gut tun – wie »das Legen der Hände auf die Mittelnaht auf dem Kopf, das liegende Achten-Rollen mit den Augen, das Halten von Stirn und Hinterkopf, das Konzentrieren auf das Corpus Callosum beim Spielen oder beim mentalen Üben.«[342]

Eine geeignete und auch bei linkshändigen MusikerInnen erprobte Methode ist die sogenannte »Dispokinesis«, die Horst Hildebrandt, der auch Ausbilder in dieser Methode ist, seit vielen Jahren an den Schweizer Musikhochschulen praktiziert. Die Dispokinesis ist eine »speziell für Musiker entwickelte ganzheitlich orientierte Schulungs- und Therapieform auf neurophysiologischer Grundlage.«[343] Sie wurde in den 60er-Jahren des letzten Jahrhunderts durch den Pianisten und Physiotherapeuten Gerrit Onne van de Klashorst am Sweelinck-Konservatorium in Amsterdam begründet. In dem Begriff steckt »disponere«, was lateinisch »verfügen können über« bedeutet, und »kinesis«, was griech. »Bewegung« bedeutet. Die Wirkung der Dispokinesis besteht darin, dass MusikerInnen – insbesondere im Hinblick auf Auftrittsbedingungen – die Voraussetzung zu »freie(m) Verfügen über Haltung, Atmung, Bewegung und Ausdruck«[344] erlangen.

---

[340] J. Mehlhorn/U. Reinhardt: »Feldenkrais-Methode und Alexander-Technik in der Prophylaxe von Wirbelsäulenbeschwerden und Überlastungserscheinungen am Spielapparat bei Pianisten«, in: *Musikphysiologie und Musikermedizin* 2, 2001, S. 75.

[341] Mail vom 17.11.2018.

[342] Ebd.

[343] Horst Hildebrandt und Alexandra Müller, »Dispokinesis – Freies Verfügen über Haltung, Atmung, Bewegung und Ausdruck«, in: *Musikphysiologie und Musikermedizin* 11, 2004, S. 56.

[344] Ebd., S. 55.

Eine Säule dieser Schulungsform bilden Übungen zur senso- und psychomotorischen Re-Edukation: Es werden die natürlichen menschlichen Entwicklungsschritte vom Liegen über das Krabbeln bis hin zum Stehen durchgearbeitet. LinkshänderInnen können die Bewegungen über ihre dominante Körperseite führen und werden sich dadurch ihres Körpergefühls – vielleicht erstmals – bewusst. Als Zweites geht es um die »individuelle optimale Anpassung des Instrumentes an den Körper unter Zuhilfenahme ergonomischer Hilfsmittel«[345]. Die dritte Säule sind spezielle Übungen sowie Vorstellungs- und Lernhilfen zu Spieltechnik, Spielgefühl und Atmung an allen Instrumenten inklusive des Gesangs. Die MusikerInnen erwerben die Kompetenz, Körperspannung und Krafteinsatz zu regulieren und auf der Grundlage einer ganzkörperlichen Stabilität zu einer Unabhängigkeit der beiden Hände und zu einer differenzierten Ausdrucksfähigkeit zu gelangen.[346]

Als Beispiel sei eine Übung genannt, die der Geigerin Frau G. während ihres Musikstudiums sehr geholfen hat. Sie litt über lange Zeit unter massiven Problemen ihres rechten Armes und ihrer rechten Schulter und spürte einen »ständigen Zug« auf ihrer rechten Seite, der sie beim Geigenspiel außerordentlich beeinträchtigte. Für die Übung liegt sie in Rückenlage, die Füße (Ballen) sind aufgestellt. Die rechte Hand liegt flach auf dem Boden, der Handteller ist nach unten gedreht. Nun beginnt eine bedächtige Drehung der rechten Hand mit dem Daumenballen voran, und es folgt eine sehr langsame Bewegung auf ihr Gesicht zu mit einer gleichzeitigen Öffnung – als würde eine Blüte aufgehen. Dabei öffnet sich gleichzeitig die Schulter. Der Unterarm steht nun senkrecht, ihr Blick ist auf die Hand gerichtet, als wäre diese ein Handspiegel. Durch das »Hineinschauen« scheint sich die Hand noch weiter aufzurichten. Allmählich dreht sie die Hand (den »Spiegel«) wieder um und legt ihren Unterarm ab. Die Übung wird mehrmals wiederholt. Frau G. empfand, dass sich mit jedem Üben das Gefühl für ihre rechte Hand veränderte, diese erschien ihr immer »weicher«, während sie bei den ersten Durchgängen fest und verkrampft »wie eine Kralle« gewesen sei. Die positiven Effekte dieser Übung für ihr Geigenspiel seien gewesen, dass sie sich zum einen die Bewegungen der rechten Hand wirklich bewusst machte. Ihre Bewegungen beim Streichen des Bogens wurden leichter und der ganze Arm konnte sich entspannen. Zum anderen konnte sie die Aufmerksamkeit auf den rechten Arm vermindern, was zur weiteren Entspannung beitrug.[347]

---

[345] Ebd., S. 57.

[346] Vgl. ebd.

[347] Vgl. Gespräch vom 09.03.2018. Eine solche Übung wird in der Dispokinesis »4-Phasen-Übung« genannt, sie ist für Fortgeschrittene.

Flötistin und Dispokinetikerin Karoline Renner hält die Dispokinesis deshalb besonders für linkshändige MusikerInnen für geeignet, weil sie den »gesamten künstlerisch tätigen Menschen« einbezieht. »Für diese [künstlerisch tätigen Menschen] sind die Aspekte der Sicherheit, in dem Sinne, dass sie sich auf ihren Körper verlassen können, und der Authentizität so entscheidend. Damit meine ich, dass sie genau das, was sie innerlich hören und fühlen, über ihr Instrument bzw. ihre Stimme ungehindert und frei ausdrücken können.«[348]

---

[348] Mail vom 10.10.2019.

3. Wie spielen LinkshänderInnen Klavier?

3.1 Klingen LinkshänderInnen anders?

PianistInnen sitzen symmetrisch vor ihrem Instrument und führen mit allen Fingern beider Hände die gleiche Bewegungsart – den Tastenanschlag – aus.[349] Obwohl beide Hände auf die gleiche Weise arbeiten, hat die Rechts- oder Linkshändigkeit des/der PianistIn einen großen Einfluss darauf, wie ein Musikstück auf dem Klavier klanglich umgesetzt wird. Denn die Hände haben unterschiedliche Aufgaben: Die rechte Hand erfüllt – zumindest im gängigen Konzertrepertoire – in den höheren Lagen die melodische Führungsrolle, während die linke Hand in den tieferen Lagen die Begleitstimme übernimmt. Es gibt somit einen qualitativen Unterschied hinsichtlich der spieltechnischen sowie der emotionalen Anforderungen an die rechte und linke Hand. »Auch wenn die Begleitung noch so virtuos und anspruchsvoll sein mag, sie muss immer der Melodie dienen. Die Melodie bestimmt die Aussage, die Lautstärke, die Agogik, die Phrasierung, kurz: Sie gibt den Ton an.«[350] In der Regel ist diese Aufgabenverteilung auf die Überlegenheit der rechten Hand zugeschnitten. Bei RechtshänderInnen ist die rechte Hand von Natur aus schneller und besitzt eine größere Repetitionsfähigkeit, Gleichmäßigkeit und Ausdauer. Mit der dominanten rechten Hand, die die »Gefühlshand« ist, kann auch die musikalische Gestaltung besser umgesetzt werden.

LinkshänderInnen können durch die »Rechtslastigkeit« der Klaviertechnik Schwierigkeiten bekommen, dürfen jedoch beim Spiel auch Vorteile genießen. Sie setzen die Dominanz ihrer linken Hand ein, um die Bassstimme besonders »warm und wohltönend« erklingen lassen und mit einem vom Bass getragenen Klavierklang das Hörerlebnis zu bereichern.[351] In der romantischen Klavierliteratur können LinkshänderInnen mit weitgriffigen Akkorden die Ausdruckskraft ihrer linken Hand umsetzen und die Klangfülle vergrößern. Von einer kräftigen linken Hand profitieren linkshändige PianistInnen, wenn es um Oktavspiel geht, wie es z.B. der Norweger Ketil Björnstad empfand.[352] Insbesondere die tiefen Töne, die wegen der dickeren Saiten eine längere Einschwingzeit brauchen, können LinkshänderInnen mit dem exakteren und

---

[349] Gleiches gilt für SpielerInnen aller Tasteninstrumente, also auch für das Cembalo und die Orgel. Bei der Orgel kommen außerdem die Füße zum Zug, mit denen abwechselnd die Pedale heruntergedrückt werden.

[350] Mengler, Musizieren mit links. Linkshändiges Instrumentalspiel in Theorie und Praxis, S. 114.

[351] Vgl. ebd., S. 116.

[352] Vgl. Björnstad, Mein Weg zu Mozart, S. 364.

differenzierteren Fingeranschlag ihrer linken Hand besonders klar hervorheben. Durch die Akzentuierung der Bassstimme kann ein Stück neue musikalische Aspekte erhalten. So zeichnet den linkshändigen Pianisten Glenn Gould besonders seine »Vorliebe für die Betonung der Basslinie« aus, die ihn als Interpreten der Werke Johann Sebastian Bachs berühmt machten.

Die Konzertpianistin Verena Börsch genießt es hin und wieder, ein musikalisches Werk über ihre dominante linke Hand zu führen, im Bewusstsein, dass diese »Trägerin der Harmonie, also der großen Linie in der Musik«[353] sei. Pianistin Frau R. erkennt ihre linke Hand als »ausschlaggebende Basis [für] rhythmische und harmonische Feinheiten«[354] in Klavierwerken.

3.2 Repertoire für LinkshänderInnen?

Einige linkshändige PianistInnen scheinen ein Vorzugsrepertoire zu haben, das ihrer Handdominanz entgegenkommt. Die Französin Hélène Grimaud spürte eine »natürliche Affinität« zum romantischen Komponisten Frédéric Chopin (1810–1849). Für die Aufnahmeprüfung am Konservatorium in Paris, die sie bereits mit zwölf Jahren absolvierte, spielte sie die ersten Sätze dessen zweiter und dritter Klaviersonate. In ihrem Buch »Wolfssonate« schwärmt sie geradezu von Chopins Klavierwerken:

»Ich liebe sie unendlich, die Musik Chopins, vor allem die vollendete Kunst, mit der er der linken Hand am Klavier ihre Unabhängigkeit gegeben hat. Diese ›Dienerin der rechten Hand‹ erhält mit ihm ihr Eigenleben, befreit sich, setzt sich durch. Chopin erfindet die beidhändige Musik – ein gewaltiges Tor, durch das nach ihm Liszt, Skrijabin, Ravel und Fauré gehen werden. Chopins linke Hand hat eine Stimme – sie summt im Bariton goldene Töne. Sie hat ihren Rhythmus, sie begleitet nicht nur, sie suggeriert, nimmt sich Freiheiten, zerbricht das Joch des – langweiligen? – Arpeggios, um die Arabeske, das Duo, den Dialog, die Rede zu erfinden. Chopin hat der linken Hand eine eigene Stimme gegeben; er verlangt eine Schwindel erregende Virtuosität von ihr.«[355]

Die Unabhängigkeit und Freiheit der linken Hand, die sie beim Spielen der Werke Chopins erlebte, bestand für Grimaud nicht nur in der Gleichberechtigung in Bezug auf »Virtuosität«. Als ebenso bedeutend empfand sie, dass Chopin ihrer starken linken

---

[353] Mail vom 17.11.2018.

[354] Gespräch vom 09.01.2019.

[355] Hélène Grimaud, Wolfssonate, München 2006, S. 70.

Hand ermöglichte, »die Führung [ihres] innersten Ausdrucks wieder zu übernehmen.«[356]

Einige linkshändige PianistInnen haben einen besonderen Bezug zu den Klavierwerken Ludwig van Beethovens. Beethoven, der selbst als Linkshänder gilt, gibt in seinen Sonaten häufig der Bassstimme einen entscheidenden Anteil am musikalischen Geschehen. Er stellt hohe Anforderungen an die linke Hand in Bezug auf Tempi, Griffverbindungen und rhythmische Akzentuierungen. Seine detaillierten Anweisungen den Ausdruck von »Empfindung« betreffend werden entscheidend von der Bassstimme der linken Hand mitgetragen. Die Art der Stimmführung lässt häufig an ein Streichquartett oder ein ganzes Orchester denken. In seinen kontrapunktischen Satzgefügen obliegt die Führung der Oberstimme nicht der rechten Hand, sondern alle Stimmen agieren gleichberechtigt und korrespondieren miteinander. Wenn der Klaviervirtuose Beethoven selbst auftrat, schien er mit charakteristischen pianistischen Techniken wie dem Übergreifen der Hände oder mit Oktavenglissandi deutlich machen zu wollen, dass es ihm um den vollen Klavierklang besonders unter Berücksichtigung des tiefen Basses ging.[357]

Die Klavierwerke Wolfgang Amadeus Mozarts empfinden dagegen einige LinkshänderInnen als ungeeignet für sich. Glenn Gould soll gesagt haben, dass Mozart nur für die rechte Hand komponiert habe, seine Alberti-Bässe seien keine Herausforderung für seine – Goulds – linke Hand. Der britische linkshändige Pianist Christopher Seed habe auch erst Zugang zu Mozarts Klavierwerken bekommen, nachdem er auf einem Linkshänderklavier spielen und seine linke Hand den melodischen Part übernehmen konnte.[358] Linkshändige AmateurmusikerInnen berichten, dass sie Schwierigkeiten hatten, die Anforderungen an die Virtuosität für die rechte Hand in Mozarts Klaviersonaten zu bewältigen.

Einige linkshändige MusikerInnen entdecken in der Klaviermusik von Johannes Brahms einen Entfaltungsraum für ihre linke Hand. So wie er für die linke Hand komponiert habe, müsse Brahms selbst Linkshänder gewesen sein, meint Kirchenmusikerin Frau E., die in ihrer Jugend dessen Klavierwerke besonders liebte. Markante Oktavsprünge und kräftige Akkorde für die linke Hand findet man z. B. in Brahms' späteren Werken wie den »Klavierstücken op. 76«, einer Sammlung von Intermezzi und

---

[356] Ebd., S. 71.

[357] Vgl. Jan Marisse Huizing, Ludwig van Beethoven, Die Klaviersonaten. Interpretation und Aufführungspraxis, Mainz 2012, S. 59f.

[358] Vgl. Jäncke, Macht Musik schlau? Neue Erkenntnisse aus den Neurowissenschaften und der kognitiven Psychologie, S. 155.

Capriccios, mit denen auch die linkshändige russische Pianistin Anna Vinnitskaya mehrfach konzertierte. In einer ihrer Einspielungen wird hörbar, wie Brahms in diesen kurzen Stücken auf kleinem Raum unterschiedlichste Stimmungen gegeneinanderstellt und im Wechselspiel der Stimmen auch die linke Hand – im tiefen Register – ihre eigene Linie erhält.

Im Jahr 1877 transkribierte Brahms die Chaconne aus der »Partita d-moll BWV 1004« für Violine solo von Johann Sebastian Bach für das Klavier. Er nannte es selbst eine »Übung für die linke Hand«. Brahms war fasziniert von diesem Violinwerk und empfand eine Klavierübertragung ausschließlich für die linke Hand als für ihn stimmige Fassung: »Nur auf eine Weise, finde ich, schaffe ich mir einen sehr verkleinerten, aber annähernden und ganz reinen Genuss des Werkes – wenn ich es mit der linken Hand allein spiele!«[359] Einige linkshändige PianistInnen haben dieses Werk interpretiert. Anna Vinnitskaya z.B. empfindet die Version von Brahms als sehr ehrlich (im Vergleich zur Bearbeitung von Busoni, der Veränderungen vorgenommen und viele virtuose Effekte eingestreut hat) und meint, dass man nur beim Spiel mit einer Hand die »innere Spannung« dieses Werkes, das für ein Soloinstrument gedacht war, besonders hervorheben könne. Mit der dominanten linken Hand gestaltet sie die Linien und Spannungsbögen dieser Musik mit großer Klarheit, und schafft es gleichzeitig, einen großen Reichtum an Klangfarben zu entfalten.[360] Auch Hélène Grimaud hat eine besondere Beziehung zu Brahms – möglicherweise deshalb, weil sie sich ihm als Linkshänderin wesensverwandt fühlt. Durch die Auseinandersetzung mit Brahms' beiden Klavierkonzerten (eine Live-Aufnahme erschien 2013) habe sich »das Gefühl der Identifikation mit diesem Komponisten« noch verstärkt.[361]

Als sehr geeignet empfinden linkshändige PianistInnen die Klavierwerke Johann Sebastian Bachs. Durch die Kontrapunktik und die Gleichberechtigung der Stimmen,

---

[359] Zitiert nach: Valerie Woodring Goertzen (Hrsg.), Johannes Brahms. Chaconne aus der Partita Nr. 2 d-moll (Johann Sebastian Bach), Bearbeitung für Klavier, linke Hand. New Orleans 2018, S. II. <https://www.henle.de/media/foreword/1187.pdf>, 16.03.2020.

[360] Vgl. Doris Blaich, »Reich an Farben – Anna Vinnitskaya spielt Brahms. CD-Tipp vom 29.1.2016«, <https://www.swr.de/swr2/musik-kultur-brahms-klavierstuecke-vinnitskaya/-/id =7576/did=16856598/nid=7576/1829k7h/index.html>.

[361] Entnommen dem Booklet zur CD: Johannes Brahms, »Konzert für Klavier und Orchester Nr. 1 in d-moll op. 15« und »Konzert für Klavier und Orchester Nr. 2 in B-dur op. 83«, mit dem Symphonieorchester des Bayerischen Rundfunks bzw. den Wiener Philharmonikern unter der Leitung von Andris Nelsons. Auch in ihrem Buch »Das Lied der Natur. Romantische Fantasien« von 2014, im französischen Original 2013 erschienen, wird ihre Wesensverwandtschaft mit Brahms behandelt.

die insbesondere für seine Fugen, die zweistimmigen »Inventionen« oder die dreistimmigen »Sinfonien« für Klavier, kennzeichnend sind, erhält auch die Stimme der linken Hand ihre angemessene Bedeutung. Die pianistische Einzigartigkeit, die dem Linkshänder Glenn Gould zugeschrieben wird, betrifft vor allem seine Interpretationen der Werke Bachs. Bemerkenswert ist dabei ein Vergleich der Einspielung der »Goldberg-Variationen BWV 988« von 1981 mit Aufnahmen anderer PianistInnen. Gould hebt zum einen durch sein charakteristisches Non-Legato-Spiel die polyphone Struktur der Variationssätze hervor, wobei auch die Mittelstimmen ein eigenes Gewicht erhalten. Zum anderen werden die Basslinien der linken Hand bei ihm deutlich hörbar, indem er charakteristische Motive lauter spielt und besonders akzentuiert. Von den InterpretInnen anderer Aufnahmen wird überwiegend die Stimme der rechten Hand hervorgehoben, die in manchen Variationen wie die Oberstimme eines homophonen Klaviersatzes wirkt.

Eine weitere Musikrichtung, in der linkshändige PianistInnen ihrer linken Hand einen großen musikalischen Raum geben können, stellt der Jazz dar. Das Klavier spielte in der Geschichte des Jazz von Anfang an eine zentrale Rolle. In der Improvisation, die Kennzeichen des Jazz ist, werden den PianistInnen Freiheiten gewährt, die sie beim Spiel eines in Noten festgehaltenen Stückes nicht haben. Der linkshändige norwegische Pianist Ketil Björnstad wandte sich offensichtlich aus diesem Grund nach seiner klassischen Klavierausbildung dem Jazz zu:

»Ich treibe mich mit Jazzmusikern herum und höre Miles Davis und Keith Jarrett. Die Musik ist nicht mehr das, was sie bisher war. Sie ist nicht vorgegeben, ist keine festgelegte Komposition. Sie entsteht, ganz von selbst.«[362]

Im kreativen Prozess muss sich ein/e PianistIn nicht an die festgelegten Aufgabenverteilungen der Melodieführung in der rechten und der Begleitung in der linken Hand halten, sondern er/sie hat die Möglichkeit, das rhythmisch-musikalische Geschehen über die dominante Hand zu führen.[363]

In vielen Spielarten des Jazz ist die linke Hand am Klavier Trägerin der Harmonik und des Rhythmus. Im »Stride Style« werden z.B. Basstöne auf den betonten Zählzeiten eins und drei und Akkorde der rechten Hand auf den unbetonten Zählzeiten zwei und vier im Wechsel gespielt. In weiteren Spielarten bilden ostinate Figuren des Basses,

---

[362] Björnstad, Mein Weg zu Mozart, S. 390f.

[363] Improvisieren scheint die Stärke vieler LinkshänderInnen zu sein, was damit zusammenhängen könnte, dass beim Improvisieren vor allem die rechte Gehirnhälfte – bei LinkshänderInnen die dominante Gehirnhälfte – aktiv ist. Vgl. Klöppel/Altenmüller, Die Kunst des Musizierens. Von den physiologischen und psychologischen Grundlagen zur Praxis, S. 289.

also der linken Hand, das Fundament, auf dem sich die rechte Hand melodisch entfalten kann.

Linkshändige PianistInnen scheinen auch andere moderne Musikrichtungen zu schätzen: so etwa Blues, Boogie oder südamerikanische Tänze, in denen die Basslinie für das rhythmisch-harmonische Geschehen zuständig ist. In der westlichen Musik des 20. Jahrhunderts, der »Neuen Musik«, finden sich insbesondere nach 1945 zahlreiche experimentelle Werke für Klavier, in denen die melodische oder harmonische Führung einer Hand keine Rolle mehr spielt und die somit für Rechts- und LinkshänderInnen gleichermaßen geeignet scheint.

3.3 Klaviermusik für die linke Hand allein

Es gibt ein umfangreiches, aber wenig bekanntes Klavierrepertoire ausschließlich für die linke Hand. Von Carl Philipp Emanuel Bach, der Linkshänder war, erschien bereits 1770 ein »Clavierstück für die rechte oder linke Hand allein«, das vermutlich aus didaktischen Gründen komponiert wurde. Vom ungarischen Komponisten und Pianisten Geza Zichy (1849–1924), einem Schüler von Franz Liszt, stammen verschiedene Sonaten und Etüden für die linke Hand; er hatte bei einem Jagdunfall seinen rechten Arm verloren und galt als erster einarmiger Pianist. Der russische Komponist und Klaviervirtuose Alexander Skrijabin (1872–1915), stilistisch zwischen Romantik und Moderne einzuordnen, schrieb 1894 »Prélude et Nocturne op. 9« für die linke Hand, nachdem seine rechte Hand durch zu intensives Üben überlastet war und eine Zeit lang ruhiggestellt werden musste.

In der ersten Hälfte des 20. Jahrhunderts entstand eine große Anzahl von Klavierwerken für die linke Hand für Pianisten, die im ersten Weltkrieg den rechten Arm verloren hatten. Diese Kompositionen ermöglichten den Betroffenen, weiter Klavier spielen und ihre Konzertkarriere fortzusetzen. Die meisten Auftragswerke entstanden für den 1887 in Wien geborenen Pianisten Paul Wittgenstein. Dazu gehörte das »Konzert für Klavier und Orchester D-dur für die linke Hand« von Maurice Ravel (1875–1937), das von Wittgenstein uraufgeführt und später in Konzertsälen von zahlreichen PianistInnen interpretiert wurde. Darunter war auch der einarmige – durch den zweiten Weltkrieg kriegsversehrte – in Chemnitz geborene Siegfried Rapp. Unter anderen konzertierte der amerikanische Pianist Leon Fleisher (geboren 1928), der fast drei Jahrzehnte seine rechte Hand wegen fokaler Dystonie nicht am Klavier einsetzen konnte, mit Klavierwerken für die linke Hand allein.

Ob es in neuerer Zeit immer LinkshänderInnen sind, die sich, auch wenn sie körperlich unversehrt sind, mit den Werken für die linke Hand allein auseinandersetzen, ist bisher nicht belegt. Jedoch erscheint es nachvollziehbar, dass gerade linkshändige PianistInnen es als wohltuend empfinden, mit diesen Werken für ihre dominante Hand die gesamte Tastatur und damit einen großen Klangraum zur Verfügung zu haben.

Der russische Pianist Kirill Gerstein, vermutlich ein Linkshänder, spielt gelegentlich auch das Klavierkonzert D-dur von Ravel. Ein Kritiker in einer Tageszeitung zollte ihm Bewunderung dafür, wie er die »aberwitzig schwierigen Soli mit dem ihm eigenen, virtuosen Swing austanzte.«[364] In mehreren Konzerten gab Gerstein als Zugabe die »Etüde für die linke Hand« op. 36 von Felix Blumenfeld (1863–1931). Ich durfte einmal miterleben, wie gebannt die ZuhörerInnen bei dieser Zugabe seinem innigen Klavierspiel lauschten und wahrnahmen, dass Gerstein sich beim Musizieren mit der linken Hand allein offensichtlich wohlfühlte.

Die Konzertpianistin Verena Börsch widmete sich nach der Entdeckung ihrer Linkshändigkeit und einer zeitgleichen Verletzung ihrer rechten Hand ein ganzes Jahr lang der Literatur für die linke Hand allein und konzertierte mit einer »großen Freude«. Auch spielte sie die Klaviertranskription der Bachschen Chaconne für Violine solo von Brahms. In einer Kritik aus dem Jahr 2016 hieß es: »Mit kraftvollem Gestus brachte Börsch die Akkorde zum Erklingen, beherrschte aber auch mit differenzierter Linienführung den spannungsreichen Verlauf der Chaconne.«[365] Börsch tritt seitdem immer wieder mit Klavierwerken für die linke Hand allein auf.

---

[364] Lutz Lesle, »Beglückende, erstickende Familienbande«, in *Die Welt vom 03.08.2011.* <https://www.welt.de/print/die_welt/kultur/article13522944/Beglueckende-erstickende-Familienbande.html>, 31.08.2017.

[365] Paul Witzel, »Fantastisches mit links und beiden Händen. Verena Börsch mit einem ungewöhnlichen Klavierabend in der Villa Wieser in Herxheim«, in *Die Rheinpfalz vom 17.02.2016.* <https://www.rheinpfalz.de/lokal/landau/artikel/fantastisches-mit-links-und-beiden-haenden/html>, 21.11.2018.

3.4 LinkshänderInnen am Rechtshänderklavier – eine Anpassungsleistung?

Bei allen Möglichkeiten für LinkshänderInnen, in bestimmten Musikrichtungen der linken Hand »Spielräume« zu geben, passende Literatur auszuwählen, in Musikstücken mit Hilfe der starken linken Hand eine besondere Klangfülle zu erzeugen und bestimmte musikalische Aspekte hervorzuheben – das Klavier ist ein Rechtshänderinstrument und erfordert von LinkshänderInnen eine Anpassungsleistung.

AmateurpianistInnen erleben die Grenzen der Fähigkeiten ihrer nicht dominanten rechten Hand stärker als professionelle MusikerInnen. Einige Betroffene berichten von Schwächen der rechten Hand, die sich in mangelnder Geschwindigkeit und Genauigkeit bei schnellen Läufen oder Trillern zeigen. Sie erleben, dass sie ein schnelles Tempo nicht längere Zeit durchhalten können, weil die nicht dominante Hand bald ermüdet. Unter den erwachsenen AmateurpianistInnen sind auch viele zum Schreiben umgeschulte LinkshänderInnen, die zwar durch das Schreiben mit der rechten Hand trainierter sind, aber dennoch auch durch vermehrtes Üben keine zuverlässige Automatisierung schwieriger Passagen erreichen können. Gerade bei Vorspielen macht sich die Dysbalance in der Aufgabenverteilung der beiden Hände für sie bemerkbar. Sie erleben, dass ihre rechte Hand plötzlich blockiert und dass unerwartete Fehler passieren. Außerdem befürchten sie, die musikalische Gestaltung nicht sicher kontrollieren zu können; häufig setzen sie zu viel Kraft ein und aktivieren an anderen Stellen wiederum zu wenig Ausdruck. Manche PianistInnen sprechen auch von einer Irritation ihres Gehörs, wenn das Tastgefühl von dominanter und nicht dominanter Hand nicht mit dem Höreindruck übereinstimmt. Es verstört sie, wenn sie um die Dominanz ihrer linken Hand wissen und gleichzeitig wahrnehmen, dass die rechte Hand den wichtigeren Part übernimmt (wobei sicherlich zusätzlich die höhere Frequenz in der Lage der rechten Hand eine Rolle spielt).

Im professionellen Klavierspiel scheinen LinkshänderInnen kaum motorische Nachteile ihrer nicht dominanten rechten Hand zu empfinden, da sie in der Regel schon von früher Kindheit an beide Hände intensiv trainiert haben. Manche Betroffene erkennen jedoch, dass es immer einer zusätzlichen Anstrengung bedarf, um den emotionalen Ausdruck beim Musizieren auszubalancieren. Dass das Spielen am »falschen« Instrument auch für sehr erfolgreich konzertierende linkshändige PianistInnen eine große Herausforderung darstellen kann, weiß die Linkshänderin Verena Börsch. RechtshänderInnen gelinge es über ihre dominante Hand am Klavier viel natürlicher und direkter, die musikalische Vorstellung umzusetzen und mit der »nötigen Kraft und

Brillanz zu spielen«[366]. LinkshänderInnen müssten dagegen ihre Emotionen umleiten, um die Stimme der rechten Hand zum »Leuchten« zu bringen. Sie selbst spürt deutlich: Ihre dominante linke Hand kann »ohne jegliche mentale Anstrengung« am Klavier viel besser »sprechen« und sich »ganz fein und in direkter Übereinstimmung mit [ihrer] Vorstellung artikulieren«[367].

Nach vielen Jahren intensiver und erfolgreicher Konzerttätigkeit werden ihr die Grenzen am Rechtshänderinstrument zunehmend bewusst. Dabei empfinde sie die Beschränkungen weniger in »technischer« als vielmehr in »psychischer« Hinsicht und leide – besonders seit ihrer Rückschulung zum Schreiben – darunter, dass die linke Hand mit ihrer letztlich untergeordneten Aufgabe am Klavier den emotionalen Ausgleich nicht herstellen kann. Sie erklärt:

»Und natürlich kann ich zwar Konzerte spielen, und dies auch mit Erfolg und positiven Kritiken, aber das für mich wirklich Wichtige ist: Die direkte, authentische und emotional ehrliche Kommunikation ist auf dem Rechtshänderinstrument nur eingeschränkt und unter großem mentalen und psychischen Zusatzaufwand möglich.«[368]

Um weiterhin mit Freude Musik machen und ihre Konzerttätigkeit fortsetzen zu können, wendet Börsch spezielle Übestrategien an, insbesondere das »mentale Üben«. Sie setzt sich außerdem mit den relevanten Klavierwerken geistig intensiv auseinander. Zusätzlich praktiziert sie seit vielen Jahren konsequent Entspannungsübungen und die Alexandertechnik.[369]

Die Kraft und Energie, um sich als LinkshänderIn an ein Rechtshänderinstrument anzupassen, können nicht alle Betroffenen aufbringen. Diese Situation wird bei solistisch Tätigen zusätzlich erschwert, die ständig im Fokus der öffentlichen Aufmerksamkeit stehen. Linkshändigen PianistInnen machen übersteigertes Lampenfieber und Aufführungsängste besonders zu schaffen. Viele linkshändige AmateurmusikerInnen vermeiden Bühnensituationen deshalb konsequent und spielen nur für sich. Eine begabte linkshändige Pianistin berichtete, dass sie aufgrund ihrer Linkshändigkeit ihr Konzertstudium aufgeben musste, da das solistische Auftreten sie zunehmend ängstigte. Sie setzte Klavier als Nebenfach in einem musikpädagogischen Studium fort. Eine weitere linkshändige Pianistin zog sich nach einem abgeschlossenem

---

[366] Mail vom 12.11.2018.

[367] Ebd.

[368] Ebd.

[369] Vgl. Kapitel 2.2 »Gesund und gut musizieren – auf dem Rechtshänderinstrument?«

Klavierstudium ganz von öffentlichen Auftritten zurück und unterrichtete seither ausschließlich. Was der linkshändige Pianist Ketil Björnstad schreibt, mag auch für andere Betroffene sprechen: »Ich hatte nie das Bedürfnis, mich hervorzutun. Hätte ich die Wahl, würde ich am liebsten auf dem Podium hinter einem Vorhang spielen.«[370]

Der kanadische Pianist Glenn Gould gab im April des Jahres 1964 sein letztes öffentliches Konzert und zog sich danach ins Aufnahmestudio zurück. Sein Biograph weiß, dass Gould sich, »gesundheitlich angeschlagen und ängstlich, wie er war«[371], bei Live-Auftritten vor Publikum äußerst unwohl fühlte. Außerdem habe sich gezeigt: »Lampenfieber und Adrenalin torpedierten oft seine sorgfältig vorbereiteten musikalischen Interpretationen.«[372] Gould selbst räumte in einem Interview im Jahr 1969 ein, dass ihn das Konzertieren »gründlich krank«[373] gemacht habe. So bedeutete das Aufnahmestudio für ihn einen Schutzraum, in dem er sich unabhängig von Publikum und KritikerInnen als Künstler frei entfalten konnte. Die Arbeit im Tonstudio gab ihm die Möglichkeit, an der Interpretation eines Werkes zu feilen und die für ihn zufriedenstellende Version schließlich zu konservieren. Bei der Beschäftigung mit dem Leben und der Persönlichkeit Glenn Goulds drängt sich die Vermutung auf, dass sein Rückzug von der Bühne auch mit seiner Linkshändigkeit zusammenhing. Als linkshändigen Pianisten, der sich an ein Rechtshänderinstrument anpassen musste, begleiteten ihn vermutlich eine ständige Unsicherheit und die Angst, in Gegenwart kritischer ZuhörerInnen seinen eigenen musikalischen Ansprüchen nicht genügen zu können.

3.5 Klaviere für Linkshänder?

Christopher Seed

Der linkshändige britische Konzertpianist Christopher Seed ließ sich im Jahr 1997 von der Firma Poletti & Tuinman in Utrecht, Holland, das erste Linkshänderklavier bauen. Es ist der spiegelbildliche Nachbau eines Hammerflügels von 1826 mit einem Tonumfang von 6,5 Oktaven, größentechnisch etwa mit einem Cembalo vergleichbar.[374] Im

---

[370] Björnstad, Mein Weg zu Mozart, S. 374.

[371] Bazzana, Glenn Gould – Die Biographie, S. 149.

[372] Ebd.

[373] Ebd., S. 146.

[374] Die Spiegelachse bildet das mittlere »d« des Klaviers. Bei einem gespiegelten Instrument ist die Tastenfolge, beginnend rechts vom mittleren d': c, d, e, f, g usw. in der Spielrichtung von rechts nach links.

Unterschied zu einem modernen Klavier oder Flügel sind die Tasten kürzer und etwas schmaler, wodurch der Anschlag leichter ausfällt. Da das Instrument ein wesentlich geringeres Gewicht als ein moderner Flügel hat, kann Seed es leicht transportieren und an verschiedenen Orten damit konzertieren. Bei einer Vorführung im Jahr 2009 erklärte er, wie es zur »Rückschulung« auf dem Klavier gekommen war.[375] Während des Studiums empfahl ihm sein Professor, er solle doch üben, mit der rechten Hand die linke Hand zu kopieren, weil die linke Hand deutlich überlegen gewesen sei. Dies habe jedoch nicht funktioniert, obwohl er es auf alle Arten probiert habe, sogar vor dem Spiegel. Die rechte Hand ließe sich zwar entwickeln, die linke blieb jedoch einfach die »bessere« Hand. Irgendwann habe er bei einem Klavierkonzert eines berühmten Pianisten mit geschlossenen Augen innerlich mitgespielt und bemerkt, dass er in seiner Vorstellung das Spiel des Konzertierenden spiegelte. Er begann das scheinbare Naturgesetz in Frage zu stellen, dass die hohen Töne von der rechten und die tiefen Töne von der linken Hand gespielt werden müssten. Daraufhin experimentierte er eine Weile mit einem durch ein »MIDI-Modul« gespiegelten elektronischen Keyboard. Die Umstellung gelang ihm sofort, und auf dem echten Linkshänderklavier konzertierte er bereits nach vier Monaten. Sein Spiel hatte sich schlagartig verbessert und war ihm sogleich viel natürlicher erschienen. Außerdem konnte er sich am gespiegelten Klavier Stücke erarbeiten, zu denen er auf dem Rechtshänderklavier nie einen Zugang gefunden hatte. Als wichtigste Erfahrung empfand er, »dass er jetzt mehr Gewicht auf seine geschicktere linke Hand platzieren« und »Melodien […] mit größerem Einfühlungsvermögen interpretieren«[376] konnte.

Christopher Seed besitzt die besondere Gabe, spontan zwischen einem Linkshänderklavier und einem Rechtshänderklavier hin- und herwechseln zu können, was er auch bei Konzerten demonstriert. Er empfindet das Spielen in verschiedene Richtungen als hilfreiches Training für sein Gehirn.[377] Seed ist auch pädagogisch tätig und unterrichtet

---

[375] Vgl. Eva Hartmann, Zum Seminar und der Musikdarbietung von Christopher Seed: Ausführungen und Spiel auf seinem gespiegelten Linkshänderklavier (Fachtagung der Linkshänder-BeraterInnen mit dem Schwerpunktthema »Linkshändigkeit in der Musik«, Bad Soden-Salmünster am 18.09.2009). <https://lefthander-consulting.org/deutsch/information/musik-und-linkshaendigkeit/quellen-und-literaturangaben-zu-musik-und-linkshaendigkeit/zum-seminar-und-der-musikdarbietung-von-christopher-seed-2/html>, 18.03.2020.

[376] Jäncke, Macht Musik schlau? Neue Erkenntnisse aus den Neurowissenschaften und der kognitiven Psychologie, S. 156.

[377] Vgl. ebd., S. 318. Nur für die wenigsten PianistInnen ist allerdings ein spontanes Umstellen der Spielrichtung möglich. Jäncke sieht den Zusammenhang darin, dass sich in den Gehirnstrukturen durch das Training am Instrument »die Assoziationen zwischen den visuellen Reizen

linkshändige SchülerInnen am Linkshänderklavier. Seiner Meinung nach müssen die Noten nicht verändert werden – die linke Hand spielt die Noten der oberen Notenreihe und die rechte Hand die Noten der unteren Notenreihe. Auch die Fingersätze der rechten Hand werden von der linken Hand übernommen und umgekehrt.

Geza Loso

Der Linkshänder Geza Loso wurde in seiner Heimatstadt Budapest zum Konzertpianisten und Klavierlehrer ausgebildet. Schon während seines Musikstudiums bemerkte er, dass er »als Linkshänder mit einer melodieführenden rechten Hand seiner Musik nicht den Ausdruck verleihen könnte, den er empfand.«[378] In Ermangelung eines Linkshänderklaviers versah er ein Holzbrett mit einer gespiegelten Tastatur (also mit den »hohen Tönen« links und den »tiefen Tönen« rechts) und spielte in seiner Vorstellung links herum. Dies erweckte in ihm den Wunsch, auch in der Realität nur noch links herum zu spielen. Nach seiner Übersiedelung nach Deutschland verfolgte er das Projekt eines Linkshänderflügels, das aber zunächst an technischen Schwierigkeiten und zu hohen Kosten scheiterte. Für kurze Zeit spielte er auf einem Keyboard, bei dem die Tastenbelegung mittels »MIDI-Modul« gespiegelt war, was ihn jedoch nicht zufriedenstellte. Im Jahr 2000 baute schließlich die Firma Blüthner in Leipzig für ihn den weltweit ersten modernen Linkshänderkonzertflügel. Geza Loso entwickelte bald darauf ein gespiegeltes Notensystem für LinkshänderInnen. Seine Auffassung ist: »Mit der neuen Notation verarbeitet der Kopf rhythmische Signale schneller. Die Richtung der Fingerbewegung stimmt jetzt mit dem Notenbild überein.«[379] In Trier, wo er seit vielen Jahren lebt und arbeitet, spielen linkshändige SchülerInnen mit Hilfe der gespiegelten Notation auf dem Linkshänderinstrument.

Geza Loso scheint die Umstellung auf das Linkshänderklavier als ebenso positiv empfunden zu haben wie Christopher Seed. Seitdem er auf dem Linkshänderflügel spiele, fühle er sich »wie befreit«[380]. 50 Jahre lang habe er falsch herum gespielt; links zu spielen sei ein völlig anderes Gefühl – »viel emotionaler und dynamischer«[381].

(Noten und Tastenpositionen) mit den motorischen Programmen etabliert« haben. Vgl. ebd., S. 155.

[378] Stein, »Klavierkonzerte für die linke Hand – Klavier für Linkshänder?«, S. 93.

[379] Geza Loso, Über mich, in: *Loso – Pianos auch für Linkshänder. Über mich.* <https://geza-loso.de/index.php/ueber-mich-299.html>, 07.10.2019.

[380] Stein, »Klavierkonzerte für die linke Hand – Klavier für Linkshänder?«, S. 93.

[381] Vgl. ebd.

Linkshänderklavier – eine Option für linkshändige PianistInnen?

Eine Umstellung auf ein gespiegeltes Tasteninstrument ist prinzipiell für jede/n Klavierspielerin möglich, zumal die Art und Weise der Hand- und Fingerbewegungen nicht verändert, sondern der Bewegungsablauf »nur« gespiegelt werden muss. Ob eine übliche Notation auf das gegenläufige Spiel übertragen werden kann oder ob dazu eine gespiegelte Notation notwendig ist, bleibt der individuellen Entscheidung des/der PianistIn überlassen.

Die Firma Blüthner in Leipzig hat inzwischen serienmäßig qualitativ hochwertige Digitalpianos auf den Markt gebracht, die auf Linksspielen umgestellt werden können. Auf Knopfdruck werden die Tastatur sowie die Pedale umgedreht, so dass die letzte Taste rechts dann ein tiefes e ist. Für linkshändige AmateurpianistInnen stellt ein solches Instrument eine realistische Möglichkeit dar. Manche Betroffene haben sogar mit einfacheren Keyboards und vorgeschaltetem Tastenspiegel positive Erfahrungen gemacht. Für konzertierende klassische PianistInnen bleibt jedoch das Problem der Verfügbarkeit eines Linkshänderflügels in Konzertsälen und auf Podien. Und dass Konzertflügel für LinkshänderInnen gar in Musikhochschulen zur Verfügung stehen, dürfte noch für viele Jahre ein Traum bleiben.

Jede/r PianistIn muss seinen/ihren eigenen Weg finden, um als LinkshänderIn erfolgreich konzertieren zu können. Einige MusikerInnen mögen keine Probleme auf dem Rechtshänderklavier empfinden. Andere spezialisieren sich auf eine nicht »klassische« Musikrichtung oder wählen für ihr Konzertrepertoire Werke aus, in denen sie ihrer dominanten linken Hand eine musikalisch gleichberechtigte oder sogar führende Rolle geben können. Manche PianistInnen wenden gezielte Übetechniken und Entspannungsmethoden an, um einen technischen und emotionalen Ausgleich zwischen den Aufgaben der beiden Hände herzustellen. Manche Betroffene müssen jedoch das öffentliche Klavierspiel ganz aufgeben, weil sie die dauerhafte Anstrengung der Anpassung an ein Rechtshänderinstrument nicht leisten können.

4. Instrumentalpädagogik für LinkshänderInnen?

4.1 Leitlinien und Grundeinstellungen in der Musikpädagogik

Jedes Kind wird durch Musik bewegt und ist in dem Sinne »musikalisch«, dass es ein Potenzial in Bezug auf Musik in sich trägt. Ob die ihm innewohnende Anlage sich entfalten kann, hängt allerdings entscheidend von der Umgebung des Kindes ab. Eltern, PädagogInnen, und TherapeutInnen wissen, dass die Musik einen wichtigen Beitrag zur kindlichen Entwicklung leisten kann. Vor allem aktives Musizieren – Singen, Tanzen sowie das Spielen eines Musikinstrumentes – ist Ausdruck von Lebendigkeit und fördert zugleich die Wahrnehmung, die Phantasie, die Kreativität und nicht zuletzt die Erfahrung der »Selbstwirksamkeit«.[382]

Die allgemein anerkannte pädagogische Haltung achtet das Wohlergehen des Kindes, die freie Entfaltung seiner Fähigkeiten und die Ausbildung seiner Identität. Ebenso verpflichtet sich die Musikpädagogik einer Förderung der allgemeinen Persönlichkeitsbildung. Der Bildungsplan Musik für die Elementarstufe/Grundstufe, herausgegeben vom Verband deutscher Musikschulen 2010, stellt den Musikunterricht in den Rahmen eines »ganzheitlichen Menschenbildes«: »Insofern der Umgang mit Musik den ganzen Menschen, seine Wahrnehmung, sein Denken, seine Motorik und seine Emotionen erfordert, erscheint es evident, dass gerade die Musik einen wesentlichen Beitrag zur Bildung des Menschen leisten kann.«[383]

Eine tragende Rolle bei der Vermittlung von Musik hat die Person des/der MusikpädagogIn. Diese orientiert sich einerseits an den aktuellen pädagogischen Ansätzen und Leitbildern und bringt andererseits immer auch sich selbst mit dem persönlichen Anliegen in die Arbeit ein. Eine vertrauensvolle Beziehung zwischen Lehrkraft und SchülerIn ist deshalb entscheidend für den Lernerfolg. Auf der Grundlage der Liebe zur Musik zeichnet es eine gute Lehrperson aus, »den Blick auf Gutes und Liebenswertes im Schüler bzw. der Schülerin zu richten, ihm oder ihr empathisch gegenüberzutreten.« Für Instrumentallehrkräfte sei es wichtig, jederzeit die »Fühler ausgestreckt zu

---

[382] Vgl. Wilfried Gruhn, »Ist unser Kind musikalisch? Zum Umgang mit gesellschaftlichen Vorstellungen von musikalischer Begabung und Frühförderung«, in: Kinder für Musik begeistern, hrsg. von Dorothée Kreusch-Jacob, München 2009, S. 14f.

[383] Michael Dartsch, »Musikalische Bildung in der Elementarstufe/Grundstufe. Grundlegende Aspekte der Elementaren Musikpädagogik«, in: *Bildungsplan Musik für die Elementarstufe/Grundstufe*, hrsg. vom Verband deutscher Musikschulen, Bonn 2010, S. 16. <https://www.stmas.bayern.de/imperia/md/content/stmas/stmas_inet/kinderbetreuung/3.7.2.4.3_grundstufe.pdf>.

haben, das heißt Schülerinnen und Schüler umfassend wahrzunehmen«[384]. Zur umfassenden Wahrnehmung eines Kindes gehört auch seine Händigkeit, die einen wesentlichen Teil der Persönlichkeit ausmacht. Die Qualität der Zusammenarbeit der Bereiche Kognition, Wahrnehmung, Feinmotorik und Emotionen ist wesentlich davon bestimmt, dass die Handdominanz zum Tragen kommt. Daher sollte gerade im Musikunterricht, in dem es um die ganzheitliche Förderung eines Kindes geht, die Händigkeit eine wichtige Rolle spielen.

4.2 Die Händigkeit und das »Wohlgefühl« des Kindes beim Musizieren

Wenn Kinder sich normal entwickeln und unvoreingenommen ihren spontanen Bewegungsimpulsen folgen dürfen, so zeigt sich ihre natürliche Handdominanz. Linkshändige Kinder sind im Vergleich zu rechtshändigen in ihrem gesamten Körpergefühl »anders herum« ausgerichtet. Demzufolge bewegen sie sich gern mit der linken Seite voran und drehen sich vorzugsweise im Uhrzeigersinn. Auch ein Musikinstrument spielen oder simulieren linkshändige Kinder so, wie es ihrer Händigkeit entspricht: Beim Trommeln, Rasseln, Zupfen von kleinen Instrumenten in der musikalischen Früherziehung führen sie mit der linken Hand, und sie halten und spielen eine Gitarre, Geige oder Querflöte in der Regel links herum. Ein Kind handelt dabei authentisch und verhält sich am Musikinstrument intuitiv so, wie es dies als passend empfindet. Das damit verbundene Wohlgefühl bildet eine wichtige Grundlage für späteres gesundes und leistungsfähiges Musizieren.

Dass ein ungutes Körpergefühl beim Musizieren in der Kindheit tiefe Spuren hinterlassen kann, auch wenn dies den musikalischen Erfolg nicht beeinträchtigt hat, beschreibt eindrücklich die schottische Violinistin Nicola Benedetti:

»Ich konnte nicht aufhören zu weinen, da ich ein schüchternes kleines Mädchen war, auch noch Linkshänderin, und mein Instrument falsch herum hielt und mich dabei schrecklich unwohl fühlte.«[385]

Selbstvertrauen in Bezug auf die eigene Musikalität kann sich nur auf der Grundlage eines Wohlgefühls entwickeln. In der Linkshänderberatung mit Erwachsenen taucht häufiger der Satz »Ich bin nicht musikalisch« auf. Meist ist er verbunden mit dem

---

[384] Katharina Bradler, »>Kompetenzen‹ von Instrumentallehrkräften. Oder besser: Was zeichnet eine gute Lehrperson aus?«, in: *Üben & Musizieren* 6/2016, S. 42f.

[385] Zitiert nach: Stenger/Tiefenthal, Deine bessere Hälfte. Warum wir Rechts- oder Linkshänder sind und was das für unser Leben bedeutet, S. 175.

Bedauern, dass man es auf einem bestimmten Instrument nicht weit gebracht und den Unterricht nach einigen Jahren erfolglosen Spiels abgebrochen habe. Offensichtlich hängt diese Selbstabwertung damit zusammen, dass die betroffenen LinkshänderInnen oder zum Schreiben umgeschulte LinkshänderInnen ein Instrument nicht ihrer Händigkeit entsprechend lernen durften. Auch einige Eltern berichten, dass ihre linkshändigen Kinder »keine Lust« mehr und den Instrumentalunterricht beendet hätten, da sie wohl »unmusikalisch« seien. Eine 14-jährige Linkshänderin erzählte: »Ich habe mal Geige gespielt, aber das war nichts, ich bin wohl nicht musikalisch«. Beim Trommeln mit anderen Jugendlichen im Rahmen eines Workshops spielte die 14-Jährige wie selbstverständlich mit der linken Hand führend und zeigte sich rhythmisch sicher und durchaus musikalisch. Es drängt sich der Verdacht auf, dass der Grund für den frühen Abbruch ihres Geigenunterrichts darin liegt, dass sie als Linkshänderin auf der »normalen« Geige ihre Musikalität nicht umsetzen konnte. Im Gespräch mit einer Mutter erfuhr ich, dass ihr linkshändiger Sohn (sechs Jahre alt) unbedingt Gitarre lernen wollte. Nachdem er es kurze Zeit (in »normaler« Spielposition) in der Musikschule ausprobiert hatte, machte es ihm keinen Spaß mehr. Mutter und Sohn meinten, dass er nicht musikalisch sei, und er brach den Musikunterricht ab. Später (mit acht Jahren) begann er mit dem Unterricht auf einer Linkshändergitarre und hatte viel Freude am Spiel.

Es mag zahlreiche Faktoren geben, die zu musikalischen »Niederlagen« führen. Mehrere Beispiele dieser Art legen jedoch nahe, dass es sich bei den »Abbrechern« nicht selten um linkshändige Kinder oder Jugendliche handelt, die sich beim Musizieren auf dem Rechtshänderinstrument nicht wohl fühlen und bei denen sich trotz großer Bemühungen nicht die erwarteten Fortschritte einstellen. Zurück bleibt dann ein negatives Gefühl, wenn nicht sogar die selbstabwertende Erkenntnis »Ich bin unmusikalisch«.

Wenn ein linkshändiges Kind ein Instrument anders herum hält und spielt, so sollte es nicht in seinem spontanen Gefühlsausdruck gebremst werden. Wird korrigierend in den Handgebrauch eingegriffen, so bewirkt dies nicht nur, dass die Freude am Musizieren gedämpft wird – es ist zugleich als Eingriff in das Recht des Kindes auf freie Entfaltung seiner Persönlichkeit zu bewerten.[386] Leider ist manchen PädagogInnen nicht bewusst, was sie bewirken, wenn sie die Körpersignale eines Kindes übergehen. Ulf Prelle, Cellist und Pädagoge, schreibt in seinem Buch »Leichtigkeit« (2015), dass linkshändige SchülerInnen ihren Cellobogen zwar gern in die linke Hand nehmen, dass

---

[386] Vgl. Mengler, Musizieren mit links. Linkshändiges Instrumentalspiel in Theorie und Praxis, S. 24f.

es aber das »erste große Ziel des Anfangsunterrichts«[387] sein solle, das Kind dazu zu bringen, den Bogen mit der rechten Hand zu führen. Wenn eine Lehrkraft ein offensichtlich linkshändiges Kind gleich zu Beginn seiner musikalischen Ausbildung so manipuliert, dass sie versucht, seine »natürliche Präferenz« auf die rechte Seite »umzulenken«[388], dann stellt dies eine klassische Umschulung der Händigkeit dar. Prelle nennt diese Intervention sogar selbst eine »Umpolung«.[389] Seine Sprache und seine Begrifflichkeiten implizieren subtile Umerziehungsmaßnahmen bei LinkshänderInnen (bezogen auf das Schreiben mit der »richtigen« Hand), die leider nicht nur vergangenen Zeiten anzugehören scheinen.

4.3 Die pädagogische Verantwortung

Im Sinne ihrer pädagogischen Verantwortung sollte sich eine Instrumentallehrkraft mit dem Thema Linkshändigkeit und den Auswirkungen der Handdominanz auf das Instrumentalspiel befassen. Das Wissen darüber gehört auch in die Ausbildung an den Musikhochschulen. Nur mit den entsprechenden Kenntnissen kann eine Lehrkraft das Verhalten der SchülerInnen einordnen und erkennen, welche der vielleicht auftretenden Schwierigkeiten bezüglich Körperhaltung, Technik, Koordination, Tongebung oder Ausdruck ihren Grund in der Linkshändigkeit des/r SchülerIn haben, der/die auf einem nicht passenden Instrument spielt.

Eine Instrumentallehrkraft sollte auch die Möglichkeit des seitenvertauschten Spiels kennen, die bei vielen Instrumenten inzwischen praktikabel ist. Zu Anfang des Unterrichtes ist es sinnvoll, die SchülerInnen ausprobieren zu lassen, mit welcher Seite sie sich wohler fühlen. Die Instrumentallehrkraft wird das Für und Wider in Bezug auf die passende Spielhaltung abwägen, um dann gemeinsam mit dem Kind und den Eltern eine Lösung zu finden. Familiäre Umstände, Erwartungen an das Kind, die Persönlichkeit des Kindes – ob es sich eher anpassen möchte oder ob es die Willenskraft besitzt, sich gegen Widerstände durchzusetzen – all dies spielt für eine solch weitreichende Entscheidung eine Rolle.

Eine pädagogische Verantwortung wahrzunehmen, kann für die Lehrkraft auch bedeuten, einem linkshändigen Kind vom Linksspielen abzuraten. Auch dafür kann es

---

[387] Prelle, Leichtigkeit. Eine ergänzende Streichermethodik zur Befreiung der rechten und linken Hand, S. 95.

[388] Vgl. ebd., S. 69.

[389] Vgl. ebd., S. 95.

Gründe geben. In jedem Fall sollten den PädagogInnen geeignete Methoden und Übungen zur Verfügung stehen, mit denen LinkshänderInnen in ihrer musikalischen Entwicklung am Rechtshänderinstrument unterstützt werden können. Dies kann eine alternative Herangehensweise beim Klavier sein, die der linken Hand mehr Raum gibt; dies können beim Streichinstrument spezielle Bogenübungen sein. Allgemein können auch Koordinationsübungen und Übungen zur Spannungsreduzierung eingesetzt werden. PädagogInnen sollten stets berücksichtigen, dass es für die Betroffenen zumindest einen Mehraufwand, wenn nicht sogar eine sehr große Anstrengung bedeutet, entgegen ihrer Handdominanz zu musizieren.

Zum Instrumentalunterricht gehört in der Regel auch das Vorspielen vor anderen. Eine der Herausforderungen beim Instrumentalspiel ist der Umgang mit dem »Lampenfieber«. Wenn sich eine Lehrkraft bewusst ist, dass für LinkshänderInnen das Spielen eines Rechtshänderinstrumentes eine »Umschulung« mit entsprechenden Folgen bedeuten kann, dann wird sie auch die häufig übersteigerte Nervosität der betroffenen SchülerInnen verstehen und darauf eingehen. Die Lehrkraft wird der Vorbereitung auf ein Vorspiel entsprechend mehr Zeit widmen. Sie kann dafür sorgen, dass schwierige Stellen sich bestmöglich eingeprägt haben, dass die Abläufe verlässlich sitzen, dass sich Zeit zum Einstellen auf das Musikstück genommen wird, dass verschiedene Szenarien wie Auftreten, Kleidung, Verbeugen eingeübt und besonders auch der Umgang mit Fehlern immer wieder durchgespielt werden. Auf solche sicheren Rahmenbedingungen sind die »umgeschulten LinkshänderInnen« in besonderer Weise angewiesen.

4.4 Wie geht »Musizieren mit links«?

InstrumentalpädagogInnen, die sich mit dem Thema Händigkeit beschäftigen, werden die Möglichkeit des Linksspielens in Betracht ziehen. Als Voraussetzung dafür bedarf es zunächst einer Klarheit über die natürliche Händigkeit des Kindes oder Jugendlichen. Eine Lehrkraft kann diese bei den Eltern oder dem Kind selbst zu Beginn des Unterrichtes erfragen. Meist lässt sich eine Linkshändigkeit auch durch gezielte Beobachtung in der Unterrichtssituation erkennen. Im spontanen »Drauflosspielen« und auch im pantomimischen Spiel zeigt ein Kind in der Regel deutlich, wenn es linkshändig ist. Als »Luftinstrumente« eignen sich die Gitarre, Streichinstrumente und auch Querflöte oder Posaune. Dies sind Instrumente, bei denen große Bewegungen erforderlich und eindeutige Richtungen erkennbar sind. Aufschluss über die Händigkeit gibt auch das »Malen« mit der Blockflöte in der Luft oder das Öffnen von Etuis. Bei Streichinstrumenten fällt auf, dass linkshändige Kinder einen Bogen mit der linken Hand greifen, wenn sie ihn angereicht bekommen. Zum Klavierspiel verwendet ein linkshändiges Kind zunächst überwiegend oder ausschließlich die linke Hand. Ist die Händigkeit nicht eindeutig erkennbar, sollte eine Fachkraft für Händigkeitsfragen hinzugezogen werden.

Wenn die Entscheidung für das Spiel auf einem Linkshänderinstrument getroffen ist, braucht ein Kind in jedem Fall den wohlwollenden Rückhalt der Lehrkraft. Erfreulicherweise bestärken viele Intrumentallehrkräfte – selbst gegen Widerstände – ihre SchülerInnen: »So wie diese/r SchülerIn spielt, ist es ganz normal«. Sehr wichtig für die betroffenen Kinder ist, dass auch die Eltern zustimmen und es ihnen ermöglichen, ihr Instrument links herum zu spielen. Viele Eltern nehmen dafür Mühen und nicht selten auch finanzielle (Mehr-)Belastungen in Kauf. Wenn alle Bezugspersonen in gemeinschaftlicher Verantwortung handeln, wirkt sich dies entlastend auf das Kind aus, und es kann ganz natürlich und selbstbewusst mit seiner Linkshändigkeit umgehen.

Nicht zuletzt sind die Überlegungen, ob ein Kind rechts oder links spielt, vom Instrument selbst abhängig. Eltern betroffener Kinder und Instrumentallehrkräfte sollten wissen, dass es Linkshänderinstrumente gibt und dass es bei den meisten Instrumenten prinzipiell möglich ist, sie für linkshändigen Gebrauch umzustellen.[390] Es kann dennoch sein, dass ein Kind sich gegen sein bevorzugtes Instrument entscheiden muss, weil dieses für LinkshänderInnen nicht geeignet oder nicht umbaufähig ist.

Lehrkräfte, die bereit sind, eine neue Perspektive einzunehmen, gewöhnen sich schnell daran, beim Unterrichten von Streichinstrumenten oder der Gitarre die Bezeichnungen »rechte Hand« und »linke Hand« durch »Bogenhand« bzw. »Zupfhand« und »Greifhand« zu ersetzen. Bei Blasinstrumenten können die Begriffe »untere Hand« bzw. »äußere Hand« und »obere Hand« bzw. »innere Hand« verwendet werden.[391] Einige Lehrkräfte für Streichinstrumente oder Zupfinstrumente empfinden es als hilfreich, gegenüber stehend zu unterrichten, so dass die linkshändigen SchülerInnen die Bewegungsabläufe spiegelbildlich nachahmen können. Dennoch ist nicht zu leugnen, dass es für Lehrkräfte einen Mehraufwand bedeutet, sich methodisch auf linkshändige SchülerInnen einzustellen oder z.B. ein Saiteninstrument zu stimmen, wenn sie dabei »gespiegelt« denken müssen. Lehrkräften, die dies auf sich nehmen, jedoch in einem regulären Musikschulbetrieb damit häufig allein gelassen werden, gebührt großer Respekt.

---

[390] Ausführungen zu den einzelnen Instrumenten finden sich im folgenden Kapitel 4.5 »LinkshänderInnen in der Musikschule – Beobachtungen aus der Praxis«.

[391] Vgl. Mengler, Musizieren mit links. Linkshändiges Instrumentalspiel in Theorie und Praxis, S. 128.

4.5 LinkshänderInnen in der Musikschule – Beobachtungen aus der Praxis

4.5.1 Musikerziehung im Vorschul- und Grundschulalter

Viele Kinder sammeln ihre ersten musikalischen Erfahrungen neben dem Elternhaus bereits in der Eltern-Kind-Gruppe, im Kindergarten oder in der Musikalischen Früherziehung an der Musikschule. Die wesentlichen Elemente dieser Unterrichtsformen sind Hören, Singen und Bewegung. Auch das rhythmische und klangliche Spiel mit elementaren Musikinstrumenten und später das Kennenlernen von »richtigen« Musikinstrumenten gehören dazu. Die ganzheitliche Entwicklung des Kindes wird mit dieser Art des spielerischen Musikunterrichts besonders gefördert.

Im Vorschulalter sollte die Händigkeit eines Kindes ausgeprägt sein, und so wird die Handbevorzugung auch normalerweise beim Musizieren, insbesondere wo es um spontanen, freudigen Ausdruck in Bewegung und Spiel geht, deutlich und für die Lehrkraft sichtbar.

Beim Singen, das mit Gesten begleitet wird, benutzt ein linkshändiges Kind normalerweise die linke Hand zuerst, beim Gebrauch des Orff-Instrumentariums, wie es in der vorschulischen Musikerziehung verwendet wird, führt ein linkshändiges Kind mit der linken Hand: Es schlägt die Trommel mit links, es greift die Rassel links, hält beim Schlagen mit den Klanghölzern (Claves) die linke Hand oben und wird den Stab der Triangel von sich aus zunächst in die linke Hand nehmen. Beim Trommeln und bei Stabspielen, die in der Regel im Wechsel der beiden Hände ausgeführt werden, ist es wichtig, dass eine Hand führt. Dies bringt eine rhythmische Ordnung ins Spiel. Wenn das Kind korrigiert wird, weil es die linke Hand führend einsetzt, oder wenn die Lehrkraft das Instrument mit der rechten Hand führend vorspielt, wird das Kind in der Bewegungskoordination durcheinander geraten. Wenn ein Kind beim Musizieren seine natürlichen Impulse unterdrücken muss, wenn es seine Bewegungen immer wieder kontrollieren und korrigieren muss, wird es in seinem lebendigen Ausdruck gebremst. Um die Weichen für die weitere musikalische Entwicklung richtig zu stellen, ist es deshalb wichtig, Kinder im Bereich der musikalischen Früherziehung auf ihre Handbevorzugung hin zu beobachten.

Kinder in der Musikalischen Früherziehung

Ein weiteres wesentliches Element der frühkindlichen Musikerziehung ist die Bewegung. Hört ein Kind Musik, bewegt es sich ganz intuitiv – es braucht dazu zunächst nichts zu lernen. Im Bewegungsverhalten linkshändiger Kinder lässt sich beobachten, dass diese meist eine Drehrichtung im Uhrzeigersinn bevorzugen, die gespiegelt zu der von RechtshänderInnen ist. Damit zusammen geht bei Bewegungs- und Schrittfolgen der linke Arm bzw. der linke Fuß voran. Von daher haben diese Kinder in einer Gruppe bei Choreographien mit auf RechtshänderInnen ausgerichtete Schrittfolgen und Drehbewegungen häufig Schwierigkeiten. Sie fallen bei ErzieherInnen und GruppenleiterInnen negativ auf, weil sie alles »falsch herum« machen.

So war es auch Katharina ergangen, die im Alter von elf Jahren in meine Praxis kam. Die Eltern hatten berichtet, dass ihre musikbegeisterte Tochter im Vorschulalter in einer Tanzgruppe als »ungeschickt« abgestempelt worden war, weil sie sich nicht an die rechtsdominante Bewegungsrichtung anpassen konnte. Dies hatte zur Folge, dass sie keinen Anschluss an die Gruppe fand. Vor Schulbeginn war somit ihr Selbstwertgefühl, nicht nur in Bezug auf Musik, bereits gestört. Ich ermunterte sie, mir einmal zu zeigen, wie sie tanzt. Zu ihrer Lieblingsmusik erfand sie ganz allein koordinierte, fließende und rhythmisch sichere Tanzbewegungen – stets mit der linken Seite voran. Ohne Einfluss von außen ging sie ganz in der Musik und im »Flow« ihrer Körperbewegungen auf.

MusikerzieherInnen, die das Bewegungsverhalten eines Kindes genau beachten, können daraus Schlüsse auf dessen Händigkeit ziehen. Es ist pädagogisches Einfühlungsvermögen und Kreativität gefragt, damit sich das betreffende Kind in die Gruppe integrieren lässt, ohne dass es sich »falsch« fühlt.

Im Anschluss an die Musikalische Früherziehung bieten einige Musikschulen als spielerischen Übergang zum Instrumentalunterricht eine »Orientierungsstufe« an. Neben dem Hauptinstrument (aus einer Instrumentengruppe Blockflöte, Tasten, Streicher), welches das Kind wählt, werden allgemeine musikalische Lernfelder vertieft und Orff-Instrumente eingesetzt. Der Unterricht findet häufig in Kleingruppen statt. Grob- und feinmotorische Körperübungen, Singen, rhythmisches Sprechen und das erste instrumentale Musizieren macht den Kindern in der Gemeinschaft Spaß, wirkt motivierend und fördert die Konzentration. Gerade im Gruppenunterricht dieser Art können jedoch linkshändige Kinder in einen Konflikt geraten und verunsichert werden. Einerseits wollen sie die Vorübungen für das Instrumentalspiel ihrem linksdominanten Körpergefühl entsprechend ausführen. Andererseits sollen sie möglicherweise ein »richtiges« Instrument rechts führend spielen. Eine Lehrkraft sollte hier viel Feingefühl zeigen und mit den Eltern gemeinsam beraten, ob dem Kind ein Linkshänderinstrument angeboten werden soll.

Aktives Musizieren spielt auch in allgemeinbildenden Schulen eine wichtige Rolle. Was die Linkshändigkeit betrifft, so findet diese allerdings in den meisten Lehrplänen für die Grundschulen der Bundesländer keine Beachtung. Ein positives Beispiel stellt der Lehrplan für die Bayerische Grundschule 2014 dar, in dem z.B. eine Passage lautet: »Die Schülerinnen und Schüler [...] wenden einfache Spieltechniken und Begleitformen auf dem Orff-Instrumentarium unter Berücksichtigung von Links- oder Rechtshändigkeit an.«[392] Besonderes Augenmerk sollte allerdings auf die Konsequenzen gelegt werden, die sich daraus ergeben: Linkshändige SchülerInnen, die auf dem Orff-Instrumentarium links führend spielen, werden möglicherweise Schwierigkeiten bekommen, wenn sie im Klassenverband die Blockflöte erlernen sollen oder auf ein anderes Instrument außerhalb der Schule wechseln und dabei die Linkshändigkeit keine Berücksichtigung findet.

---

[392] »LehrplanPlus Grundschule« (Lehrplan für die Bayerische Grundschule), S. 288.

4.5.2 Streichinstrumente

Schwierigkeiten bei LinkshänderInnen?

In der Streicherpädagogik wird das Thema Linkshändigkeit besonders häufig diskutiert. Dies hat vor allem damit zu tun, dass gerade bei Streichinstrumenten in Bezug auf die »richtige« Spielweise die Orchesterkultur so bestimmend ist.

Unter Instrumentallehrkräften finden sich viele unterschiedliche Aussagen dazu, ob oder wie sich die Händigkeit beim Spielen eines Streichinstrumentes auswirkt. Einige PädagogInnen meinen, dass es doch »gleich« sei, ob man LinkshänderIn oder RechtshänderIn sei, da beide Hände höchst anspruchsvolle Aufgaben zu bewältigen hätten. Vielfach hört man auch: LinkshänderInnen können sich anpassen, sie müssten einfach mehr Bogentechnik üben. Auch das Argument, dass LinkshänderInnen sogar im Vorteil seien, wird nicht selten vorgebracht. Sie seien grifftechnisch sicherer, beherrschten mit der linken Hand das Vibrato besser als RechtshänderInnen.

Häufiger als angenommen erkennen Instrumentallehrkräfte jedoch Schwierigkeiten bei linkshändigen Geigen- und CelloschülerInnen, die mit der Händigkeit zusammenhängen.[393] Geigerin und Pädagogin Katharina Gebauer, selbst rechts spielende Linkshänderin, führte bereits als Studentin im Jahr 1998 eine Studie mit der Fragestellung »Linkshändigkeit im Violinunterricht – (k)ein Problem?« durch, die die Grundlage für ihre Diplomarbeit im Bereich Instrumentalpädagogik bildete.[394] Sie schickte dazu Fragebögen an Lehrkräfte des Faches Violine an 44 Musikschulen in Rheinland-Pfalz. Eine der Fragen an die Lehrkräfte lautete, ob es bei LinkshänderInnen im Vergleich zu RechtshänderInnen Unterschiede im Erarbeiten der Technik der linken Hand bezüglich Lagenwechsel, Geläufigkeit und Kraftaufwand gebe. Ungefähr ein Drittel der befragten Personen bejahte die Frage. Es wurde bestätigt, dass die Geläufigkeit der linken Hand durch eine zu hohe Festigkeit negativ beeinträchtigt werde. Andere PädagogInnen befanden dagegen, dass LinkshänderInnen mit der linken Hand grifftechnisch geschickter seien. Einigkeit unter den Lehrkräften bestand darin, dass linkshändige SchülerInnen sowohl in der linken als auch in der rechten Hand mit größerem Kraftaufwand spielen. Dadurch fehle es ihnen an Leichtigkeit. Die Frage, ob linkshändige SchülerInnen mit der Bogentechnik mehr Probleme als rechtshändige SchülerInnen haben, wurde wiederum von einem Drittel der Befragten bejaht. Die letzte Frage,

---

[393] Im Folgenden werde ich nur auf das Unterrichten von Geige und Cello eingehen, zu denen in Bezug auf Linkshändigkeit Erfahrungsberichte und Untersuchungen zugänglich waren. Die Thematik betrifft jedoch ebenso die Bratsche und den Kontrabass.

[394] Katharina Gebauer, »›Ich hatte irgendwie Pech mit den Linkshändern…‹. Linkshändigkeit im Violinunterricht – (k)ein Problem?!«, in: *Üben & Musizieren* 4/99, S. 43ff.

ob irgendein/e linkshändige/r SchülerIn die Violine »verkehrt herum« streiche, wurde verneint.

Was Gebauer in ihrer Umfrage herausfand, wurde von Mengler in seinen Artikeln und seinem Buch noch weit ausführlicher beschrieben. Die Thematik wurde auch im Rahmen weiterer Diplomarbeiten von Musikstudierenden aufgenommen und konnte in großen Teilen in den informellen Befragungen, die ich in den letzten Jahren durchführte, bestätigt werden. Die Schwierigkeiten, die im Streichinstrumentenunterricht am häufigsten beobachtet werden, betreffen die Bogenführung. Cellolehrerin Gabi Scheungraber erkennt bei LinkshänderInnen eine grundsätzliche Unsicherheit im Umgang mit dem Bogen in der rechten Hand:

»Linkshänder sind gewöhnlich nicht in der Lage, lange Bogenstriche mit rechts zu machen; es fällt auf, dass sie im ›Sicherheitsbereich‹ am Frosch bleiben und eher kleine ›Kritzelbewegungen‹ machen. Wenn sie dagegen mit links streichen, sind sie völlig unbefangen, und die Bogenstriche sind gleich lang und schwungvoll.«[395]

Weitere Lehrkräfte für Cello berichten, dass das Feingefühl für den Bogen in der rechten Hand – für Länge, Position, Druck auf die Saiten – bei LinkshänderInnen im Vergleich zu RechtshänderInnen weniger ausgeprägt sei. Ein Cellolehrer beobachtete insbesondere Schwierigkeiten mit der exakten Steuerung des Bogens, eine weitere Lehrerin stellte fest, dass eine linkshändige Schülerin aus Mangel an Kraft in der rechten Hand keinen »satten Klang« auf dem Cello hervorbringen konnte.

Geigenlehrkräfte berichten von unflexiblem, manchmal steifem Handgelenk und einer verkrampften Bogenhaltung mit rechts bei linkshändigen SchülerInnen. LinkshänderInnen gelinge es nur schwer, über den Bogen dynamische Abstufungen oder eine differenzierte Tongestaltung zu realisieren.

Als zusätzliche Schwierigkeiten von LinkshänderInnen in der rechtshändigen Spielweise werden Koordinationsprobleme zwischen rechter und linker Hand genannt. Beispielsweise bereitet die Kopplung der Bogenstriche mit dem Greifen bei Zweierbindungen Probleme. Auch die Kombination von schnellen Saitenwechseln mit dem Bogen und den Fingerbewegungen am Griffbrett sei schwierig. Außerdem seien durch die Festigkeit in beiden Händen die flüssigen Bewegungsabläufe beeinträchtigt. Meist überträgt die dominante Hand am Griffbrett intuitiv zu viel Kraft, und die nicht dominante Bogenhand bemüht sich gleichzeitig, über einen größeren Druck ihre Schwäche auszugleichen.

---

[395] Gespräch vom 18.07.2018.

Geigenlehrkräfte beobachten außerdem eine besondere Anspannung der linken Hand bei LinkshänderInnen, die sowohl die Intonation als auch die Geläufigkeit am Griffbrett behindert. Cellolehrerin Gabi Scheungraber sieht, dass ein Vibrato »im Sinne von Schwingenlassen und Loslassen«[396] bei LinkshänderInnen am Rechtshänderinstrument meist zu klein und zu eng ausfällt.

Kinder und Jugendliche, die bereits zum Schreiben umgeschult wurden, scheinen noch stärker von den Folgen einer Umschulung auf dem Instrument betroffen zu sein als LinkshänderInnen, die im Alltag ihre linke Hand für alle feinmotorischen Tätigkeiten einsetzen. Die rechte Hand ermüdet bei diesen Betroffenen schneller, und die Bogenbewegungen werden bereits nach kurzer Anstrengung langsam und ungenau. Cellolehrerin Frau V. unterrichtete eine 17-jährige linkshändige Schülerin, die zum Schreiben auf die rechte Hand umgeschult worden war und mit der Bogenhand geradezu »blockiert« war. Dies hatte eine extreme Nervosität bei Vorspielen zur Folge. Das Unwohlgefühl auf dem »falschen« Instrument scheint sich insbesondere in Aufführungssituationen so auszuwirken, dass die Betroffenen sich weniger selbstsicher fühlen.

LinkshänderInnen im Unterricht – Streichen mit links?

Einigen Lehrkräften, die sich mit dem Thema Linkshändigkeit befasst haben, erscheint es konsequent, ein Streichinstrument für LinkshänderInnen umzustellen. Nicht selten setzen sich auch Eltern dafür ein, dass ihr linkshändiges Kind sein Instrument links führend spielt. Es gibt GeigenbauerInnen, die Streichinstrumente umbauen oder sie von Anfang an spiegelbildlich konzipieren. Sie bieten zum größten Teil ohne höhere Kosten Linkshändermodelle (Geigen, Bratschen, Celli und Kontrabässe) zum Verkauf und zur Vermietung an.[397] Bei Streichinstrumenten müssen die Saiten umgespannt, der Steg und die Neigung des Griffbretts verändert sowie Stimme und Bassbalken im Innern des Corpus umgebaut werden. Zusätzlich die Stellung der Wirbel zu vertauschen, was bei Geige und Bratsche unbedingt notwendig sei, ist etwas aufwändiger. Bei kleineren Schülerinstrumenten bedeutet es jedoch keine klanglichen Einbußen, wenn

---

[396] Gespräch vom 18.07.2018.

[397] GeigenbauerInnen, die Linkshänderinstrumente anbieten, sind z.B. Robert Eibl, München, Fridolin Rusch und Katharina Neumüller, Kempten, Sebastian Berndt, Chemnitz, Andrea Masurat, Lübeck, Kristin Vasterling, Stuttgart. Weitere finden sich auf: <https://lefthander-consulting.org/deutsch/information/musik-und-linkshaendigkeit/bezugsquellen-von-musikinstrumenten-fuer-linkshaender/html>.

lediglich die Saiten anders herum aufgezogen und Griffbrett und Steg angepasst werden.[398]

Cellistin und Cellopädagogin Gabi Scheungraber hat ihre Erkenntnisse und Erfahrungen zu Linkshändigkeit beim Instrumentalspiel konsequent umgesetzt. Sie unterrichtet seit mehr als zehn Jahren ihre linkshändigen SchülerInnen links herum, was auch von diesen selbst noch nie in Frage gestellt wurde. Bei entsprechender Begabung führt sie ihre linkshändigen ebenso wie ihre rechtshändigen SchülerInnen zu deutschlandweiten Wettbewerben. Dabei erlebte sie häufig verwunderte Jury-Mitglieder, aber nie unfairen Punktabzug für LinkshänderInnen.[399] Erfreulicherweise gibt es inzwischen einige weitere Geigen- und Cellolehrkräfte, die das Linksspielen für LinkshänderInnen als selbstverständlich ansehen. Und manche PädagogInnen, die bisher noch keine Erfahrungen damit haben, lassen sich zumindest auf das Linksspielen ein, wenn Kinder und Eltern es wünschen oder wenn sie linksspielende SchülerInnen übernehmen. Das Unterrichten stellt sich bei den Betroffenen entgegen mancher Vorbehalte als problemlos heraus. Lehrkräfte stellen oder setzen sich den Schülern gegenüber und verwenden statt »linke Hand« und »rechte Hand« die Begriffe »Greifhand« und »Bogenhand«. Übereinstimmend bestätigen Lehrkräfte, die »links herum« unterrichten, dass der gesamte Bewegungsablauf am Streichinstrument bei händigkeitsentsprechendem Spiel natürlicher und harmonischer wirkt, was letztlich die Arbeit an den technischen Abläufen und am Ausdruck deutlich vereinfacht.

Gelegentlich stellen sich erst einige Zeit nach Unterrichtsbeginn bei linkshändigen SchülerInnen Probleme mit der rechtshändigen Spieltechnik ein, die offensichtlich händigkeitsbedingt sind. In solchen Fällen befürworten einige PädagogInnen auch im Nachhinein ein Umstellen des Instrumentes auf Linksspielen. Es gibt erstaunliche Erfolgsgeschichten junger linkshändiger StreicherInnen, die sich auf ihrem Instrument umgestellt haben, nach kurzer Zeit den alten Stand wieder erreichten und bald sogar ihre vorherige Leistung bei Weitem übertrafen.[400]

Alternativen zum Linksspielen

Wenn das Linksspielen nicht in Frage kommt, sollten Lehrkräfte die Betroffenen zumindest durch pädagogische Interventionen unterstützen. Katharina Gebauer zog aus ihrer Studie und den eigenen Erfahrungen die pädagogische Konsequenz, dass bei

---

[398] Vgl. Mengler, Musizieren mit links. Linkshändiges Instrumentalspiel in Theorie und Praxis, S. 86ff.

[399] Vgl. Mail vom 15.02.2018.

[400] Siehe dazu Kapitel 5 »Rückschulung auf links mit dem Instrument?«.

LinkshänderInnen die Bogentechnik von Anfang an größere Beachtung finden sollte. Zugleich sei es wichtig, auf mehr Leichtigkeit und weniger Krafteinsatz im Spiel zu achten. Methoden und Übungsanregungen zu beiden Aspekten finden sich beispielsweise bei Mengler[401] oder auch bei Prelle.[402] Neben Übungen am Instrument können auch Körperübungen ohne Instrument entlastend wirken. So verhalf z.B. Geigenlehrerin Frau S. einer linkshändigen Schülerin, die den Bogen sehr verkrampft führte, durch Anleitung zu großen Armbewegungen und Schaukelschwüngen des Bogenarms und zusätzlichen Handgelenksübungen zu einem wesentlich entspannteren Spiel.

Links spielen im Orchester?

Wenn es um Streichinstrumente geht, stellt sich meist als Erstes die Frage des Ensemblespiels. Nicht nur in Bezug auf das Mitwirken im Orchester können sich für LinkshänderInnen Probleme ergeben. In weiterführenden allgemeinbildenden Schulen existieren verschiedene Konzepte des Klassenmusizierens; z.B. gibt es die sogenannten »Streicherklassen«. In der Gemeinschaft lernen SchülerInnen ein Streichinstrument ihrer Wahl über zwei Jahre lang und präsentieren regelmäßig im Klassenverband die Ergebnisse des Unterrichtes. Manche Eltern bedauern, dass ihre linkshändigen Kinder in ihrem Wunsch, ein Streichinstrument links zu spielen, nicht unterstützt werden. Die betroffenen Kinder fühlen sich ausgegrenzt und lehnen schließlich das Musizieren völlig ab. Die verschiedenen Formen von Gruppen- oder Klassenmusizieren bieten vielfältige Chancen, mit den eigenen Fähigkeiten in einem großen Ganzen mitwirken zu können sowie eine damit verbundene Stärkung von Teamfähigkeit und Sozialkompetenz. Für einige PädagogInnen scheinen diese Unterrichtsformen jedoch eine große Herausforderung darzustellen, so dass sie nicht zusätzlich den Bedürfnissen von LinkshänderInnen gerecht werden können.

Im Instrumentalunterricht an Musikschulen verweisen häufig auch PädagogInnen, die theoretisch das Linksspielen für LinkshänderInnen befürworten und als vorteilhaft ansehen, bei Streichinstrumenten auf das Orchesterspiel als Hinderungsgrund: »Das sieht komisch aus«, »Das kann doch nicht klingen«, »Es gibt Platzprobleme«, »Man sticht sich gegenseitig die Augen aus«. So lauten die Argumente. Es ist daher verständlich, wenn Lehrkräfte einer musikalischen Karriere und Orchesterlaufbahn ihrer SchülerInnen nicht im Wege stehen möchten und das Unterrichten auf einem Linkshänderinstrument ablehnen. Wer Schülerorchester beim Proben beobachtet, stellt jedoch

---

[401] Vgl. Mengler, Musizieren mit links. Linkshändiges Instrumentalspiel in Theorie und Praxis, S. 144ff.

[402] Vgl. Prelle, Leichtigkeit. Eine ergänzende Streichermethodik zur Befreiung der rechten und linken Hand, S. 103ff.

fest, dass rechts- und linksstreichende junge MusikerInnen einträchtig und fröhlich gemeinsam an einem Pult spielen, ohne dass Platzprobleme oder eine Gefährdung durch das seitenverkehrte Bogenspiel entstehen. Voraussetzung für ein gutes Gelingen ist allerdings, dass die Orchesterleitung es als normal und selbstverständlich ansieht, wenn ein/e LinkshänderIn links herum spielt. Zusätzlich brauchen die betroffenen Jugendlichen ein ausreichendes Selbstbewusstsein, um selbstständig ihren Platz im Orchester zu finden. Nicht selten sitzen die LinksstreicherInnen am Rand oder an einem eigenen Pult. Bei jungen InstrumentalistInnen sind optische Gewohnheiten, die unsere Wahrnehmung in Bezug auf »richtig« und »falsch« bestimmen, zum Glück noch nicht eingeprägt. Und so wird sich über die jungen MusikerInnen die starre Ordnung des Zusammenspiels mit Kreativität und Flexibilität nach und nach auflösen. Wenn sich in den Musikschulen und Schülerorchestern immer mehr links spielende junge Leute zeigen, so sollten diejenigen, die eine entsprechende Begabung haben und eine Musikerkarriere anstreben, auch »mit links« den Weg in die Musikhochschulen und in die Profiorchester finden können.[403]

Celloensemble einer Musikschule

4.5.3 Gitarre

Ein siebenjähriger Junge, Linkshänder, bekam eine Gitarre geschenkt. Da er bereits beobachtet hatte, wie »man« eine Gitarre spielt, hielt er sie so, dass er mit rechts die Saiten anschlagen konnte. Die Haltung erschien den Eltern sehr »komisch«; seine Bemühungen mit der rechten Hand wirkten ungelenk und verkrampft. Es verunsicherte ihn sehr, dass das Gitarrenspiel nicht so funktionierte, wie er es sich vorgestellt hatte.

---

[403] Vgl. Andrea Arnoldussen, »Leichtigkeit mit links? Eine kritische Gegenüberstellung zweier unterschiedlicher Betrachtungsweisen«, in: *Üben & Musizieren* 4/16, S. 47.

Daraufhin rieten die Eltern ihm, die Gitarre einmal anders herum zu halten: Plötzlich war die Körperhaltung stimmig, alles »passte«, und er schlug mit Begeisterung die Saiten mit der linken Hand an. Inzwischen lernt er bei einem Lehrer das Gitarrenspiel auf einem Linkshänderinstrument.

Dass die Gitarre in ihrer Standardbauweise ein typisches Rechtshänderinstrument ist – darüber besteht bei einem Großteil der GitarristInnen und Gitarrenlehrkräfte ein Konsens. Gitarrenlehrer Markus Straßer z.B. erklärt den Eltern seiner SchülerInnen die unterschiedlichen Aufgaben der Hände so: Die Greifhand »bereitet vor«, indem sie die Saiten fixiert, und die Zupf- oder Schlaghand »führt aus«. Andere Gitarrenlehrer vertreten die Auffassung, dass die linke Greifhand zwar höchst anspruchsvolle Aufgaben zu erfüllen habe, die eigentliche »Spielhand« aber die rechte Hand sei. Insbesondere die Sensomotorik der Finger der Spielhand sei bei der Gitarre ganz entscheidend, so Gitarrenlehrer Herr H. Linkshändige Kinder, die mit rechts spielen, hätten häufig Defizite in der Tonbildung, in der Schnelligkeit und in der rhythmischen Genauigkeit. Mit der nicht dominanten rechten Hand können sie keine gleichmäßigen Arpeggien spielen. Bei einem fortgeschrittenen linkshändigen Schüler war in der rechtshändigen Spielweise technisch keine Weiterentwicklung möglich, so musste Herr H. feststellen. Die Erfahrung von Musikschulleiter und Lehrer Herrn S. lautet, dass es geradezu in eine »Sackgasse« führe, gegen seine Händigkeit zu spielen. Linkshändigen SchülerInnen am Rechtshänderinstrument fehle meist die Motivation zum Üben, wodurch ihre Lernfortschritte sehr langsam seien. Bei der Gitarre ist in besonderer Weise auch die Körperhaltung entscheidend für die Qualität der Koordination und des gesamten Spiels.

Erfreulicherweise begegnen viele GitarrenlehrerInnen dem Linksspielen mit großer Offenheit. Auch Markus Straßer unterrichtet linkshändige SchülerInnen in der Regel links herum. Als Musikproduzent erstellte er ein Video eines Schülerprojektes, bei dem auch linkshändige GitarristInnen mitwirkten und alle offensichtlich viel Spaß am Miteinander-Musizieren hatten.[404]

Bereits zu der Zeit, als Katharina Gebauer ihre Umfrage unter Lehrkräften für Violine durchführte (1998), war es für GitarristInnen und GitarrenlehrerInnen weitaus selbstverständlicher als für GeigenlehrerInnen, LinkshänderInnen auch links herum zu unterrichten. Entsprechend einer Befragung hatten 65 Prozent der Gitarrenlehrkräfte

---

[404] Markus Straßer, Schülerprojekte, in: *Markus Straßer – Instrumentalunterricht & Musikproduktion. Instrumentalunterricht. Schülerprojekte.* <www.markus-strasser.com>, 16.03.2020.

linkshändige SchülerInnen und unterrichteten sie auf einer Linkshändergitarre.[405] Im Übrigen ist in der nicht-klassischen Gitarrentradition das Linksspielen wesentlich verbreiteter und anerkannter als in der klassischen Tradition.[406]

In gut ausgestatteten Musikalienhandlungen findet man Linkshänderinstrumente in verschiedenen Ausführungen und Größen. Rechtshändergitarren können relativ leicht umgebaut werden, sofern sie symmetrisch sind. Ein Umspannen der Saiten ist unkompliziert, weitere nötige Anpassungen (bzgl. Sattel und Steg) können von Gitarrenbauern oder den Lehrkräften selbst vorgenommen werden. Die meisten LinkshänderInnen scheinen mit der herkömmlichen Notation der Gitarrengriffe zurecht zu kommen. Manchen SchülerInnen gelingt es ohne Probleme, die Griffe im Kopf zu spiegeln und auf die Gitarre zu übertragen. Andere wiederum benötigen eine gespiegelte Notation.

Es kommt auch aktuell nicht selten vor, dass Gitarrenlehrkräfte, die offen für linkshändiges Spiel sind, in KollegInnenkreisen auf Widerstände stoßen. Von manchen professionellen GitarristInnen wird das Argument vorgebracht, dass LinkshänderInnen doch besser auf einem Rechtshänderinstrument lernen sollten, weil sie sonst nicht auf einer anderen Gitarre spontan »am Lagerfeuer« spielen könnten. Dem kann entgegengesetzt werden, dass eine Gitarre sowohl für Erwachsene als auch für Kinder vergleichsweise leicht zu transportieren ist und dass ein Kind, das außerdem eine seiner Größe entsprechende Gitarre braucht, in der Regel nicht spontan am Lagerfeuer Lieder begleitet...

---

[405] Vgl. Gebauer, »Ich hatte irgendwie Pech mit den Linkshändern...‹. Linkshändigkeit im Violinunterricht – (k)ein Problem?!«, S. 43.

[406] Präsent sind z.B. berühmte Vorbilder wie Jimi Hendrix, Paul McCartney, Kurt Cobain oder Bob Geldof. Vgl. Pyykönen, A Handful of Considerations. Perspectives on Left-Handedness in Violin Playing and Violin Pedagogy, S. 30.

Kinder beim Gitarrenunterricht

4.5.4 Schlaginstrumente

Schlaginstrumente sind sehr vielfältig, in vielen Kulturen zu Hause und in verschiedensten Musikrichtungen einsetzbar. An Musikschulen werden neben dem »Schlagzeug« auch Trommeln aller Arten wie Djembe, Conga und Cajon sowie häufig auch die Marimba unterrichtet.

Bereits auf den Trommeln, die mit den Händen gespielt werden, macht die Handdominanz sich bemerkbar. Spontan beginnen LinkshänderInnen mit der linken Hand. Wenn sie allerdings die RechtshänderInnen nachzuahmen versuchen und den ersten Schlag bzw. die betonten Schläge nicht mit der dominanten Hand ausführen, können sich weder die Hand-Hand-Koordination noch der Rhythmus stabilisieren. Stabinstrumente wie Glockenspiel, Xylophon oder Marimbaphon folgen im Aufbau den Tasteninstrumenten: Links befinden sich die tieferen, rechts die höheren Töne. Beim Melodiespiel, bei dem beide Hände mit den Schlägeln abwechselnd spielen, empfinden LinkshänderInnen möglicherweise keine Schwierigkeiten. Wenn allerdings, wie bei der Marimba, zweistimmig gespielt wird, führt meist die rechte Hand die Melodie und die linke Hand die Begleitung. Es besteht die Gefahr, dass LinkshänderInnen sich an das gängige Muster anpassen müssen und eher Koordinationsprobleme zwischen dominanter und nicht dominanter Hand auftreten als bei RechtshänderInnen.

Am eigentlichen Schlagzeug, dem »Drumset«, bei dem es besonders auf ein harmonisches Zusammenspiel des ganzen Körpers ankommt, spielt die Handdominanz eine große Rolle. Das Standardschlagzeug ist für RechtshänderInnen aufgebaut, die Abfolge der Schläge wird von der rechten Hand angeführt, der Bewegungsablauf ist nach rechts ausgerichtet, und der rechte Fuß bedient die Bassdrum.

LinkshänderInnen sind normalerweise sowohl mit ihrer linken Hand als auch mit ihrem linken Fuß geschickter und das gesamte Körpergefühl und die Koordination sind besser, wenn die dominante linke Seite die Führung übernimmt. Deshalb wird für sensibilisierte PädagogInnen gerade am Schlagzeug schnell sichtbar, dass es nicht »passt«, wenn ein linkshändiges Kind versucht, an einem Rechtshänderschlagzeug zu spielen. So war es ein »holpriger« Bewegungsablauf bei einem sechsjährigen Jungen in einer Schnupperstunde am Schlagzeug, der den Schlagzeuglehrer Herrn B. aufmerken ließ. Er vermutete bei dem Jungen eine Linkshändigkeit, drehte das Schlagzeug spontan um und stellte fest: Links herum wirkte der gesamte Ablauf sofort stimmig. Die Linkshändigkeit des Jungen (der in der ersten Klasse war und bereits mit rechts schrieb) konnte später durch einen Test bestätigt werden.

Im Unterricht werden aufmerksame Schlagzeuglehrkräfte eine Linkshändigkeit bei ihren Schülern schnell erkennen. Sie beobachten, dass beim spontanen Lostrommeln ein/e LinkshänderIn mit der linken Hand beginnt oder dass der Stick in der linken Hand mehr schwingt als in der rechten, da auch die Flexibilität des linken Handgelenkes bei LinkshänderInnen größer ist. Die Lehrkraft hört, wenn der/die SchülerIn abwechselnd mit Sticks auf einem Gummipad spielt, einen Unterschied zwischen der Qualität und der Lautstärke der Schläge: Der Schlag mit der linken dominanten Hand ist direkter und kräftiger. Was bereits beim Trommeln mit den Händen deutlich wird, zeigt sich beim Schlagzeug mit seinen komplexen Bewegungsabfolgen verstärkt: Wenn der Initiativschlag auf der betonten Zählzeit nicht mit der dominanten Hand ausgeführt wird, kann keine natürliche Ordnung entstehen – denn der erste Schlag setzt die motorische Energie für den weiteren Verlauf frei.[407]

Auch Schlagzeuglehrerin Frau S. erkennt die Schwierigkeiten von LinkshänderInnen am Rechtshänderschlagzeug unmittelbar: Die Abläufe bei LinkshänderInnen, die sich anzupassen versuchen, wirken meist sehr kontrolliert. Es kommt kein wirklicher Fluss ins Spiel, wenn LinkshänderInnen rechtsläufige Bewegungen ausführen. Thomas Bittner stellt fest, dass bei seinen linkshändigen SchülerInnen am Rechtshänderdrumset kein »Groove« entsteht.[408] Andere Lehrkräfte bemerken, dass verstärkt Koordinationsprobleme auftreten, wenn LinkshänderInnen das Spiel mit der rechten Hand führen und zusätzlich mit dem rechten Fuß die Bassdrum betätigen.

---

[407] Vgl. Bittner, Linkshänder am Schlagzeug. Ein Ratgeber für Drummer und Schlagzeuglehrer, S. 22.

[408] Vgl. ebd., S. 28.

Einige der befragten Schlagzeuglehrkräfte befürworten, für LinkshänderInnen das Schlagzeug spiegelbildlich aufzubauen, weil dies schlicht dem linksdominanten Körpergefühl entspricht.

Zwölfjähriger Junge am Linkshänderschlagzeug

Frau S. erkennt kein Problem darin, das Schlagzeug umzudrehen, zumal sich das Standard-Set innerhalb weniger Minuten umbauen lässt. Dennoch wird häufig als Argument gegen einen Umbau vorgebracht, dass es für Lehrkräfte oder auch VeranstalterInnen einen zu großen Aufwand darstelle. Viele linkshändige Jugendliche werden sich daher eher anpassen als eine Sonderbehandlung zu fordern.

Einige Lehrkräfte befürworten als Alternative zum Umstellen des Schlagzeugs das »Open Handed Playing«, welches dem/der LinkshänderIn ermöglicht, mit der linken Hand die »Hi-Hat« zu spielen. Die rechte Hand, die sonst über Kreuz eine feinmotorische Dauerbewegung ausführen muss, wird so entlastet. Die Open-Hand-Spielweise sei aber nicht für alle linkshändigen SchülerInnen geeignet, meint Frau S. Rhythmisch und koordinativ sehr begabte Schüler mögen dadurch eine körperliche Entlastung empfinden, aber letztlich muss bei dieser Technik ständig »umgedacht« werden. Unter dieser zusätzlichen geistigen Anstrengung kann das musikalische Spiel leiden. Professionelle Schlagzeuger äußerten sich verschiedentlich zu dieser Technik. Als Rechtshänder sehen sie diese als sportliche Herausforderung an, die nicht dominante linke Hand zu trainieren, und ebenso zur Erweiterung ihrer musikalischen Möglichkeiten. Für AnfängerInnen, die zunächst sicher die Bewegungsabläufe verinnerlichen müssen, scheint diese Spielweise jedoch nicht geeignet. Auch Thomas Bittner spricht sich gegen die Open-Hand-Spielweise aus, weil sie für die SchülerInnen Orientierungslosigkeit und Unsicherheit bringe.[409]

Wenn in modernen Schlagzeugschulen auf Linkshändigkeit eingegangen wird, finden sich bei der Notation häufig anstatt der Handsatzbenennung R und L grafische Zeichen wie Punkt und Quadrat. Es scheint aber, sofern sie am umgedrehten Schlagzeug spielen, für LinkshänderInnen keine große Anstrengung zu bedeuten, den Handsatz gespiegelt zu lesen. Schlagzeugschulen speziell für LinkshänderInnen gibt es im Übrigen auch, wie die Online-Schule von Thomas Bittner.[410]

Entgegen dem »klassischen« Musizieren ist das Schlagzeugspielen keinen Konventionen unterworfen und erlaubt viel Freiheit und Individualität. Deshalb sollte das Körpergefühl eine besonders große Rolle und ein linkshändiges Kind das Schlagzeug mit seiner linken Hand führend spielen dürfen. Nur ein sicheres Körpergefühl bildet die Grundlage für eine gute musikalische Entwicklung. Thomas Bittner sieht hier eine große Verantwortung der Lehrkraft und bezeichnet »das bewusst falsche Anlernen eines Linkshänders am Rechts-Drumset als KÖRPERVERLETZUNG«[411].

4.5.5 Blasinstrumente

Blockflöte

Für viele Kinder ist die Blockflöte das erste Instrument, das sie lernen. Häufig kann beobachtet werden, dass linkshändige Kinder ihre Blockflöte spontan so halten, dass die linke Hand in der unteren Position ist. Ihr Körpergefühl sagt ihnen, dass die dominante Hand das Instrument halten und stabilisieren sollte. In den Diskussionen über den Sinn von Linkshänderblockflöten wird häufig versucht, den Vorteil des Spielens auf der normalen Blockflöte für LinkshänderInnen herauszustellen. Zum einen werde beim Unterrichten meist mit den Griffen der oben liegenden linken Hand begonnen, zum anderen sei der bei LinkshänderInnen besonders sensible linke Daumen, der für die Technik des »Überblasens« zuständig ist, oben.[412] Die Funktion des Daumens der

---

[409] Vgl. ebd., S. 68.

[410] Thomas Bittner, »Lernen durch Zuschauen – Neue Video-Lehrmethode für Schlagzeug. Teil 2: Linkshänder«, 2015, <https://books.apple.com/us/book/schlagzeug-schule/id95514-8172?l=de&ls=1&mt=13/html>, 18.03.2020.

[411] Bittner, Linkshänder am Schlagzeug. Ein Ratgeber für Drummer und Schlagzeuglehrer, S. 37.

[412] Vgl. Gisela Rothe, »Blockflöten für Linkshänder?« In: *Windkanal* 4/2005, S. 31.

unteren Hand ist jedoch weitaus wichtiger: Auf diesem wird das Instrument balanciert, während die anderen Finger gleichzeitig Griffe ausführen.

Vielen Lehrkräften ist bewusst, dass für LinkshänderInnen das Spielen in der Standardhaltung Schwierigkeiten bereiten kann. Eine Flötenlehrerin berichtete, dass sich bei einer linkshändigen Schülerin, die bereits vier Jahre Unterricht bei ihr hatte, mit zunehmenden Anforderungen Probleme mit Geläufigkeit und Koordination zeigten. Es traten auch überraschende Gedächtnisblockaden auf – die Schülerin erinnerte sich plötzlich nicht mehr an bestimmte Griffverbindungen. Schließlich brach sie das Flötenspiel ab. Weitere LinkshänderInnen bestätigen aus ihrer Unterrichtszeit im Kindesalter, dass sie Probleme mit der Virtuosität und mit der Koordination der Griffe hatten und ihnen das Flötenspiel keine Freude bereitete. Bei einigen beeinträchtigte zusätzlich die Umschulung zum Schreiben das Wohlgefühl.

In Musikschulen werden hin und wieder AnfängerInnen auf Linkshänderblockflöten unterrichtet. Verschiedene Firmen bieten serienmäßig C-Sopranblockflöten als Linkshänderinstrumente an; Nachfolgeinstrumente (wie z.B. Alt-Blockflöten) werden jedoch bisher nur als Sonderanfertigung hergestellt. Einfache Flöten lassen sich durch Verschließen des unteren Loches für den kleinen Finger und einer zusätzlichen Bohrung auf der anderen Seite umstellen. Als weitere praktikable Alternative können dreiteilige Blockflöten durch Drehung des Fußes für die linkshändige Haltung eingerichtet werden. Dies ist allerdings nur bei Flöten mit der deutschen Griffweise ohne Doppellöcher möglich.[413]

Querflöte

Vor einigen Jahren brachte die Firma Viento die erste serienmäßige Linksflöte auf den Markt – angepriesen wurde diese Neuheit hauptsächlich für RechtshänderInnen zur Vorbeugung und zum Ausgleich von Haltungsschäden. Außerdem sei ein Wechsel zwischen Rechts- und Linksflöte auch ein gutes Training für das Gehirn. »Nicht zuletzt« sei die Flöte auch für LinkshänderInnen geeignet.[414] Leider wird gleichzeitig mit der Werbung für die Linksflöte von der Firma Viento selbst verbreitet, dass

---

[413] Vgl. Mengler, Musizieren mit links. Linkshändiges Instrumentalspiel in Theorie und Praxis, S. 93.

[414] Linksflöten, in: *Viento Querflöten. Linksflöten.* <https://www.viento-querfloeten.de/querfloete-fuer-linkshaender.html>, 16.03.2020.

LinkshänderInnen keine Linksflöte bräuchten, weil sie vom Spiel auf der normalen Querflöte profitieren.[415]

Lehrkräfte, die sich ernsthaft mit dem Thema der Händigkeit auseinandersetzen, wissen, dass LinkshänderInnen ihre Querflöte anders herum halten möchten, so dass die dominante linke Hand von außen für die Stabilität des Instrumentes sorgt. Die österreichische Flötistin Maria Augustin erlebte beim Unterrichten von linkshändigen Kindern, dass diese anfangs das Kopfstück nur in der linken Hand hielten, wenn geübt wird, Töne zu erzeugen. Ebenfalls zeigten sich bei diesen Kindern Probleme mit dem Stand: »[Die linkshändigen Kinder] versuchten immer mit vorgestelltem rechtem Bein zu stehen, was aber zu einer völligen Verdrehung der Körpermitte führt.«[416] Obwohl es inzwischen auch Anfänger-Querflöten für LinkshänderInnen gibt, sind die Vorbehalte gegenüber dem Linksspielen groß. Noch mehr als beim Streichinstrument scheint dies mit der Orchesterkultur zusammenzuhängen: Für die meisten PädagogInnen und professionellen FlötistInnen scheint es unvorstellbar, in einem klassischen Orchester eine Flöte nach links zu halten. So bleibt es vorerst den FlötistInnen selbst überlassen, wie konsequent sie ihre persönlichen Erfahrungen umsetzen. Wenn Flötistinnen wie Maria Augustin selbstbestimmt ihre Sache vertreten, können sie auch in der Pädagogik vorbildhaft für andere wirken.

Klarinette

Mit dem Linksspielen auf der Klarinette scheint es in der Instrumentalpädagogik bisher kaum Erfahrungen zu geben. Klarinettist Allan Ware war erst durch den Unterricht mit einer erwachsenen Schülerin, die als Linkshänderin auf einer speziell angefertigten Linkshänderklarinette lernen wollte, mit dem Thema Linkshändigkeit in Berührung gekommen. Daraufhin habe er seine Einstellung zu linkshändigem Instrumentalspiel jedoch grundlegend geändert, wie er berichtet:

»Eine erwachsene, linkshändige Anfängerin konnte über Monate den Ton, sogar das offene g' nicht voll und offen spielen. Der Klang war immer etwas bedrückt und heiser. Sie hatte öfters Probleme

---

[415] Vgl. Petra Music, Die Links-Querflöte als Hilfe im Unterricht und beim Lernen, in: *PAN* 12/2014 – Journal der British Flute Society, übersetzt von Jürgen Ross. <https://www.viento-querfloeten.de/fileadmin/user_upload/pdf/Die_Links-Querfloete_als_Hilfe_im_Unterricht_und_beim_Lernen.pdf.html>.

[416] Verein LinkeHand, Interview mit Maria Augustin, Teil 2.

beim Notenlesen, während des Unterrichtes kam es zu einer Art Blackout. Das gleichzeitige Noten-
lesen, Greifen und die Tongebung überforderten sie, so dass sie völlig blockiert war.«[417]

Durch diese Beobachtungen bemerkte Ware dann auch bei jugendlichen Schülern
durch »stockendes Spiel, die häufige Verwechslung der Hände bei den Griffen und die
Tongebung«[418], dass es sich um LinkshänderInnen handelte. Ware sieht es inzwischen
als wichtig an, »linkshändigen Schülern die Möglichkeit zu geben, ein für ihre Händigkeit geeignetes Instrument auszuprobieren, um ihre Möglichkeiten am Instrument aus-
zuschöpfen.«[419]

Ulrike Scheuchl, die sich während ihres Studiums auf linkshändiges Klarinettenspiel
umstellte, hatte sich ein Linkshänderinstrument bei der Firma Dietz in Neu-
stadt/Aisch bauen lassen. Für KlarinettenanfängerInnen sei es jedoch ein Problem,
ein Linkshänderinstrument zu bekommen, da die Anschaffungskosten deutlich höher
seien als für die gängigen Rechtshänderinstrumente.

Weitere Blasinstrumente wie das Saxophon, Oboen und Fagotte werden bisher nicht
seriell für LinkshänderInnen produziert.

Blechblasinstrumente

In dem Alter, in dem Kinder mit Blechblasinstrumenten wie Trompete oder Posaune
beginnen, wissen sie in der Regel schon, wie »man« ein solches Instrument« spielt. Viele
passen sich den Gegebenheiten an, zumal den meisten Lehrkräften nicht bewusst ist,
welche Auswirkungen das Spiel auf einem Rechtshänderinstrument für LinkshänderInnen hat. Dennoch finden sich immer wieder Lehrkräfte, deren SchülerInnen selbstverständlich die Trompete oder Posaune links herum spielen.

Bei den gängigen Blechblasinstrumenten ist eine Anpassung an linkshändiges Spiel relativ leicht möglich: Einfache Trompeten können links gegriffen werden, wobei der
Fingerhaken für den kleinen Finger versetzt werden muss. Umbauten an Trompeten
mit zusätzlichen Vorkehrungen sind ebenfalls möglich. Eine klassische Zugposaune
kann genauso gut links gespielt werden; ein Instrumentenbauer kann leicht das Ventil
umbauen, damit es den/die SpielerIn nicht stört.

---

[417] Allan Ware/Marion Schulte, »Linkshändigkeit bei Holzblasinstrumenten«, in: *rohrblatt* 26(4),
2011, S. 194.

[418] Ebd.

[419] Ebd., S. 194f.

Das Horn wird immer als besonders geeignet für LinkshänderInnen gesehen. Möglicherweise greifen LinkshänderInnen, wenn sie ein Blechblasinstrument erlernen wollen, gern zum Horn, weil es ihrer Handdominanz entspricht.[420]

4.5.6 Klavier

Der verbreiteten Auffassung, dass es am Klavier gleich sei, ob jemand Rechts- oder LinkshänderIn ist, kann aus der pädagogischen Erfahrung heraus vieles entgegengestellt werden. Bereits die Herangehensweise linkshändiger Kinder an das Instrument ist eine andere als bei rechtshändigen Kindern: Jüngere linkshändige Kinder im Anfängerunterricht erforschen das Klavier überwiegend mit der linken Hand. Im weiteren Verlauf des Unterrichtes lässt sich bei genauer Beobachtung bemerken, dass die linke Hand bei den LinkshänderInnen meist natürlicher oder »eleganter« in der Bewegung wirkt. Sie hat außerdem spontan die bessere Haltung und kann passender die Kraft dosieren.

Gängige Klavierschulen bilden die rechte Hand darin aus, eine Melodie zu spielen und die linke Hand darin, die Begleitung zu übernehmen – entweder mit einzelnen Akkord-Grundtönen oder später in Akkordfolgen oder Arpeggien. LinkshänderInnen bemerken bald: Es setzt viel Übung voraus, um mit der rechten, nicht dominanten Hand die geforderte Geläufigkeit zu entwickeln. Auch die dynamische Gestaltung in der rechten Hand entsteht häufig nicht natürlich, sondern muss besonders trainiert werden. Linkshändige SchülerInnen müssen länger als rechtshändige an der rhythmischen Genauigkeit der rechten Hand feilen. Beide Hände in eine rhythmische Übereinstimmung zu bringen, fällt LinkshänderInnen nicht immer leicht, weil sie bezüglich der Aufgabenverteilung der Hände durcheinander geraten. Die rechte Hand wird kontrolliert bewegt, während die linke Hand freier und flexibler agiert. Bei Sprüngen und Lagenwechseln ist die Treffsicherheit der linken Hand meist größer.

LinkshänderInnen vertauschen gelegentlich die rechte und linke Hand sowie die Melodierichtungen; steht z.B. in den Noten für die rechte Hand eine aufsteigende Tonfolge von c' bis g', kann es vorkommen, dass linkshändige SchülerInnen mit der linken Hand fünf Töne von c' abwärts spielen (Spiegelungen sind generell bei LinkshänderInnen häufiger als bei RechtshänderInnen, was mit der anderen Wahrnehmungsrichtung zusammenhängt.). Das Lesen von zwei Notensystemen stellt für linkshändige KlavierschülerInnen insofern ein Problem dar, dass sie manchmal die Zeilen bzw. den

---

[420] Vgl. Sattler, Das linkshändige Kind in der Grundschule, S. 63.

Bass- und Violinschlüssel verwechseln und intuitiv ihrer linken Hand die obere Zeile zuordnen.

Gerade die umgeschulten LinkshänderInnen bemerken, dass sich technische Probleme in der rechten Hand oder auch in der Koordination der beiden Hände mit zusätzlichem Üben meist nicht ausgleichen lassen. Auch treten bei umgeschulten LinkshänderInnen die Richtungsproblematiken in Zusammenhang mit Koordinationsproblemen häufiger auf als bei klaren LinkshänderInnen. Dies hängt vor allem mit der schneller nachlassenden Konzentration zusammen. Häufig leiden sie auch darunter, dass sie ihr Spiel nicht sicher kontrollieren können und vermehrt Fehler machen. Die häufig beobachtete »Fehlerfokussierung« wirkt sich negativ auf die Sicherheit des Spiels und nicht zuletzt auf das Selbstwertgefühl aus. Auch die musikalische Gestaltung gelingt bei manchen umgeschulten LinkshänderInnen nur mühsam: Sie scheinen weniger Kontrolle darüber zu haben, wie viel Kraft sie in der nicht dominanten rechten Hand und wieviel sie in ihrer dominanten linken Hand einsetzen müssen, um den musikalischen Ausdruck umzusetzen. Während linkshändige Kinder durchaus gut auswendig spielen können – vieles lernen sie auch nach Gehör – fällt dies den »Umgeschulten« schwer. Durch die ständigen Anpassungsbemühungen scheint das Gehirn stark in Anspruch genommen zu sein, so dass die Gedächtnisfunktion eingeschränkt wird.

Mit entsprechendem Wissen und Einfühlsamkeit lässt sich methodisch im Unterricht auf die linkshändigen SchülerInnen eingehen. Im Anfangsunterricht ist es wichtig, eine geeignete Klavierschule zu finden oder Stücke und Übungen so anzupassen, dass die linke Hand einen gleichberechtigten Anteil an der Melodie und am gesamten musikalischen Geschehen erhält. Im mittleren Schwierigkeitsgrad gibt es zahlreiche Stücke in der Literatur, in denen die linke Hand die musikalische Führung übernimmt, so in Stücken der Romantik wie z.B. von Robert Schumann. In Stücken aus der Barockzeit, in denen die Stimmenverteilung eher ausgewogen ist und die eine klare Basslinie haben, können LinkshänderInnen bewusst ihre Stärke einsetzen. Etüden und vierhändige Stücke, bei denen die Hände unisono spielen, unterstützen die SchülerInnen darin, einerseits beide Hände gleichmäßig zu trainieren und andererseits mit der linken Hand zu führen. Beliebte musikalische Stilrichtungen wie Blues und Boogie sind besonders für LinkshänderInnen geeignet, da häufig die Basslinien betont sind und die rhythmisch-harmonische Führung vom Bass ausgeht. Neuere Filmmusiken, wie z.B. von Yann Tiersen, scheinen geradezu für LinkshänderInnen komponiert. Bei einigen Stücken aus »Die fabelhafte Welt der Amelie« erhält die linke Hand die anspruchsvolle Aufgabe, ein zweistimmiges Ostinato das ganze Stück durchzuhalten und auf kleinem Raum dynamisch auszugestalten. Auch die in der neueren Klavierdidaktik verwendeten Etüden und kleinen Stücke für die linke Hand allein bieten linkshändigen SchülerInnen die Möglichkeit, die Stärke ihrer dominanten Hand am Instrument auszuspielen.

Eine Lehrkraft kann auch unterstützen, wenn sie weiß, dass LinkshänderInnen gern systematisch und rational an Musikstücke herangehen. Wenn die Struktur eines Stückes geistig erfasst und die Aufgabenverteilung der Hände durch das Lesen geklärt ist, kann ein Musikstück leichter auf dem Instrument umgesetzt werden. Einige KlavierlehrerInnen erleben ihre linkshändigen SchülerInnen als besonders phantasievoll und kreativ. LinkshänderInnen scheinen außerdem eine Neigung zum Improvisieren und Komponieren zu haben. Zum einen scheint beim Improvisieren die rechte Gehirnhälfte – bei LinkshänderInnen die dominante Gehirnhälfte – aktiv zu sein[421], zum anderen haben LinkshänderInnen in der Improvisation die Möglichkeit, der linken Hand die Führung zu überlassen. Gleichzeitig sind sie befreit von der zusätzlichen Anstrengung des Notenlesens. Wenn ein/e KlavierlehrerIn diese Stärken bei seinen/ihren SchülerInnen entdeckt und fördert, kann er/sie einen großen Beitrag zu Zufriedenheit und Erfolg ihrer SchülerInnen leisten.

Was bei anderen Instrumenten schon häufiger praktiziert wird, wird beim Klavier noch wenig umgesetzt: das Spielen »anders herum«. Insbesondere der soziale Aspekt hält viele LinkshänderInnen davon ab, ein elektronisches Klavier mittels Tastenspiegel umzustellen: In unzähligen Haushalten sind Klaviere und Flügel vorhanden. Wenn Kinder mit dem Instrumentalspiel beginnen, üben sie häufig am Familienklavier und sind stolz, wenn sie auch in öffentlichen Räumen an den dort vorhandenen Instrumenten ihre Kunst zu Gehör bringen können.

Auch Lehrkräfte, die aus eigener Erfahrung wissen, dass LinkshänderInnen prinzipiell an einem seitenvertauschten Instrument spielen möchten, unterrichten linkshändige Schüler– vor allem aus praktischen Erwägungen heraus – meist auf die herkömmliche Weise. Im Einzelfall gilt es abzuwägen, ob für die Betroffenen das Spielen auf einem gespiegelten elektronischen Klavier möglich und sinnvoll ist. Auch wenn das Klavierspielen für LinkshänderInnen auf einem normalen Instrument letztlich einen Kompromiss darstellt, kann den betroffenen SchülerInnen ermöglicht werden, mit Freude und Erfolg an einem Rechtshänderinstrument zu musizieren. Auch ein linkshändiges Kind kann am Klavier seine nicht dominante rechte Hand so entwickeln, dass rechtsbetonte Literatur – zumindest bis zu einem gewissen Niveau – spielbar ist. Man kann es darin unterstützen, Lieblingsstücke zu entdecken, die seiner Handdominanz

---

[421] Vgl. Klöppel/Altenmüller, Die Kunst des Musizierens. Von den physiologischen und psychologischen Grundlagen zur Praxis, S. 289.

entgegenkommen. Mit pädagogischem Feingefühl können auch linkshändige SchülerInnen dahingehend gefördert werden, dass sie ihre Stärken entdecken und das Klavier
zu »ihrem« Instrument machen können.

4.5.7 Weitere Instrumente im Überblick

Das Akkordeon wird von einigen PädagogInnen als geeignetes Linkshänderinstrument
betrachtet, weil der Blasebalg über die linke Seite gesteuert wird. Linkshändige Kinder
selbst scheinen das Akkordeon allerdings lieber umgekehrt zu halten, um die Tastatur
mit ihrer linken Hand und die Bassknöpfe mit ihrer rechten Hand zu bedienen. Dies
kommt auch der Fähigkeit der Melodieführung der dominanten Hand entgegen. Ein
Akkordeon lässt sich prinzipiell auch ohne größere Umbaumaßnahmen anders herum
halten und spielen.

Eine Harfe – Kinder und Jugendliche werden vornehmlich auf der irischen Harfe und
der Einfachpedalharfe unterrichtet – lässt sich relativ problemlos mit der linken Hand
in der oberen Position spielen. Das Instrument wird dann an die linke Schulter gelehnt.
Die Frage, welche Hand beim Harfenspiel die führenden Aufgaben erfüllt, ist nicht
eindeutig zu beantworten; viele Techniken, z.B. das Glissando, werden so ausgeführt,
dass die Hände ineinander- bzw. übereinander greifen. Harfenlehrerin Frau K. bewertet deshalb den Part der linken Hand als schwieriger als den der rechten. Die Saiten
sind länger und dicker, wodurch die linke Hand mehr Kraft braucht. Die linke Hand
muss aus der Luft agieren und darf nicht aufgestützt werden, während der rechte Unterarm sich auf dem Corpus aufstützen könne. In der Literatur für Fortgeschrittene
spielt meist die rechte Hand die schnelleren Passagen, und die linke Hand erledigt die
größeren Griffe.

Ein an Musikschulen weniger verbreitetes Instrument ist die Mandoline, ein Zupfinstrument aus der Lautenfamilie. Das Zupfen der Saiten erfolgt mittels eines Plektrums,
das wie ein Stift in der Hand gehalten wird. Die drei Finger, die das Plektrum halten,
brauchen ein ausgeprägtes Feingefühl. Außerdem ist Flexibilität und Beweglichkeit in
der ganzen Hand und im Handgelenk wichtig – all dies kann die dominante Hand sehr
viel besser leisten als die nicht dominante Hand. Für Mandolinenlehrerin Frau P. ist
es selbstverständlich, LinkshänderInnen links herum zu unterrichten. Für AnfängerInnen lassen sich die Saiten problemlos umspannen; es gibt aber auch Instrumentenbauer, die Mandolinen für LinkshänderInnen anfertigen.

Beim Hackbrett handelt es sich um ein Saiteninstrument, das in vielen Kulturen zu-
hause ist, aber besonders in bayerischen Musikschulen häufig angeboten wird. Die

Saiten werden von zwei Hämmerchen abwechselnd mit beiden Händen angeschlagen, so dass keine Abstufung der Aufgaben der Hände besteht. Es scheint somit gleichermaßen für Rechts- und LinkshänderInnen geeignet.

Dagegen ist die Zither, ein im Volksmusikbereich des bayerischen und erzgebirgischen Raumes beliebtes Instrument, eher ungünstig für LinkshänderInnen und lässt sich vermutlich auch nicht umbauen. Sie wird von der rechten Hand gezupft; mit einem Ring am Daumen werden die Melodiesaiten gespielt, die von der linken Hand gedrückt werden. Eine Mehrstimmigkeit entsteht, indem die anderen Finger der rechten Hand die nicht abgegriffenen Begleitsaiten zupfen, was eine sehr differenzierte Technik erfordert.

4.5.8 Fazit

Viele Kinder haben ein Wunschinstrument, das sie lernen möchten. So wie es beim Schreiben inzwischen selbstverständlich ist, sollten bei einem linkshändigen Kind die Eltern und die Lehrkraft die Linkshändigkeit berücksichtigen. Ein Musikinstrument sollte deshalb nach Möglichkeit als Linkshänderinstrument angeboten werden. Die gesammelten und hier dargestellten Aussagen sowie Erfahrungen von Instrumentallehrkräften machen deutlich: Bei händigkeitsentsprechendem Spiel ist das Spielgefühl besser und die Freude am Instrument größer. Es entsteht grundsätzlich ein besseres Körpergefühl, wenn LinkshänderInnen ihr Instrument anders herum halten und spielen. Dies wirkt sich dann unmittelbar auf den Klang und die rhythmische Genauigkeit aus und motiviert beim Üben. Schon aus Gründen der Chancengleichheit darf einem linkshändigen Kind die Möglichkeit, sein Wunschinstrument seiner Händigkeit entsprechend zu spielen, nicht verwehrt werden.

Viele Instrumente wie Streichinstrumente, Gitarren und auch Blasinstrumente lassen sich umstellen oder als Linkshänderinstrumente erwerben – in der Regel ohne höheren Kostenaufwand. Ein Schlagzeug sollte für LinkshänderInnen spiegelbildlich aufgebaut werden, was letztlich kaum Aufwand bedeutet. Allerdings ist zu bedenken, dass bei einigen Instrumentenfamilien Linkshänderversionen noch nicht gängig und manche Schülerinstrumente mit höheren Anschaffungskosten verbunden sind. Bei steigender Nachfrage kann aber im Laufe der Zeit auch ein Entgegenkommen der InstrumentenbauerInnen erwartet werden. Sollte das Wunschinstrument nicht als Linkshänderinstrument verfügbar sein, so gibt es vielleicht ein anderes, das »zweitliebste«, welches das Kind links herum erlernen kann.

Auch wenn es nachvollziehbare Gründe gegen das Linksspielen zu geben scheint, sollte in jedem Falle die Linkshändigkeit eines Schülers/einer Schülerin in den Unterricht mit einbezogen werden. Methodische Hilfestellungen können darin unterstützen, dass auch LinkshänderInnen mit gleicher Freude und ebenso erfolgreich wie RechtshänderInnen musizieren können.

Letztlich ist es entscheidend, dass die Begegnung mit Musik und das Kennenlernen eines Instrumentes dem Kind eine positive emotionale Erfahrung ermöglicht. Bevor ein Kind sein Lieblingsinstrument nicht links herum spielen kann, sollte es auf einem Rechtshänderinstrument beginnen dürfen. Walter Mengler vertritt die Auffassung, dass der Wunsch, überhaupt zu musizieren, »über allem stehen« müsse. Und wenn einmal die Freude am Musizieren geweckt ist, gebe es im Verlauf des Unterrichtes »immer noch Möglichkeiten, über eine Seitenvertauschung nachzudenken«[422]. Die Rückschulungsberichte in den folgenden Kapiteln machen Mut: Auch im Erwachsenenalter lässt sich die Erfahrung eines händigkeitsentsprechenden Musizierens noch nachholen.

---

[422] Mengler, Musizieren mit links. Linkshändiges Instrumentalspiel in Theorie und Praxis, S. 161.

5. Rückschulung auf links mit dem Instrument?

5.1 Der Prozess der Rückschulung

Zurück zum »Wohlgefühl«

Wie beim Schreiben besteht auch beim Musizieren die Möglichkeit einer Rückschulung. In Bezug auf das Musizieren ist der Begriff »Rückschulung« insofern passend, als damit ein »Zurück« zu einer Spielweise gemeint ist, die der natürlichen Veranlagung der Betroffenen entspricht. Linkshändige MusikerInnen machen häufig die Erfahrung, dass sich beim Musizieren ein Wohlempfinden nur durch große Anstrengung einstellt. Deshalb empfinden viele Betroffene den Wunsch nach mehr Leichtigkeit in der Ausübung ihrer Kunst. Stellt sich beim Ausprobieren ihres Instrumentes in einer gespiegelten Haltung spontan ein bis dahin unbekanntes Wohlgefühl ein, entstehen ungeahnte Möglichkeiten. Die neue Leichtigkeit in der linkshändigen Spielweise lässt die Betroffenen ahnen, dass sie über eine Umstellung auf ein passendes Instrument zu einer Verwirklichung ihrer musikalischen Empfindungen gelangen können.

Für die Motivation, eine Rückschulung anzugehen, sei es unbedingt wichtig, dass man »eine Perspektive erkennt, besser noch spürt, körperlich wahrnimmt«[423], wie Schlagzeuger Thomas Bittner beschreibt. Seine innere Bereitschaft für die Umstellung auf dem Schlagzeug wuchs, als er erlebte, »wie toll« sich das Spielen auf einem umgedrehten Schlagzeug anfühlte. Weil er die »ersten klitzekleinen Schritte als angenehm, energetisch und auch herausfordernd empfand«, habe er bereits das »Ziel erahnen«[424] können. Die Flötistin Maria Augustin hatte in einer Kindergruppe ein entscheidendes Erlebnis, das ihre Rückschulung initiierte: Als sie verschiedene Instrumente zeigen wollte, hielt sie selbst pantomimisch eine Flöte mit ihrer dominanten linken Hand in der unteren Position. Sie fühlte sich in dieser Haltung spontan sehr wohl, obwohl sie ihre Flöte bisher immer rechts herum gespielt hatte. Nun versuchte sie sich mit geschlossenen Augen vorzustellen, »wie das wäre, wenn [sie] auf der Bühne stehe[n] und die Querflöte nach links spielen würde.«[425] Das habe sich »so toll angefühlt«[426], dass sie sich gleich ein Linkshänderinstrument in Finnland bestellt und mit der Rückschulung begonnen habe. Ulrike Scheuchl war unmittelbar von den ersten Versuchen, ihre

---

[423] Bittner, Linkshänder am Schlagzeug. Ein Ratgeber für Drummer und Schlagzeuglehrer, S. 50.

[424] Ebd.

[425] Verein LinkeHand, Interview mit Maria Augustin, Teil 2.

[426] Ebd.

Klarinette mit der linken Hand in der unteren Position zu spielen, begeistert: Das »vom ersten Augenblick an« erlebte »neue freie Körpergefühl«[427] gab ihr einen entscheidenden Impuls für die Rückschulung. Die linkshändige Amateurmusikerin Frau F. empfand beim ersten Streichen des Bogens mit der linken Hand eine Art »Befreiung« des linken Arms. Nun wusste sie, »wie Cellospielen gemeint ist«[428]. Durch das spontane »Wohlgefühl« die Gewissheit zu haben, »nur in dieser Spielweise ist es richtig für mich«, schien für all diese MusikerInnen der Ausgangspunkt für die Rückschulung auf dem Instrument gewesen zu sein.

Voraussetzungen und Anstöße

Ob eine Rückschulung auf dem Instrument sinnvoll und realistisch ist, hängt neben einer grundsätzlichen Motivation von ähnlichen Umständen ab, die auch für die Rückschulung zum Schreiben zu berücksichtigen sind. Die wichtigsten Faktoren sind die aktuellen Lebensumstände, die Erwartungen an die Rückschulung sowie die körperliche und psychische Konstitution der Betroffenen. Bei MusikerInnen muss besonders bedacht werden, welche Bedeutung das Musizieren im Leben der Betroffenen einnimmt. Wird mit dem Musizieren die Existenzgrundlage gesichert, so ist die Umstellung auf dem Instrument wesentlich schwerwiegender und weitreichender, als wenn das Musizieren nur in der Freizeit betrieben wird. Der optimale Zeitpunkt für eine Umstellung liegt vermutlich im Kindes- oder Jugendalter, wenn sich die Bewegungsabläufe noch nicht zu fest eingeprägt haben. Erwachsene mit einem starken Wunsch der Rückschulung mögen jedoch die Anstrengung als nicht allzu belastend empfinden.

Manche LinkshänderInnen gehen zeitnah zur Rückschulung zum Schreiben auch die Rückschulung auf dem Instrument an. Dies kann sehr anstrengend sein und ist sicher nicht für jede/n Betroffenen empfehlenswert. Andere LinkshänderInnen dagegen schreiben bereits seit ihrer Kindheit mit links und möchten sich später auch auf dem Musikinstrument auf das Linksspielen umstellen. Diesen fällt möglicherweise die Rückschulung leichter, da ihre linke Hand an die Führungsrolle gewöhnt ist. Außerdem ist ihr Selbstbewusstsein als LinkshänderInnen größer als bei jenen, die zum Schreiben umgeschult wurden.

Bei manchen Betroffenen bedarf es eines Anstoßes von außen, der die Dringlichkeit einer Umstellung deutlich macht. Bei Kindern und Jugendlichen bemerkt manchmal eine Lehrkraft, dass ein Instrument in der rechtshändigen Spielweise nicht passt, und empfiehlt dann eine Umstellung auf ein Linkshänderinstrument. Bei manchen

---

[427] Geiger, Diplomarbeit, S. 90.

[428] Gespräch vom 23.10.2019.

InstrumentalistInnen mag auch der Zufall mitspielen: So fiel der jungen Flötistin Silke bei der Ausstellung eines Flötenbauers eine Linksflöte geradezu »in die Hände«, was ihre Umstellung auf das Linksspielen einleitete. Für die Klarinettistin Ulrike Scheuchl gab die Lektüre der Artikel Walter Menglers den Anstoß zur Rückschulung. Schlagzeuger Thomas Bittner verdankt es seinem Lehrer, dass er sich auf dem Schlagzeug auf links umstellte.[429] Bei manchen professionellen linkshändigen MusikerInnen waren es belastende gesundheitliche Probleme durch das »Falschspielen«, die sie die Notwendigkeit einer Veränderung spüren ließen. So musste der österreichische linkshändige Schlagzeuger Thomas Stölzl sein Schlagzeugstudium wegen Nervenentzündungen aufgeben. Einige Zeit später stellte er sich auf Linksspielen um und studierte erfolgreich weiter.[430] Bei der linkshändigen Schlagzeugerin Corinna H. bildete ein »psychischer und physischer Zusammenbruch«, Folge des intensiven Übens am Rechtshänderschlagzeug während ihres Studiums, den Auslöser für eine Rückschulung am Instrument.[431]

Das Instrument selbst

Die Entscheidung für eine Rückschulung und die Dauer des gesamten Prozesses hängen nicht unerheblich von der Art des Instrumentes ab.

Beim Klavier scheint die Umstellung auf links relativ einfach möglich zu sein, wie die Beispiele von Geza Lozo und Christopher Seed zeigen. Die Hände bewegen sich in einem genau spiegelbildlichen Muster, und da die Finger beider Hände ähnlich arbeiten, sind beide Hände für die motorischen Abläufe gleichermaßen trainiert.[432] Allerdings ist zu bedenken, dass sich bei einer Rückschulung neue Verknüpfungen zwischen den Noten und den Tastenpositionen bilden müssen, was eine Schwierigkeit darstellen kann.[433] Bei Holzblasinstrumenten, auch bei der Querflöte, ist es vermutlich ebenfalls das spiegelbildliche Bewegungsmuster der Hände, welches ein Umstellen der

---

[429] Vgl. Bittner, Linkshänder am Schlagzeug. Ein Ratgeber für Drummer und Schlagzeuglehrer, S. 76.

[430] Vgl. Thomas Stölzl, »Ein paar Worte zum Schlagzeug«, <http://www.lefthandcorner.wtal.de/artikel/infos/musikSchlagzeug.html>, 05.04.2018.

[431] Vgl. Johanna Barbara Sattler, »Chancen und Gefahren einer Rückschulung der Händigkeit bei Erwachsenen«, <https://www.linkshänder-consulting.org/deutsch/beratung/rueckschulung/rueckschulung-artikel/html>.

[432] Vgl. Mengler, Musizieren mit links. Linkshändiges Instrumentalspiel in Theorie und Praxis, S. 136.

[433] Vgl. Jäncke, Macht Musik schlau? Neue Erkenntnisse aus den Neurowissenschaften und der kognitiven Psychologie, S. 155.

Handposition erleichtert. Ulrike Scheuchl und Maria Augustin machten die Erfahrung, dass sie die Griffe auf der Klarinette und auf der Querflöte bereits gespiegelt im Kopf hatten und kaum umdenken mussten.[434] Bei Streichinstrumenten und bei der Gitarre ist das Umlernen komplizierter, weil die Anforderungen an die Hände vollkommen verschieden sind. Die Umstellung der Aufgaben beider Hände, insbesondere auch die Entwicklung der Greifhand, erfordert viel Trainingszeit. Deshalb scheint eine Rückschulung für die wenigsten professionellen StreicherInnen und GitarristInnen eine Option zu sein.

Neben spieltechnischen Gegebenheiten bzw. Anforderungen eines Instrumentes ist ein wichtiger Faktor, ob ein Instrument leicht umzubauen ist und ob ein Linkshänderinstrument ohne großen finanziellen Mehraufwand erhältlich ist. Für fortgeschrittene SpielerInnen und BerufsmusikerInnen sind die Ansprüche an die Klangqualität eines Instrumentes hoch. Von daher sind Einwände gegen eine Rückschulung verständlich, wie z.B. von professionellen StreicherInnen, die auf alten Meisterinstrumenten von berühmten Geigenbauern spielen.[435] Für PianistInnen stellt sich in besonderer Weise das Problem des Instrumentes: Soll es ein den eigenen Bedürfnissen angepasstes und zugleich ein Linkshänderinstrument sein, so müssten PianistInnen ihr eigenes Instrument transportieren, um konzertieren zu können. Ein elektronisches Klavier mit Tastenspiegel ist ein Kompromiss, der für professionelle PianistInnen nicht in Frage kommt.

Eine wichtige Rolle in Bezug auf die Entscheidung für oder gegen eine Rückschulung spielt auch der Kontext, in dem das jeweilige Instrument benutzt wird. Bei klassischen Orchesterinstrumenten sind LinkshänderInnen häufig mit Widerständen gegen die andere Spielrichtung konfrontiert. Dabei ist ein Blasinstrument wie die Klarinette, wenn sie mit der linken Hand in der unteren Position gespielt wird, nicht so auffällig im Orchester wie ein Streichinstrument oder die Querflöte, weil die Hände vor dem Körper gehalten werden. Die linksspielende Klarinettistin Ulrike Scheuchl wird in ihrem Orchester zum Beispiel mit »interessiertem Wohlwollen« betrachtet und geachtet.

---

[434] Die linke Hirnhälfte lernt offenbar unaufgefordert mit und speichert Tätigkeiten, die mit der nicht dominanten Hand geübt werden, für sich gespiegelt ab. Dieser »Rechts-Links-Transfer« ist auch wissenschaftlich belegt, vgl. Klöppel/Altenmüller, Die Kunst des Musizierens. Von den physiologischen und psychologischen Grundlagen zur Praxis, S. 147.

[435] Es gibt GeigenbauerInnen, die sich darauf spezialisiert haben, alte Instrumente auch zu Linkshänderinstrumenten umzubauen, wie z.B. Kristin Vasterling in Stuttgart.

Die Klarinette in der rechtshändigen und linkshändigen Spielhaltung

InstrumentalistInnen, die solistisch oder in kleineren Ensembles auftreten oder nicht in der klassischen Stilrichtung tätig sind, stoßen häufig im Prozess der Rückschulung auf weniger Widerstände als diejenigen, die durch ihr Instrument an Konventionen gebunden sind. Die Umstellung auf der Querflöte, wie Maria Augustin sie vollzogen hat, wäre vermutlich für eine Orchestermusikerin nicht möglich gewesen. Sie wählte jedoch nach dem klassischen Querflötenstudium den zusätzlichen Schwerpunkt Popularmusik und verlegte sich vermehrt auf den Jazzbereich. Diese Stilrichtung sowie ihr solistisches und kammermusikalisches Spiel erlauben ihr in Bezug auf das Linksspielen mehr individuelle Freiheiten.

Kleine Schritte und passende Übemethoden

Im Unterschied zur Rückschulung zum Schreiben müssen bei der Umstellung auf einem Musikinstrument komplexe Bewegungsabläufe mit **beiden** Händen umgelernt werden – was von Instrument zu Instrument unterschiedlich schwierig ist Daher ist ein »konsequentes schrittweises Vorgehen wie beim ersten Anfängerunterricht«[436] empfehlenswert. »Kurze Übephasen von fünf bis zehn Minuten täglich schützen den Körper vor Überlastung und bieten die Gewähr, dass die Bewegungen auf der anderen Seite willentlich und konzentriert neu gelernt werden. Das Übepensum kann

---

[436] Mengler, Musizieren mit links. Linkshändiges Instrumentalspiel in Theorie und Praxis, S. 137.

wöchentlich langsam gesteigert werden.«[437] Schlagzeuglehrer Thomas Bittner praktiziert ebenfalls eine behutsame Vorgehensweise bei einer Rückschulung auf dem
Schlagzeug, da auch das Gehirn zum Umschalten Zeit braucht. Er rät: »Lieber noch
etwas länger mit Bekanntem herumspielen, bevor man einen Schritt weiter geht. Immer auf der Suche nach einem sicheren Gefühl für die Bewegung bleiben.«[438] Eine
systematische Vorgehensweise empfiehlt sich insbesondere bei erwachsenen professionellen MusikerInnen. Denn diese neigen häufig dazu, sich Höchstleistungen abzu-
fordern und sich auch im Prozess der Rückschulung zu viel zuzumuten, insbesondere
wenn sie auch zum Schreiben umgeschult wurden. Es besteht noch eine weitere
Schwierigkeit im Vergleich zur Rückschulung zum Schreiben: Während Erwachsene
das Schreibpensum reduzieren können, um der Entwicklung der linken dominanten
Hand Zeit zu geben, können professionelle MusikerInnen nicht pausieren, ohne die
eigene wirtschaftliche Existenz zu gefährden.

Rückhalt durch Bezugspersonen und professionelle Begleitung

Wie bei der Rückschulung zum Schreiben ist auch bei der Umstellung auf dem Musikinstrument die Begleitung durch eine Lehrkraft wichtig. Diese kann z.B. die jugendlichen SchülerInnen zu sinnvollen Übemethoden beraten, mit ihnen einen Übeplan erarbeiten und ihnen Rückmeldung zu ihrem Lernprozess geben. Dabei muss der Unterricht kontinuierlich und regelmäßig stattfinden.[439]

Die Lehrerin der jungen Flötistin Silke zeichnete mit einer Kamera die rechtshändige
und die linkshändige Spielweise auf und konnte Silke die positiven Veränderungen
sofort vor Augen führen. Für Bittner ist eine intensive Rückmeldung von Seiten der
Lehrperson deshalb sinnvoll, weil der/die SchülerIn die Veränderungen in seinem/ih-
rem Spiel meist selbst nicht wahrnimmt.[440] Die elfjährige Louisa, die sich auf der Geige
auf Linksspielen umstellte, wurde durch die positiven Rückmeldungen ihrer Lehrerin
und ihrer Familie darin ermutigt, die Rückschulung durchzuführen. »Was für ein schöner Ausdruck!« stellte die Lehrerin sogleich fest, als sie Louisa auf ihrer Linkshändergeige hörte. Für Ulrike Scheuchl war es wichtig, von ihrer Familie, ihren Kommiliton-
nInnen und ihrem Lehrer die Bestätigung zu bekommen, dass der Klang beim Spielen
auf   der   Linkshänderklarinette   erheblich   besser   war   als   auf   ihrer

---

[437] Ebd.

[438] Bittner, Linkshänder am Schlagzeug. Ein Ratgeber für Drummer und Schlagzeuglehrer,
S. 61.

[439] Vgl. Geiger, Diplomarbeit, S. 95 und ebd., S. 59.

[440] Vgl. ebd., S. 59.

Rechtshänderklarinette. Die Flötistin Maria Augustin erhielt die Rückmeldung, dass bei ihr »viel mehr Power und ganzkörperliche Mimik und Gestik, also Ausdrucksstärke«[441] beim Linksspielen wahrgenommen werde. Schlagzeuger Herr H. erfuhr von seinen Bandkollegen, dass durch die Umstellung auf dem Schlagzeug sein »Timing« viel sicherer geworden sei. Für die Betroffenen kann es bereits hilfreich sein, wenn Familie und FreundInnen die Entscheidung für das Linksspielen akzeptieren und mit der Begeisterung mitgehen. Denn insbesondere die emotionale Unterstützung durch Bezugspersonen hat eine wichtige Bedeutung für den Erfolg einer Rückschulung.

Wie bei der Rückschulung zum Schreiben ist auch bei der Rückschulung auf dem Musikinstrument die Begleitung durch eine Fachkraft für Händigkeitsfragen sinnvoll, die idealerweise auch psychotherapeutisch geschult ist. Professionelle BegleiterInnen können mit Fachkompetenz die Betroffenen in Bezug auf einen achtsamen Umgang mit den eigenen Ressourcen unterstützen und sie auch bei Stagnationen und Rückschlägen ermutigen.

5.2 Mögliche Hindernisse und Schwierigkeiten

Die Sicherheit der Bewegungsabläufe

Wenn eine professionelle Sängerin, die sich als Erwachsene zum Schreiben auf die linke Hand zurückgeschult hat, zögert, sich auch auf der Gitarre auf Linksspielen umzustellen, obwohl sie in der Zupfgeschwindigkeit und bei bestimmten Schlagtechniken mit rechts ihre Grenzen erreicht – dann ist das verständlich. Bisher konnte die Gitarre ihre Singstimme zuverlässig stützen, und sie fühlte sich sicher bei musikalischen Auftritten. Der Aspekt der Sicherheit der gelernten Bewegungsabläufe ist nicht zu unterschätzen, insbesondere, wenn ein/e MusikerIn öffentlich auftritt und zumindest einen Teil seines/ihres Lebensunterhaltes damit bestreitet.

Eine Rückschulung auf dem Instrument anzugehen, bedeutet immer, dass eine Phase der Unsicherheit durchschritten werden muss. Die Diskrepanz zwischen der Sicherheit der häufig trainierten Bewegung und der Automatisierung der neuen Bewegungsabläufe kann zu einem Problem werden.[442] Musiker wie der englische Pianist

---

[441] Verein LinkeHand, Interview mit Maria Augustin, Teil 2.

[442] Vgl. Mengler, Musizieren mit links. Linkshändiges Instrumentalspiel in Theorie und Praxis, S. 137; Walter Mengler hatte sich selbst gegen eine Rückschulung auf dem Cello entschieden, weil seine anspruchsvolle Vollzeittätigkeit im Orchester die lange Zeit der Umstellung nicht zuließ.

Christopher Seed und der Schweizer Querflötist Jan Grimm, die spontan von einem Rechtshänder- auf ein Linkshänderinstrument wechseln können, sind als Ausnahmetalente anzusehen. Und auch Jan Grimm betont, dass sich die rechtshändige Spielweise immer noch vertrauter anfühlt, und er, wenn es um eine Aufführung geht, lieber auf der Rechtsflöte spielt.[443]

Überlastungssymptome

Die Rückschulung auf dem Musikinstrument bringt eine Umstellung der eingeprägten Bewegungsabläufe und damit eine »Neusortierung« des ganzen Körpers mit sich. Zugleich bedeutet sie auch eine Neuordnung des Gefühlsbereichs: Nun ist es die dominante Hand, die für den musikalischen und emotionalen Ausdruck zuständig ist. Während beim Schreiben die Umstellung nur eine Hand betrifft, muss beim Musizieren zusätzlich auch die nicht dominante Hand eine neue Aufgabe übernehmen, denn sie bleibt weiterhin am musikalischen Geschehen beteiligt – jetzt allerdings in »untergeordneter« Funktion.

Insofern können sich bei der Rückschulung am Instrument sowohl körperliche als auch psychische Überlastungssymptome zeigen. Wenn die Betroffenen zu viel in der noch ungewohnten Haltung üben, kann der Körper z.B. mit schmerzhaften Verspannungen reagieren. Manche berichten über Schmerzen im linken Arm, der sich an die neue Führungsaufgabe erst noch gewöhnen muss. Wenn MusikerInnen in der Rückschulung zu hohe Leistungsanforderungen an sich selbst stellen, kann sich dieses »Zuviel« in Unwohlsein, Schwindel oder in plötzlich auftretenden Erschöpfungszuständen äußern. Auch Richtungsunsicherheiten, die als Folge der Umschulung zum Schreiben häufig zu beobachten sind, können zumindest anfänglich bei der Umstellung auf dem Instrument auftreten. Geigenlehrerin Frau D. berichtete, dass eine 13-jährige Schülerin eine Weile nach Beginn der Umstellung ihre Geige immer wieder auf die linke Schulter legen wollte. Auch bei ihrem Zweitinstrument Klavier, das sie weiter in der Standardspielweise spielte, vertauschte sie plötzlich die Seiten und die Richtungen. Möglicherweise war es eine zwischenzeitliche Überforderung, beide Instrumente weiter auf hohem Niveau zu spielen (und beim Klavierspiel weiterhin der nicht dominanten Hand die Führung zu lassen) und daneben die schulischen Anforderungen zu bewältigen, die sich darin wiederspiegelte. Auch Klarinettistin Ulrike Scheuchl sieht es im Nachhinein als Konsequenz aus der anfänglichen Überlastung während ihrer Rückschulung an, dass sie ihre Hände immer wieder in die alte Position – linke Hand oben, rechte Hand unten – bringen wollte.

---

[443] Vgl. Mail vom 12.03.2018.

Das Spielen eines Musikinstrumentes ist eine Tätigkeit, bei der der emotionale Ausdruck eine noch größere Rolle spielt als beim Schreiben mit der Hand. Während der Rückschulung auf dem Musikinstrument erleben viele MusikerInnen, dass sie sich meist einerseits körperlich wohler fühlen, andererseits jedoch psychisch an ihre Grenzen geraten. Über die dominante Hand können sie nun Gefühle zum Ausdruck bringen, zu denen sie beim Spielen in der rechtshändigen Weise keinen Zugang hatten. Auch ein bisher unterdrückter Schmerz kann plötzlich zu Tage treten, wenn den Betroffenen mit der Rückschulung bewusst wird, was sie bisher versäumt hatten und was bisher »falsch« war. Das kann die Betroffenen überfordern. Bei entsprechender Veranlagung entwickeln sich daraus starke Selbstzweifel und Ängste bis hin zu Depressionen. In solchen Fällen sollten sich die Betroffenen unbedingt therapeutische Hilfe suchen. Es sollte stets bedacht werden, dass die Rückschulung auf dem Musikinstrument, ebenso wie es für das Schreiben gilt, vor allem auch ein »Experiment mit der eigenen Psyche«[444] darstellt.

Der Druck der Anpassung

Links schreibende LinkshänderInnen sind mittlerweile nichts Unbekanntes mehr — aber links herum musizierende LinkshänderInnen? Mit der Umstellung des Instrumentes müssen MusikerInnen auch eine neue Haltung nach außen vertreten. Links spielende MusikerInnen sind in der Öffentlichkeit sichtbarer und weitaus mehr Beurteilungen ausgesetzt als diejenigen, die nur mit der linken Hand schreiben. Gerade die klassische Musikkultur ist von einer Ästhetik geprägt, die eine Einheitlichkeit der Spielhaltung nach rechts als das Schönere und damit als das Bessere empfindet. Daher ist die Einstellung der Umgebung häufig ausschlaggebend für Entscheidung, bei der rechtshändigen Spielweise zu bleiben. Kinder und Jugendliche entscheiden sich vielleicht gegen eine Rückschulung auf ihrem Instrument, weil sie nicht »anders« sein wollen. Wenn in einer Familie Musik einen hohen Stellenwert hat und Eltern oder Geschwister BerufsmusikerInnen sind, fällt es den Betroffenen womöglich schwer, die ihrem linksdominanten Körpergefühl entsprechende Spielweise umzusetzen und zu ihrem »Eigenen« zu stehen.

Nicht selten wird die Bedeutung der Handdominanz beim Musizieren relativiert. Das Musizieren sei doch eine »beidhändige« Tätigkeit und durch Training könne die nicht dominante rechte Hand genauso gut werden wie die dominante linke Hand. Auch profitierten LinkshänderInnen beim Instrumentalspiel von ihrer starken linken Hand. All diese Meinungen beeinflussen linkshändige MusikerInnen, insbesondere auf dem Weg in die Professionalität. Die Betroffenen brauchen ein starkes Selbstbewusstsein

---

[444] Sattler, Der umgeschulte Linkshänder oder Der Knoten im Gehirn, S. 138.

und die Sicherheit, dass sie »richtig« sind, wenn sie auf ihr (Körper-)Gefühl achten. Ansonsten werden sich die meisten linkshändigen MusikerInnen gegen eine Rückschulung auf dem Instrument entscheiden, wenn sie ihren »Traumberuf« MusikerIn dadurch aufs Spiel gesetzt sehen.

5.3 Erfahrungsberichte: geglückte Umstellung auf dem Instrument

Obwohl es bisher noch wenige Berichte von erfolgreichen Rückschulungen auf dem Instrument gibt, zeigt sich in den bereits vorhandenen, dass alle Betroffenen durch die Rückschulung ausschließlich positive Veränderungen für ihr Instrumentalspiel und für ihr Leben als MusikerInnen erleben.

Kinder und Jugendliche

Lehrkräfte, die Kinder oder Jugendliche bei der Umstellung auf dem Instrument begleiteten, berichten übereinstimmend von erfreulichen Veränderungen:

GitarrenlehrerInnen stellen fest, dass bei jüngeren linkshändigen Kindern nach einer Umstellung auf das Linksspielen das Körpergefühl sich unmittelbar verbessert, was sich bald auf den Lernerfolg auswirkt. Herr M. konnte beobachten, dass eine Schülerin nach der Umstellung auf ein Linkshänderinstrument viel entspannter spielte und wesentlich schnellere Fortschritte machte als vorher. Herr S. erzählte, dass sich bei einigen SchülerInnen, die er beim Umlernen von rechts nach links begleitet hatte, eine natürlichere Körperhaltung einstellte. Diese verbesserte die Tongebung und das gesamte Spiel, was wiederum zum Üben motivierte. Wie sehr stimmige Körperhaltung, Koordination sowie Gespür und Beweglichkeit der Spielhand sich gegenseitig bedingen, wurde Herrn H. bewusst, als sich bei einem achtjährigen linkshändigen Jungen nach dem Umstellen der Gitarre auf links eine vorher nicht erlebte Natürlichkeit und Leichtigkeit einstellte. Mandolinenlehrerin Frau P. berichtete, dass ein 13-jähriger Schüler, der sich nach sechs Jahren Unterricht immer noch auf der Mandoline eher »quälte«, einer Umstellung auf links zustimmte. Innerhalb von zwei Monaten erreichte er bereits wieder sein vorheriges Niveau. Er war kein besonders ehrgeiziger Schüler, aber das Mandolinenspiel machte ihm offensichtlich in der neuen Haltung so viel Freude, dass er es die ganze Pubertät hindurch fortführte.

Walter Mengler machte als Cellolehrer die Erfahrung, dass Kinder nach etwa einem halben Jahr ihren vorherigen Entwicklungsstand wieder erreichten und sich nach dem

Umlernen wohler und sicherer fühlten.[445] Ulrike Scheuchl beschreibt ein Mädchen im Grundschulalter, dessen Wohlgefühl nach dem Umstellen auf der Blockflöte sogleich in einem wesentlich freieren Klang hörbar geworden sei. Ihr Spiel habe sich erstmals »wie Musik«[446] angehört.

Bei Louisa war im Alter von zehn Jahren erkannt worden, dass sie Linkshänderin ist; sie ist sehr musikalisch und hatte bereits einige Jahre Geigenunterricht. Anstelle einer Rückschulung zum Schreiben entschied sie sich für die Rückschulung auf der Geige. Die Lehrerin, bei der sie als »Linkshänderin« neu anfing, bemerkte sofort ihren »schönen Ausdruck«. Louisa erlernte die neuen Abläufe sehr schnell. Nach zwei Jahren Unterricht auf der Linkshändergeige hatte sich ihr Ton hörbar »intensiviert« und die dynamische Gestaltung deutlich verbessert. Außerdem sei sie in der Körperhaltung sowie ihrer Persönlichkeit sehr viel sicherer geworden, wie die Lehrerin bestätigte.[447]

13-jähriges Mädchen mit Linkshändergeige

Schlagzeuglehrer Thomas Bittner begleitete verschiedene SchülerInnen bei der Umstellung auf links und stellte fest:

»Der Schüler merkt irgendwann selbst einen Unterschied. Die Mühe hat sich gelohnt und plötzlich ist alles vergessen und scheint wie selbstverständlich zu sein: die körperliche Wahrnehmung im Spiel, die Ordnung, die Leichtigkeit und das Notenlesen. Sein Gesichtsausdruck hat sich verändert: [A]us

---

[445] Vgl. Mengler, Musizieren mit links. Linkshändiges Instrumentalspiel in Theorie und Praxis, S. 138.

[446] Geiger, Diplomarbeit, S. 88.

[447] Vgl. Gespräche vom 23.03.2016 und 13.06.2018.

angestrengter Miene wurde Entspannung und ein Lächeln zieht über das Gesicht. Die kämpferische Anstrengung ist jetzt Geschichte und Schlagzeugspielen macht einfach nur noch Spaß.«[448]

Wenn sich beim Musizieren auf einmal eine stimmige Körperhaltung, schnellere Lernfortschritte, eine Verbesserung von Klang und Ausdruck und eine vorher nicht erlebte Freude einstellen, zeigt sich darin, dass eine Rückschulung auf dem Instrument im Kindes- oder Jugendalter sehr lohnend sein kann.

Dass das musikalische Potenzial junger InstrumentalistInnen sich anscheinend erst bei händigkeitsentsprechendem Spiel vollständig entfalten kann, bestätigt auch der eindrückliche Bericht des Cellolehrers Herrn A.:

»Ich hatte eine Schülerin [Linkshänderin, d.V.], welche sich drei Monate lang mit Ach und Krach auf einem Rechtshänderinstrument durchgekämpft hatte (sie bekam den geraden Strich nicht hin, auch griff sie immer daneben). Als ich ihr ein Linkshänderinstrument in die Hand gab, stellte ich nach zwei Wochen fest, dass es sich um die begabteste Schülerin meiner Unterrichtserfahrung handelte. Ich fand es unglaublich, wie schnell sie den Facettenreichtum des Instruments mit dem Bogen erkundete, und wie sie Literatur ›fraß‹. Nach weniger als einem Jahr nahm sie erfolgreich an dem Wettbewerb Jugend Musiziert teil. Mittlerweile ist sie seit zwei Jahren dabei und spielt Repertoire, welches durchschnittliche Schüler nach 5-7 Jahren (wenn überhaupt) spielen können. In den ersten drei Monaten (am Rechtshänderinstrument) hatte man das Ausmaß ihrer Begabung nicht im Geringsten ahnen können.«[449]

Erwachsene

Schlagzeug

Auf dem Schlagzeug bedeutet eine Rückschulung eine vollständige Spiegelung der Bewegungsabläufe und eine damit verbundene Neugewichtung der eingesetzten Spielenergie. Von den Betroffenen wird dies häufig als mühsamer, aber schlussendlich lohnenswerter Prozess empfunden. So stellte sich die Schlagzeugerin **Corinna H.** während des Studiums auf Linksspielen um. Nach gut zwei Jahren hatte sie ihr vorheriges Leistungsniveau wiedererlangt und sich außerdem von einer schweren Erkrankung erholt, die sich aus der Umschulung am Instrument entwickelt hatte.[450]

---

[448] Bittner Linkshänder am Schlagzeug. Ein Ratgeber für Drummer und Schlagzeuglehrer, S. 60.

[449] Mail vom 30.11.2016.

[450] Vgl. Johanna Barbara Sattler, »Chancen und Gefahren einer Rückschulung der Händigkeit bei Erwachsenen«, <https://www.lefthander-consulting.org/deutsch/beratung/rueckschulung/rueckschulung-artikel/html>.

Der Grazer **Thomas Stölzl** hatte zunächst Angst vor dem Neubeginn, konnte jedoch zwei Jahre nach der Rückschulung technisch und musikalisch sein vorheriges Niveau sogar übertreffen. Er berichtete, dass er »nebst viel Ärger und Kummer über Versäumtes«[451] drei Vorteile der Umstellung für sich erkannte: Zum einen waren seine Nervenschmerzen an den Händen – offensichtliches Zeichen der Überlastung am falschen Instrument – kurze Zeit nach Beginn der Umstellung verschwunden. Zum anderen hatte er wesentlich mehr Spaß bei Proben und Auftritten. Außerdem empfand er eine erhebliche musikalische Verbesserung: Er fühlte nun wesentlich sicherer, welcher Rhythmus zu welchem Lied passt.

Ein weiterer Schlagzeuger, der seine Rückschulung am Instrument als äußerst positiv empfand, ist **Thomas Bittner**. In seiner Kindheit schulte er sich selbst zum Schreiben auf die rechte Hand um, erhielt Klavierunterricht und hatte dabei besonders große Schwierigkeiten beim Notenlesen. Als er die Richtung »Jazzpiano« einschlug, ging es ihm besser; er entdeckte seine improvisatorischen Fähigkeiten und bemerkte, dass er besonders gern Bassläufe mit der linken Hand und dazu in der rechten Hand begleitende Akkorde spielte. Seine wirkliche Leidenschaft galt jedoch dem Schlagzeug. Autodidaktisch brachte er sich am Rechtshänder-Drumset (eine Alternative kannte er noch nicht) verschiedene Techniken bei, spielte in mehreren Bands und erhielt Anerkennung als »musikalischer Schlagzeuger«. Daraufhin nahm er Unterricht an einer bekannten Münchener Schlagzeugschule, erweiterte seine Techniken in den USA und kehrte zurück nach München, um sich zum professionellen Schlagzeuger ausbilden zu lassen. Zunehmend wurden ihm jedoch seine Grenzen bewusst: Er empfand seinen »Groove« als nicht überzeugend, und das Notenlesen blieb problematisch. Erst der Wechsel zu einem neuen Lehrer, der offensichtlich einen Zusammenhang mit seiner Linkshändigkeit sah, motivierte ihn schließlich dazu, auf Linksspielen umzulernen. Obwohl ihm bewusst war, dass die Rückschulung einen vollständigen Neuanfang bedeutete, habe es für ihn »keine andere Wahl« gegeben. Als entscheidend empfand er, dass der erste mit dem linken Fuß gespielte Bassdrum-Schlag sogleich eine bisher unbekannte Energie freisetzte. So stand er Höhen und Tiefen des Umstellungsprozesses durch und stellte schließlich fest: »Nach knapp zwei Jahren hatte ich mich selbst überholt, ich konnte endlich die Sachen spielen, an denen ich zuvor jahrelang gescheitert war. Ich konnte endlich mit Noten etwas anfangen und es begann zu grooven.«[452] Eine weitere Erfahrung war, dass sich die Effizienz beim Üben gegenüber früher enorm

---

[451] Thomas Stölzl, »Ein paar Worte zum Schlagzeug«, o.S.

[452] Bittner, Linkshänder am Schlagzeug. Ein Ratgeber für Drummer und Schlagzeuglehrer, S. 76.

gesteigert hatte. Außerdem zeigte sich nach der vollzogenen Umstellung auf dem Schlagzeug für ihn zum ersten Mal die Perspektive, als Musiker Geld verdienen zu können. Im Jahr 2005 bestand er sehr erfolgreich seine künstlerischen und pädagogischen Abschlussprüfungen. Als Schlagzeuglehrer begleitete er in den letzten Jahren viele linkshändige SchülerInnen und unterstützte einige auch bei der Umstellung auf links.[453]

Holzblasinstrumente

Einige Berichte von erfolgreichen Rückschulungen stammen von HolzbläserInnen. Den Betroffenen ist gemeinsam, dass ihnen die spontane Umstellung der Handhaltung beinahe ohne Schwierigkeiten gelang. Die Griffe schienen im Gehirn gespiegelt abgespeichert und konnten von den Händen – jetzt die linke Hand unten oder außen – schnell umgesetzt werden.

Die linkshändige Blockflötenlehrerin **Frau I.** war fast am Ende ihres musikpädagogischen Studiums, als sie trotz intensiven Übens keine Verbesserung ihres Flötenspiels mehr erlangte – im Gegenteil: Das »Spielgefühl« sei immer schlechter geworden. Nachdem ihre Rückschulung zum Schreiben bereits zwei Jahre zuvor geglückt war, erlaubte sie sich nun, ihre Blockflöte links zu spielen. Bei den ersten Versuchen in der gespiegelten Haltung habe sie sofort ein »unglaublich intensives Gefühl von ›zu Hause sein‹«[454] erfahren. Nach der Diplomprüfung stellte sie ihr Flötenspiel ganz auf links um. Auch als Lehrerin unterrichtet sie schon seit einigen Jahren linkshändige SchülerInnen auf der Linkshänderblockflöte. Die Linkshänderin **Frau S.**, die erst als Erwachsene mit dem Klarinettenunterricht begann, hatte Schwierigkeiten in der Tonbildung, Probleme mit dem rechten Arm und immer wieder grifftechnische Blackouts. Nach der Umstellung auf eine extra für sie angefertigte Linkshänderklarinette konnte sie »sofort (buchstäblich sofort!) […] nicht nur besser spielen und einwandfrei Noten lesen. Sondern sie hatte auch keine Blackouts mehr«[455], wie ihr Lehrer berichtet.

Maria Augustin, Flöte

Die professionelle Flötistin **Maria Augustin** stellte sich bald nach der Rückschulung zum Schreiben auch auf ihrer Querflöte auf Linksspielen um. Beim umgedrehten Spiel – auf einer Linksflöte eines Flötenbauers aus Finnland – war es vor allem das gute Gefühl für die linke Körperseite, welches sie vom Sinn dieser Maßnahme überzeugte:

---

[453] Vgl. ebd., S. 73ff.

[454] Mail vom 07.09.2017.

[455] Ware/Schulte, »Linkshändigkeit bei Holzblasinstrumenten«, S. 195.

»Mir ist dabei aufgefallen, wie angenehm es ist, als einleitende Geste die linke Körperseite zu öffnen und wie beim rechtshändig Spielen die linke Seite ›ausgeblendet‹ war. Der linken Seite zugewandt zu sein und das linksseitig Offensein fühlen sich einfach total gut an.«[456]

Sie konnte zwar den Notentext gleich in die neuen Griffe umsetzen, dennoch brauchte sie ein halbes Jahr, bis die Finger sich vollständig an ihre neuen Aufgaben gewöhnt hatten. Auch der linke Daumen musste zunächst üben, das Instrument sicher zu stabilisieren. Insgesamt stellte sie fest, dass die linke Hand außen im Vergleich zur rechten Hand beim rechtshändigen Spiel kaum Kraft aufwenden musste. Das neue körperliche Wohlgefühl wirkte sich erheblich auf die Atmung, einen schöneren Ton und eine freiere Klanggestaltung aus. Mit der Umstellung sei ihr Spiel außerdem viel intuitiver geworden. »Jetzt denke ich nicht mehr darüber nach, wie die Melodie klingen soll, ich spiel sie einfach«[457], erläutert sie. Auch das Notenlesen sowie das Blattspielen, das ihr vorher große Probleme bereitet hatte, sei nun viel leichter. Ebenso empfindet sie eine große Verbesserung beim Auswendiglernen von Stücken. Die Energie, die sie für das Falsch-herum-Spielen eingesetzt hatte, kann sie nun fürs Auswendiglernen nutzen: »Mir kommt einfach vor, ich habe jetzt viel mehr ›Rechenleistung‹ im Hirn frei.«[458] Maria Augustin spielt kammermusikalisch oder solistisch, vor allem im Jazzbereich.

Silke, Flöte

Die 17-jährige **Silke** spielt seit früher Kindheit Querflöte und gewann bereits zahlreiche Wettbewerbe. Als sie 14 Jahre alt war, wurde ihre Linkshändigkeit festgestellt, und sie schulte sich zum Schreiben auf die linke Hand zurück. Flöte spielte sie zunächst weiter in der rechtshändigen Spielweise. Kurz vor ihrem 16. Geburtstag entdeckte sie bei einem Wettbewerb am Stand eines Ausstellers zufällig eine Linksflöte, spielte sie – und wollte sie gar nicht mehr weglegen. Sie entschloss sich, das Linksspielen weiter auszuprobieren und bezog es für eine Weile in ihr Üben mit ein. Sie spielte jeden Tag ein paar einfachere Etüden, langsame Stücke oder technisch leichte Passagen auf der Linksflöte, genoss das Spielgefühl und nahm es in ihr Spiel auf der Rechtsflöte mit. Schon sehr bald spürte sie, dass sie ihre musikalischen Vorstellungen viel besser mit der Haltung und Spielweise nach links ausdrücken konnte, obwohl die Flöte nur ein einfaches Schülerinstrument war.

---

[456] Verein LinkeHand, Interview mit Maria Augustin, Teil 2.

[457] Ebd.

[458] Ebd.

Ihre Klavierlehrerin und Mentorin Verena Börsch, die sie bei den ersten Begegnungen mit der Linksflöte begleitete, berichtet:

»Zunächst war die Haltung deutlich ruhiger und offener. Viele die Musik störenden Bewegungen fielen weg, der musikalische Fluss war dadurch klarer und nachvollziehbarer. Auch die emotionale Aussage kam plötzlich eindeutig rüber – und das nach drei Stunden Üben auf dem Linkshänderinstrument.«[459]

Bemerkenswert schien ihr auch eine völlig neue Qualität im Zusammenspiel mit Silke:

»Beim Zusammenspiel neulich fiel mir auf, dass die dynamische Entwicklung der Töne und die dramaturgische Entwicklung der Phrasen viel leichter zu hören waren. Das Timing war vollkommen klar. Ich spielte mit dem Rücken zu Silke und hatte bei der Linkshänderflöte, auf der sie das Stück kaum geübt hatte, keine Probleme, sie zu begleiten und Rubati zu verstehen. Das war auf dem Rechtshänderinstrument deutlich unsicherer.«[460]

Trotz dieser positiven Erfahrungen war für Silke ihre bisherige Flöte, ein klanglich sehr hochwertiges Instrument, noch vertrauter, und ihre Erfolge motivierten sie, zunächst auf der Rechtsflöte weiterzuspielen. Aber ihre Einstellung änderte sich, als ihr ein Jahr später ein Bekannter – der Schweizer Flötist Jan Grimm – eine sehr gute Linksflöte leihweise zur Verfügung stellte. Sie nahm sich die Zeit, um sich eingehend mit diesem Instrument zu beschäftigen und sich darüber klar zu werden, was das Linksspielen für sie als Linkshänderin bedeutet. Die Freude an der neuen Flöte und die Innigkeit mit diesem Instrument war viel größer und intensiver, als sie es jemals auf der Rechtsflöte empfunden hatte. Sie stellte fest: »Auf der Linksflöte bin ich viel näher an dem, was ich ausdrücken möchte.«[461] Technisch fiel ihr die Umstellung nicht besonders schwer, auch wenn die Finger anfangs noch langsamer arbeiteten, als sie es gewohnt war. Inzwischen hat Silke sich von ihrer Rechtsflöte ganz verabschiedet. Die Entscheidung, nur noch links zu spielen, wirkte für sie so befreiend, dass sie schnell große Fortschritte machte. Nur wenige Monate später stellte sich bereits ein erster Wettbewerbserfolg mit der Linksflöte ein![462]

---

[459] Mail vom 17.11.2018.

[460] Ebd.

[461] Gespräch vom 09.09.2019.

[462] Vgl. Mail vom 11.02.2020.

Ulrike Scheuchl, geb. Geiger, Klarinette

Ulrike Scheuchl ist Linkshänderin und lernte als Kind Blockflöte, Percussion, Klavier und Klarinette in der Standard-Spielposition. Nach dem Abitur entschied sie sich für ein Studium der Klarinette. Im letzten Drittel des Studiums entdeckte sie die frisch herausgekommenen Artikel von Walter Mengler zum Thema »Musizieren mit links«, in denen sie sich als linkshändige Musikerin wiederfand. Schon länger war sie mit ihrem Ton und ihrem gesamten Klarinettenspiel unzufrieden, ohne den eigentlichen Grund dafür zu kennen.

Angeregt durch Menglers Erklärungen zu den Streichinstrumenten probierte sie an der Klarinette eine gespiegelte Haltung aus, bei der die linke Hand die untere Position einnahm. Dadurch trat für sie ein sofortiger »Aha-Effekt« und Erkenntnisgewinn ein, wie ein Holzblasinstrument gespielt werden sollte und wie sich das System Holzblasinstrument/Spieler anfühlen sollte. Die Wahrnehmung des Instrumentes in seiner vollen Länge war plötzlich auf natürliche Weise gegeben. Das Tragen des Instrumentes mit dem starken Arm ermöglichte eine natürliche, freiere Körperhaltung und einen sicheren und intensiveren Kontakt zum Instrument. In dieser Spielweise war ihre Atmung natürlicher und ihr Ton »schöner, freier und gestaltbarer«[463]. Grundsätzlich empfand sie ein »neues freies Körpergefühl«[464] und »die Erleichterung, plötzlich die Lösung der Frage, was nicht in Ordnung war, gefunden zu haben«[465].

Innerlich stand sie vor der Entscheidung »Umlernen oder Aufhören«. Sie fasste den Entschluss, sich auf Linksspielen umzustellen. Zunächst schaffte sie sich zum Üben ein einfaches Schülerinstrument für LinkshänderInnen an. Sie hatte das große Glück, dass eine Klarinettenbaufirma ein Linksspielinstrument im Sortiment hatte. Bis das Instrument fertig war, spielte sie rudimentär gespiegelt auf ihrer Rechtshänderklarinette und übergangsweise linkshändig Blockflöte. Die Griffe gespiegelt auszuführen fiel ihr leicht; denn es war, als habe die dominante Gehirnhälfte sich bereits »eine Kopie [davon] angelegt«, wie es »für sie richtig wäre«[466]. Gleichzeitig wusste sie jedoch, dass es einige Zeit dauern würde, bis sie in der umgedrehten Spielweise das Niveau ihres bisherigen Spiels erreicht haben würde.

---

[463] Geiger, Diplomarbeit, S. 90.

[464] Ebd.

[465] Ebd.

[466] Gespräch vom 05.10.2016.

In ihrer anfänglichen Begeisterung spielte sie täglich mehrere Stunden auf dem Linkshänderinstrument, und so machten sich bald Überlastungssymptome wie Kopfschmerzen und Schwindel bemerkbar. War die Rückschulung neben den Leistungsanforderungen des Studiums ein zu großes Unterfangen? Eine Pause von einem halben Jahr gab ihrem Gehirn und ihrer Seele Zeit, die Umstellung zu verarbeiten. Danach führte sie die Rückschulung auf der Klarinette systematisch fort. Sie beauftragte eine renommierte Klarinettenbauwerkstatt, einen Satz professionelle Linkshänder-Klarinetten zu bauen, und studierte weiter an der Hochschule.

Damit sich die neuen Griffe einprägen konnten, übte sie im Wesentlichen langsame, gesangliche Sätze aus Klarinettenwerken sowie Tonleitern und Etüden. Als zusätzliche Methode intensivierte sie das mentale Üben, das Auswendigspielen und das improvisatorische »Drauflosspielen«. Die Lernerfolge wuchsen schnell. Wenn sie etwas vom Blatt spielte und ausprobierte, hatte sie ein deutlich leichteres Lesegefühl, als sie es vom Spielen auf der Rechtshänderklarinette kannte. Ihre Erklärung dafür war, dass ihre Aufmerksamkeit nicht mehr von einem Umdenken in die unnatürliche Spielweise abgelenkt wurde. Wichtig seien die Pausen von bis zu einer Woche gewesen, die das Gehirn zur Verarbeitung benötigte. Einen wichtigen Baustein ihrer Rückschulung bildete das »mentale Üben«. Indem sie sich – etwa bei einem Spaziergang – ein Stück mit allen Tönen und Griffen vorstellte, konnte sie ein leichtes Körpergefühl abrufen, das sie beim rechtshändigen Spiel nie erlebt hatte. In Stresssituationen, wie bei Vorspielen und Konzerten, griff das Gehirn jedoch immer wieder reflexartig auf die intensiv abgespeicherten rechtshändigen Griffe zurück, und es entstand Verwirrung. Es dauerte lange, bis sich die linkshändigen Bewegungsabläufe im Langzeitgedächtnis verwurzelt hatten und das Gehirn auch in Stresssituationen automatisch auf die linkshändige Spielweise zugreifen konnte.

Im Sommer 2006 schloss Ulrike das Musikstudium auf ihrer Linkshänderklarinette ab. Rückblickend sagt sie zu ihrer Umstellung auf die Linkshänderklarinette:

»Die wichtigste Veränderung lag darin, dass ich gleich eine natürliche, positive Beziehung zu meinem Instrument hatte. Dies bewirkte, dass ich seitdem ohne Einschränkung zum Ergebnis meines Spiels, meines Klangs und meines musikalischen Ausdrucks stehen kann. Die Virtuosität, die Atmung, die Stütze, der Ton, die Dynamik und Klangfarben, die Ausdrucksfähigkeit, das harmonische Hörverständnis, das Üben mit Spaß, das Spielen mit Überzeugung und Gefühl – alles dies hat sich entscheidend verbessert.«[467]

---

[467] Gespräch vom 05.10.2016.

Ulrike lernte auch das Spielen auf der Blockflöte und auf dem Klavier auf links um. Sie unterrichtet freiberuflich Klarinette und Blockflöte. Mit ihren Klarinetten – Instrumenten der Firma Wolfgang Dietz (Neustadt/Aisch) – wirkt sie regelmäßig bei Orchesterprojekten mit. Da das Angebot an Linkshänderinstrumenten derzeit noch sehr gering ist, verzichtet Ulrike seit dem Umlernen auf die weiteren großen und kleinen Klarinetten und auf das Spielen der Saxophone. Dies ist zeitweise für sie ein schmerzlicher Kompromiss. Letztlich ist es ihr jedoch wichtiger, auf die für sie natürliche Weise zu spielen, als eine große Vielzahl an Instrumenten zur Verfügung zu haben. Ein Wechseln der Spielseiten ist für sie nicht praktikabel.[468]

Ulrike Scheuchl mit ihrer Klarinette

Gitarre

Frau S., 31 Jahre, lernte bereits im Kindesalter die Gitarre links herum, was ihr selbst, ihren Eltern und ihrer Lehrerin als selbstverständlich erschien. Aufgrund ihrer herausragenden musikalischen Begabung wechselte sie nach der Grundschulzeit auf ein Musikgymnasium. Dort empfahl ihr eine Lehrerin, auf ein Rechtshänderinstrument zu wechseln, da sie meinte, S. sei keine richtige Linkshänderin und werde es in der linkshändigen Spielweise nie zur Perfektion bringen. S. war sehr ehrgeizig und schien keine Schwierigkeiten mit der Umstellung zu haben. Sie brachte es auf der Rechtshändergitarre so weit, dass sie an einer Musikhochschule das Konzertfach Gitarre studieren

---

[468] Vgl Geiger, Diplomarbeit, S. 90ff., Gespräch vom 05.10.2016 und Mail vom 07.02.2020.

konnte. Nach einer Weile traten jedoch Symptome einer fokalen Dystonie auf: Sie konnte ihren rechten Zeigefinger nicht mehr schnell bewegen; das Tremolo, der schnelle Wechselschlag, war nicht mehr möglich. Ihre musikalische Karriere schien beendet. Nach einer tiefen psychischen Krise entschied Frau S., sich auf der Gitarre wieder auf Linksspielen umzustellen. Es sei sofort ein »Gefühl von wieder zu Hause ankommen«[469] gewesen, wie sie beschreibt. Den Stand fürs Konzertfach konnte sie jedoch nicht wieder erreichen, außerdem fehlte ihr dafür letztlich die Energie. Stattdessen studierte sie weiter für das Lehrfach mit Gitarre als Hauptfach und zusätzlich Gesang und Klavier. Sie baute ebenso ihre sängerischen Fähigkeiten weiter aus, unterrichtet inzwischen Musik an einer Schule und gibt Gesangsunterricht. Im Rahmen kleiner Konzerte singt sie und begleitet sich auf der Gitarre, solistisch tritt sie mit der Gitarre nicht mehr auf. Dennoch steht sie voll und ganz zu ihrer Rückschulung.[470]

Streichinstrumente

Die Linkshänderin **Lucia Wagner**, die das Geigenspiel in der rechtshändigen Spielweise erlernte, studierte Jazzvioline und Jazzgesang in Österreich. Technisch und klanglich sei sie trotz großem Übeaufwand immer an ihre Grenzen gestoßen. Kurz vor ihrem Abschluss stellte sie sich auf linkshändiges Spiel auf der Geige um, und ihr Professor unterstützte sie in ihrer Entscheidung. Schnell trat ein »Aha-Erlebnis« ein. Mit links habe sich gleich die Bogenführung, bei der sie mit rechts immer Schwierigkeiten hatte, richtig angefühlt. Durch eine systematische Vorgehensweise gelang das linkshändige Spiel nach und nach immer besser. Sie beschränkte sich zunächst auf grundlegende technische Übungen wie das Streichen von leeren Saiten und die Bogenführung, und dies nur bis zu zehn Minuten täglich. Nach einer Pause habe sie mit rechts weitergespielt. Die Phasen »mit links« dehnte sie nach und nach aus, bis beide Übephasen allmählich angeglichen wurden. Irgendwann sei sie dazu übergegangen, beim Üben links herum und bei Auftritten rechts herum zu spielen. Doch dann sei der Zeitpunkt gekommen, an dem sie beschloss: »Das ist jetzt das letzte Konzert, das ich mit rechts spiele. Ab jetzt will ich nur noch links auftreten.«[471] Wagner räumt ein, dass das Umlernen wie ein »Von-Vorne-Anfangen« und der Prozess körperlich sehr

---

[469] Gespräch vom 26.06.2017.

[470] Vgl. Gespräch vom 26.06.2017.

[471] Eva Geiger, »Links, rechts, oben, unten? Über das Lernen und Umlernen, bis die Hand passt – und über das ›richtige‹ Instrument«, S. 13.

anstrengend gewesen sei. Dennoch lautet ihr Resümee: »Mit der Linkshändergeige ist mir klar geworden: Es geht auch darum, sich auf dem Instrument wohlzufühlen.«[472]

Die Psychologin und Linkshänderberaterin **Marina Neumann** schulte sich parallel zum Schreiben auch auf der Geige zurück, wobei sie das Geigenspiel als Hobby betreibt. Sie habe das Glück gehabt, mehrfach eine Linkshändergeige ausprobieren zu können und stellte bald den Unterschied fest:

»Mit links zu streichen und der Geige ganz einfach Töne zu entlocken, gelang mir auf Anhieb. Es war gar nicht anstrengend, und ich hatte das Gefühl, dass die linkshändige Bogenführung für meinen ganzen Körper stimmig war. Ich fühlte mich richtig gut dabei. Es machte mir viel mehr Freude als mit rechts, und ich spürte, dass ich mit links etwas ausdrücken konnte. Nicht auszudenken, wie ich mich entwickelt hätte, wenn ich von Anfang an mit links hätte spielen dürfen.«[473]

Die Physiotherapeutin **Frau F.**, 53 Jahre, zum Schreiben umgeschulte Linkshänderin, befindet sich in der Rückschulung auf dem Violoncello. Sie erlernte bereits im Kindesalter das Geigenspiel. Dennoch hatte sie nie einen wirklichen Zugang zur Geige bekommen, es machte ihr keinen Spaß, massive Nackenverspannungen quälten sie, und außerdem entwickelte sie regelrechte »Tics« – ihre Mimik verzog sich beim Spielen unwillkürlich. Mit 15 Jahren beendete sie den Unterricht. Ihre Linkshändigkeit entdeckte sie erst mit Mitte 40 und begann daraufhin eine Rückschulung auf die linke Hand zum Schreiben, die sie aber nach einem Jahr wieder ruhen ließ. Dann entstand die Idee, die Geige einmal links herum auszuprobieren. Sie ließ sich die Saiten ihrer alten Geige umspannen und bemerkte beim Linksstreichen: »Das fühlt sich gut an!« Schon bald konnte sie kleine Stückchen in der ersten Lage spielen, und das gute Gefühl beim Linksspielen motivierte sie, ihr Geigenspiel mit rechts wieder aufzunehmen. Sie mietete eine Rechtshändergeige und stellte fest, dass sie durch das Spielen mit links das Instrument plötzlich auch rechts herum wieder als vertrauter empfand und sie sich auf der Geige viel wohler fühlte als früher. Auch die Nackenverspannungen waren wesentlich weniger spürbar. Eine Weile spielte sie parallel, machte zunächst ein paar Bogenübungen mit links und spielte dann mit rechts weiter. Dann brach F. das Geigenspiel jedoch wieder ab.

Erst zwei Jahre später begann sie das Cellospiel. Zunächst probierte sie das Instrument in der rechtshändigen Spielweise. Beim Versuch, einmal mit links zu streichen, spürte sie mit dem Bogen sofort alle Saiten und fühlte, dass sie so spielen wollte. Das

---

[472] Ebd.

[473] Neumann, Natürlich mit links. Zurück zur Linkshändigkeit – Befreiter leben mit der starken Hand, S. 100.

Streichen mit links empfand sie spontan als befreiend für den linken Arm. Ihre Lehrerin stimmte zu, sie links herum zu unterrichten, und Frau F. schaffte sich ein Linkshänderinstrument an. Durch ihre Vorerfahrung auf der Geige konnte sie gleich Stücke
spielen, ihre Lernfortschritte waren schneller als je vorher. Es machte ihr großen Spaß,
und sie empfand als Entspannung, was früher reine Anstrengung war. Beim Spiel auf
dem Linkshänderinstrument versteht sie erstmals: »So ist Musizieren gemeint!« Zunehmend wird ihr jedoch auch bewusst, dass es Zeit braucht, bis sich nicht nur die
Aufgabenverteilung der Hände geordnet hat, sondern bis auch ihre Gefühle »mitkom-
men«. Gemeinsam mit ihrer Lehrerin entwickelte sie eine Vorgehensweise, die das Gehirn wenig anstrengt und ihr auch Pausen und Spielzeitbegrenzungen erlaubt. Im Unterricht spielen beide häufig »einfach drauflos«, auch im Duett, und genießen den
neuen Klang. Mehr und mehr empfindet Frau F. durch das Cellospiel »bei sich angekommen« zu sein.[474]

Klavier

Zwei Pianisten, die sich auf ihrem Klavier auf linkshändiges Spiel umstellten, sind der
britische Pianist **Christopher Seed** und der Trierer Pianist und Pädagoge **Geza
Loso**.[475] Übereinstimmend berichten beide, »dass sich das Spielen entsprechend der
Dominanz anders anfühlt: Der Ablauf ist flüssiger und sicherer, die Fantasie kann sich
besser entfalten, das Körpergefühl ist ausbalanciert.«[476]

Offensichtlich war für alle hier genannten MusikerInnen der entscheidende Anstoß
für eine Rückschulung auf dem Instrument, dass sie bei der Umstellung auf links spontan ein neues, stimmiges Spielgefühl und eine natürliche Beziehung zu ihrem Instrument erlebten. Die veränderte Haltung verbesserte sogleich Tonbildung, Klanggestaltung und Spielfluss. Das Lernen der technischen Abläufe gelang nach der Umstellung
viel schneller als zuvor in der rechtshändigen Spielweise. Die Betroffenen sind glücklich, dass sie über die dominante Hand den musikalischen Ausdruck nun endlich so
umsetzen können, wie es ihrer inneren Klangvorstellung entspricht. Durch die Umstellung wurden Kapazitäten im Gehirn frei, die vorher schwer zugänglich waren: Das
Notenlesen und das Auswendigspielen gelingen besser. Auch im Zusammenspiel mit

---

[474] Vgl. Gespräch vom 23.10.2019.

[475] Auf beide Musiker wurde im Kapitel 3 »Wie spielen LinkshänderInnen Klavier?« ausführlicher eingegangen.

[476] Mengler, Musizieren mit links. Linkshändiges Instrumentalspiel in Theorie und Praxis,
S. 115.

anderen sind sie nun erheblich sensibler und flexibler. Wo früher »Anstrengung« war, ist jetzt »Leichtigkeit«. Die neue Haltung am Instrument wirkt sich für die Betroffenen nicht zuletzt auf das Selbstvertrauen als MusikerInnen aus. So kann die Rückschulung auf dem Musikinstrument im wahrsten Sinne als ein »Zurück« zu dem empfunden werden, was das eigene Wesen ausmacht. Wenn drei der genannten Musikerinnen von dem Gefühl sprechen, durch die Rückschulung endlich »bei sich angekommen« zu sein, so wird damit deutlich, was es heißt, wenn sich beim Musizieren Körper, Geist und Seele im Einklang befinden.

Nachwort:
Wie möchten LinkshänderInnen »eigentlich« musizieren?

Authentisch sein

In meiner Anfangszeit als Linkshänderberaterin kam Jakob, sechs Jahre alt, in meine Praxis. Jakob zeigte bisher keinerlei Interesse daran, seinen Namen oder überhaupt etwas zu schreiben, wie viele Kinder dies vor Schuleintritt bereits tun. Auch seine Begeisterung für das Malen hielt sich in Grenzen. Wenn er malte oder schrieb, führte er den Stift mit der rechten Hand und galt deshalb als Rechtshänder. Die Eltern hatten allerdings Zweifel an seiner Rechtshändigkeit und wünschten eine Abklärung. Das Ergebnis war »Linkshänder«. Als Jakob von dem Testergebnis erfuhr, ging er spontan auf sein Zimmer und kam stolz mit einem Blatt zurück, auf dem stand: ICH – JAKOB. Er hatte es mit der linken Hand geschrieben. Es schien, als habe der Junge mit der Entdeckung seiner dominanten Hand auch sich selbst gefunden. Im Übrigen hat Jakob als Linkshänder die Schule äußerst erfolgreich gemeistert und studiert inzwischen.

Die Entdeckung ihrer Linkshändigkeit bedeutet für betroffene Kinder und Erwachsene, die auf die rechte Hand umgeschult wurden, eine neue Erfahrung mit sich selbst und mit dem, wie sie »eigentlich« sind. Dies bestätigen Erkenntnisse aus der Rückschulungsbegleitung. Kinder, die nun mit ihrer dominanten Hand schreiben, strahlen mehr Selbstsicherheit aus und sind unbeschwerter und fröhlicher. Bei Erwachsenen wächst durch die Rückschulung zum Schreiben das Vertrauen in die eigenen Fähigkeiten. Sie sind freier und lebendiger in ihren Äußerungen und entwickeln im wahrsten Sinne eine »persönliche Handschrift« mit links. Um die eigene natürlich angelegte Händigkeit zu wissen und sie zu leben, ist entscheidend für das Gefühl von »Authentizität«.

Dem Körpergefühl vertrauen

Beim Musizieren spielt die Handdominanz eine wichtige Rolle. LinkshänderInnen empfinden das Spielen am Rechtshänderinstrument als ein Musizieren gegen die eigene Natur. Die falsche Haltung und Spielrichtung erzeugt ein körperliches Unwohlgefühl, das sie in ihren Spielbewegungen und im musikalischen Ausdruck hemmt. Es kostet zusätzliche Anstrengung, die Spannungen zwischen den Körperseiten auszugleichen, was nicht selten auch zu körperlichen Überlastungssymptomen führt. Ebenso müssen die Emotionen von der dominanten in die nicht dominante Hand umgelenkt werden. Linkshändige MusikerInnen am Rechtshänderinstrument müssen immer eine Anpassungsleistung vollbringen. Diese erschwert es ihnen, ihre musikalischen Fähigkeiten über die Musizierbewegungen zu verwirklichen.

MusikerInnen möchten authentisch sein, sodass »sie genau das, was sie innerlich hören und fühlen, über ihr Instrument bzw. ihre Stimme ungehindert und frei ausdrücken können.«[477] Dieses Gefühl erleben linkshändige MusikerInnen häufig erst durch eine Umstellung auf ein Linkshänderinstrument. Die Betroffenen, die eine solche Rückschulung unternommen haben, berichten davon, nun endlich »bei sich angekommen« zu sein.

Mit Authentizität überzeugen und begeistern

Wenn MusikerInnen in dem Sinne authentisch sind, dass sie eine Verbindung zu sich selbst und zu ihrem Instrument haben, so bildet dies eine wichtige Voraussetzung für die Wirkung nach außen. Linkshändige DirigentInnen erleben, dass sie über ihre dominante Hand direkter kommunizieren können. Vermitteln sie den musikalischen Ausdruck über die linke Hand, kann der Klangkörper – das Orchester oder der Chor – diesen unmittelbar verstehen und umsetzen. InstrumentalistInnen, die mit sich und ihrem Instrument verbunden sind, sind sensibel und flexibel beim Zusammenspiel mit anderen, und das gemeinsame Musizieren macht Freude. Auch das Publikum spürt unmittelbar, ob der/die Musizierende authentisch ist. Wenn DirigentInnen, InstrumentalistInnen und SängerInnen über ihre dominante Hand agieren, kann die musikalische Energie auch die ZuhörerInnen ergreifen und mitreißen.

MusikerInnen stellen einen Qualitätsanspruch an ihre Leistung. Sie möchten »gut« musizieren und das Werk, das sie einstudiert haben, ihren klanglichen Vorstellungen entsprechend zu Gehör bringen. LinkshänderInnen am Rechtshänderinstrument erleben häufig, dass ihre Leistung nicht zuverlässig abrufbar ist und sich Defizite – technische und klangliche Unsicherheiten – vor allem in Aufführungssituationen bemerkbar machen.

Es steht außer Frage, dass LinkshänderInnen, die die rechtshändige Spielweise erlernen und beibehalten, auch erfolgreiche MusikerInnen werden können. Wenn den Betroffenen jedoch bewusst wird, dass Haltung und Spielrichtung nicht ihrer Händigkeit entspricht, können sie Unstimmigkeiten mit sich und ihrem Instrument einordnen. Dann können Körperübungen, gezielte Übestrategien sowie eine optimale Bühnenvorbereitung dazu beitragen, weiterhin ein souveränes Musizieren am Rechtshänderinstrument zu sichern.

---

[477] Aus einer Mail der Flötistin und Dispokinetikerin Karoline Renner an die Autorin vom 10.10.2019.

Linksspielen – Potenzial ausschöpfen

Die Berichte linkshändiger MusikerInnen von erfolgreichen Rückschulungen am Instrument[478] machen deutlich, dass das Selbstvertrauen als MusikerIn entscheidend davon abhängt, ob die musikalische Selbstverwirklichung am eigenen Instrument gelingt. Durch diese bedeutende Erkenntnis sollte sich endlich eine neue Sicht auf das Thema Linkshändigkeit in der Instrumentalpädagogik eröffnen.

Einige Lehrkräfte unterrichten linkshändige InstrumentalschülerInnen links herum und praktizieren dies mit Überzeugung. Ein Großteil der PädagogInnen jedoch relativiert die Bedeutung der Handdominanz beim Instrumentalspiel und erwartet von LinkshänderInnen, dass sie sich an die rechtsgeprägte Musikwelt anpassen. Viele dieser PädagogInnen teilen eine Auffassung, die an den Musikhochschulen weiterhin verbreitet ist. So wird bei solistisch gespielten Instrumenten oder solchen, die auch in der nicht klassischen Musik eingesetzt werden, ein Linksspielen meist toleriert. Bei Streichinstrumenten und bei der Querflöte dagegen, deren Spielweise von einer klassischen Musikkultur geprägt ist, findet die linkshändige Spielweise bisher wenig Anerkennung. Als Haupteinwand wird angeführt, dass junge MusikerInnen auf einem Linkshänderinstrument das Musizieren nicht zum Beruf machen könnten, da die Mitwirkung in einem Orchester nicht möglich sei. Die Argumentation verrät allerdings, dass sich hinter dieser Haltung vor allem optische Konventionen verbergen. Wenn linkshändige InstrumentalschülerInnen das Instrument ihrer Wahl anders herum spielen möchten, darf nicht das Instrument selbst oder der Kontext, in dem es verwendet wird, einen Hinderungsgrund darstellen. Leider versperren eingefahrene Konventionen häufig den Blick darauf, dass durch eine »Umschulung« der Händigkeit Begabungen und Fähigkeiten eines Menschen unterdrückt werden.

Linkshändige Kinder dürfen links schreiben, und linkshändige Kinder dürfen (nicht müssen!) links herum musizieren. Als Eltern und PädagogInnen möchten wir die jungen Menschen darin unterstützen, ihre Fähigkeiten auszubilden und bei entsprechender Begabung eine musikalische Karriere anzustreben. Dabei muss die Händigkeit als natürliche Anlage respektiert werden – denn das volle Potenzial lässt sich am besten über die dominante Hand entfalten. Wenn wir Kinder dazu ermutigen, authentisch zu sich und zu ihren individuellen Fähigkeiten zu stehen, werden sie einen wichtigen Beitrag zum Gelingen eines fruchtbaren Miteinanders in unserer Gesellschaft leisten.

---

[478] Vgl. Kapitel 5.3.

Literaturverzeichnis

Altenmüller, Eckart: »Robert Schumann's Focal Dystonia«, in: *Neurological Disorders in Famous Artists* 19, hrsg. von Julien Bogousslavsky und François Boller, Basel 2005, S. 1-10.

Altenmüller, Eckart: »Vom Spitzgriff zur Liszt-Sonate« in: *Die Hand – Werkzeug des Geistes*, hrsg. von Marco Wehr und Martin Weinmann, Spektrum, Heidelberg 2005, S. 79-111.

Amunts, Katrin/Dabringhaus, Andreas/Jäncke, Lutz/Schlaug, Gottfried/Schleicher, Axel/Steinmetz, Helmuth/Zilles, Karl: »Motor Cortex and Hand Motor Skill: Structural Compliance in the Human Brain«, in: *Human Brain Mapping* 5, 1997, S. 206-215.

Arnoldussen, Andrea: »Leichtigkeit mit links? Eine kritische Gegenüberstellung zweier unterschiedlicher Betrachtungsweisen«, in: *Üben & Musizieren* 4/2016, S. 44-47.

Baer, Udo: Kreative Leibtherapie – Das Lehrbuch, Semnos, Neukirchen-Vluyn 2012.

Baer, Udo/Frick-Baer, Gabriele: Das große Buch der Gefühle, Beltz, Weinheim/Basel 2014.

Baer, Udo/Frick-Baer, Gabriele: Klingen, um in sich zu wohnen. Methoden und Modelle leiborientierter Musiktherapie, 2. Aufl. in 2 Bänden, Semnos, Neukirchen-Vluyn 2009.

Bazzana, Kevin: Glenn Gould – Die Biographie, Schott, Mainz 2006.

Bittner, Thomas: Linkshänder am Schlagzeug. Ein Ratgeber für Drummer und Schlagzeuglehrer, Amazon Self-Publishing 2017.

Björnstad, Ketil: Mein Weg zu Mozart. Deutsche Ausgabe, Insel, Berlin 2016.

Blanken, Christine/Enßlin, Wolfram (Hrsg.): Unterwegs mit Carl Philipp Emanuel Bach. Musikalisch-biographischer Reiseführer zu seinen Lebensstationen, Berlin 2014.

Bradler, Katharina: »›Kompetenzen‹ von Instrumentallehrkräften. Oder besser: Was zeichnet eine gute Lehrperson aus?«, in: *Üben & Musizieren* 6/2016, S. 40-43.

Bruckner, Johanna/Deimann, Pia/Kastner-Knoller, Ursula: HAPT 4-6. Handpräferenztest für 4-6jährige Kinder, Hogrefe, Göttingen 2011.

Gebauer, Katharina: »›Ich hatte irgendwie Pech mit Linkshändern…‹. Linkshändigkeit im Violinunterricht – (k)ein Problem?«, in: *Üben & Musizieren* 4/1999, S. 43-44.

Geiger, Ulrike: Versuch einer Anleitung zum Umlernen auf linkshändiges Klarinetten-spiel auf Basis einer Auswahl von Unterrichtsmaterial. Diplomarbeit für den Diplom-studiengang Musikpädagogik im Fach Klarinette, Folkwang-Hochschule, Essen 2006.

Geiger, Eva: »Links, rechts, oben, unten? Über das Lernen und Umlernen, bis die Hand passt – und über das ›richtige‹ Instrument«, in: *Zwiefach* 60/1, 2017, S. 11-15.

Goes, Ingrid: Die Bedeutung der Händigkeit beim Trommeln. Schriftliche Hausarbeit im Rahmen der Zusatzausbildung zum/r LinkshänderberaterIn nach Methodik Dr. Johanna Barbara Sattler, 12.12.2007.

Grimaud, Hélène: Wolfssonate, 4. Aufl., Blanvalet, München 2006.

Gruhn, Wilfried: »Ist unser Kind musikalisch? Zum Umgang mit gesellschaftlichen Vorstellungen von musikalischer Begabung und Frühförderung«, in: *Kinder für Musik begeistern*, hrsg. von Dorothée Kreusch-Jacob, Knaur Ratgeber Verlag, München 2009, S. 14-19.

Hildebrandt, Horst: »Bühnenkompetenz erlernen. Das Psycho-physiologische Vor-spiel- und Vorsingtraining an der Musikhochschule«, in: *Dokumentation zum Zürcher Symposium der SMM* »*Psychische Belastungen im Musikerberuf*«, 2005, S. 7-15.

Hildebrandt, Horst: »Üben und Gesundheit. Ausgewählte musikphysiologische As-pekte des Übens und ihre besondere Bedeutung für den Ausbildungs- und Berufsall-tag«, in: *Handbuch Üben. Grundlagen – Konzepte – Methoden*, hrsg. von Ulrich Mahlert, Breitkopf & Härtel, Wiesbaden 2006, S. 67-97.

Hildebrandt, Horst: Musikstudium und Gesundheit. Aufbau und Wirksamkeit eines präventiven Lehrangebotes, Peter Lang, Bern, 2. Aufl. 2004, Nachdruck der 2. Aufl. 2015.

Hildebrandt, Horst: »Angewandte Musikphysiologie. Brücke zwischen Musikermedi-zin und musikalischer (Hochschul-) Ausbildung«, in: *Gesund und motiviert musizieren. Ein Leben lang. Musikergesundheit zwischen Traum und Wirklichkeit*, hrsg. von Silke Kruse-We-ber und Barbara Borovnjak, Schott, Mainz 2015, S. 251-271.

Hildebrandt, Horst: »Gelingen und Gesundheit im Instrumentalunterricht – Physiolo-gische Aspekte von Bewegungslernen und Körperwissen«, in: *Instrumentalpädagogik – wie und wozu?*, hrsg. von Wolfgang Rüdiger, Schott, Mainz 2018, S. 187-206.

Hildebrandt, Horst: »Angewandte Musikphysiologie – Beiträge zur Prävention und Lösung von medizinischen Problemen beim Spiel von Tasteninstrumenten«, in: *Klavier und Bewegung. Dokumentation 2017/18*, hrsg. von European Piano Teachers Association Sektion der Bundesrepublik Deutschland, STACCATO, Düsseldorf 2019, S. 7-18.

Hildebrandt, Horst/Müller, Alexandra: »Dispokinesis – Freies Verfügen über Haltung, Atmung, Bewegung und Ausdruck«, in: *Musikphysiologie und Musikermedizin* 11/2004, S. 55-59.

Hildebrandt, Horst/Spirgi-Gantert, Irene: »Die Hand – feinmotorisches Glied einer langen Kette«, in: *Dokumentation zum Zürcher Symposium der SMM »Die Hände des Musikers«*, Zürich 2004, S. 18-28.

Huizing, Jan Marisse: Ludwig van Beethoven: Die Klaviersonaten. Interpretation und Aufführungspraxis, Schott, Mainz 2012.

Jäncke, Lutz: Macht Musik schlau? Neue Erkenntnisse aus den Neurowissenschaften und der kognitiven Psychologie, Huber, Bern 2008.

Klöppel, Stefan/Vongerichten, Anna/van Eimeren, Thilo/Frackowiak, Richard S. J./Siebner, Hartwig R.: »Can Left-Handedness be Switched? Insights from an Early Switch of Handwriting«, in: *The Journal of Neuroscience* 27(29), 18th July 2007, S. 7847-7853.

Klöppel, Renate/Altenmüller, Eckart: Die Kunst des Musizierens. Von den physiologischen und psychologischen Grundlagen zur Praxis, 6., überarb. Aufl., Schott, Mainz 2013.

Konrad, Sandra: Das bleibt in der Familie. Von Liebe, Loyalität und uralten Lasten, 4. Aufl., Piper, München 2013.

Kopiez, Reinhard/Galley, Niels: »Händigkeit – ihre theoretischen Grundlagen und ihre Bedeutung für das Instrumentalspiel«, in: *Begabungsförderung und Begabungsforschung in der Musik* Bd. 2, hrsg. von Heiner Gembris, LIT, Münster 2010, S. 111-136.

Kopiez, Reinhard/Galley, Niels/Lehmann, Andreas C.: »The Relation between Lateralisation, Early Start of Training, and Amount of Practice in Musicians: a Contribution to the Problems of Handedness Classification«, in: *Laterality* 15(4), 2010, S. 385-414.

Kopiez, Reinhard/Jabusch, Hans-Christian/Galley, Niels/Homann, Jan-Christoph/Lehmann, Andreas C./Altenmüller, Eckart: »No Disadvantage for Left-Handed Musicians: The Relationship Between Handedness, Perceived Constraints and Performance-Related Skills in String Players and Pianists«, in: *Psychology of Music* 40(3), 2011, S. 357-384.

Kopiez, Reinhard/Galley, Niels/Lee, Ji In: »The Advantage of being Non-Right-Handed: The Influence of Laterality on a Selected Musical Skill (Sight Reading Achievement)«, in: *Neuropsychologia*, 44(7), S. 1079-1087.

Kraus, Elke (Hrsg.): Zwischen Links- und Rechtshändigkeit. Theorie, Diagnostik und Therapie bei wechselndem Handgebrauch, Springer, Heidelberg 2019.

Kreusch-Jacob, Dorothee: Kinder für Musik begeistern. Knaur Ratgeber Verlag, München 2009.

Laeng, Bruno/Park, Ariane: »Handedness Effects on Playing a Reversed or Normal Keyboard«, in: *Laterality* 4(4), 1999, S. 363-377.

LehrplanPlus Grundschule (Lehrplan für die Bayerische Grundschule), hrsg. vom Staatsministerium für Bildung und Kultus, Wissenschaft und Kunst, München 2014.

Mai, Norbert/ Marquardt, Christian: »Das vernachlässigte Verhalten: Kinematische Analysen der Schreibbewegungen beim Schreibkrampf«, in: *Verhaltenstherapie, Selbstregulation, Selbstmanagement*, hrsg. von Hans Reinecker und Dieter Schmelzer, Hogrefe, Göttingen 1996, S. 307-328.

Margulies, Oliver/Horst Hildebrandt: »Musikerhände erforschen und behandeln«, in: *promanu* 25(2), 2014, S. 8-10.

Mehlhorn, J./Reinhardt, U.: »Feldenkrais-Methode und Alexander-Technik in der Prophylaxe von Wirbelsäulenbeschwerden und Überlastungserscheinungen am Spielapparat bei Pianisten«, in: *Musikphysiologie und Musikermedizin* 2/2001, S. 75.

Mengler, Walter: »Nur der Teufel fiedelt mit der Linken. Linkshändigkeit und Streichinstrumentenspiel«, in: *Üben und Musizieren* 3/2004, S. 39-43.

Mengler, Walter: »Linkshändigkeit und Streichinstrumentenspiel. Eine Annäherung an ein weitgehend unentdecktes Thema«, in: *Das Orchester* 12/2004, S. 19-23.

Mengler, Walter: Musizieren mit links. Linkshändiges Instrumentalspiel in Theorie und Praxis, Schott, Mainz 2010.

Neumann, Marina: Natürlich mit links. Zurück zur Linkshändigkeit – Befreiter leben mit der starken Hand, ariston, München 2014.

o.A.: »War Paganini Linkshänder? Gedanken über ein Tabu-Thema der Streicherpädagogik«, in: *neue musikzeitung* 7/2007.

Oldfield, Richard Charles: »The Assessment and Analysis of Handedness: »The Edinburgh Inventory«, in: *Neuropsychologia* 9(1), 1971, S. 97-113.

Pohl, Christian A.: »Mentales Üben«, in: *Handbuch Üben. Grundlagen – Konzepte – Methoden*, hrsg. von Ulrich Mahlert, Breitkopf & Härtel, Wiesbaden 2006, S. 287-311.

Prelle, Ulf: Leichtigkeit. Eine ergänzende Streichermethodik zur Befreiung der rechten und linken Hand, Schott, Mainz 2015.

Rothe, Gisela: »Blockflöten für Linkshänder?«, in: *Windkanal* 4/2005, S. 30-31.

Sattler, Johanna Barbara/Marquardt, Christian: »Rückschulung bei erwachsenen umgeschulten Linkshändern. Begleitung der Rückschulung und wissenschaftliche Untersuchungen der motorischen Schreibbewegungen, dokumentiert am Fallbericht einer Rückschülerin«, in: *Motorik, Zeitschrift für Motopädagogik und Mototherapie* Heft 3, September 2006, S. 121-127.

Sattler, Johanna Barbara: Das linkshändige Kind in der Grundschule. Erarbeitet im Auftrag des Bayerischen Staatsministeriums für Unterricht, Kultus, Wissenschaft und Kunst. Hrsg. vom Staatsinstitut für Schulqualität und Bildungsforschung, München 1993. 17. Aufl., Auer, Augsburg 2018.

Sattler, Johanna Barbara: Der umgeschulte Linkshänder oder Der Knoten im Gehirn, 13., überarb. u. erg. Aufl., Auer, Augsburg 2019.

Sattler, Johanna Barbara: Händigkeitsabklärung S-MH nach der Sattler-Methodik. Testverfahren mit Itemkarten, Kopiervorlagen und umfassendem Dokumentationsbogen, Auer, Augsburg 2019.

Schönthaler, Erna (Hrsg.): Grafomotorik und Händigkeit. Ergotherapie bei Kindern, Thieme, Stuttgart 2013.

Siebner, Hartwig R./Limmer, Claus/Peinemann, Alexander/Drzezga, Alexander/Bloem, Bastiaan R./Schwaiger, Markus/Conrad, Bastian: »Long-Term Consequences of Switching Handedness: A Positron Emission Tomography Study on Handwriting in ›Converted‹ Left-Handers«, in: *The Journal of Neuroscience* 22(7), 1st April 2002, S. 2816-2825.

Spahn, Claudia: Musikergesundheit in der Praxis. Grundlagen, Prävention, Übungen, Henschel, Leipzig 2015.

Spitzer, Manfred: Geist im Netz. Modelle für Lernen, Denken und Handeln, Spektrum, Heidelberg/Berlin 2000.

Stein, Günter: »Klavierkonzerte für die linke Hand – Klavier für Linkshänder?«, in: *Musikphysiologie und Musikermedizin* 2, 2014, S. 88-97.

Steingrüber, Hans-Joachim: Hand-Dominanz-Test, 3., überarb. u. neu normierte Aufl., Hogrefe, Göttingen 2011.

Stenger, Christiane/Tiefenthal, Antje: Deine bessere Hälfte. Warum wir Rechts- oder Linkshänder sind und was das für unser Leben bedeutet, Edel Books, Hamburg 2018.

Thomson, Ryan J.: Playing Violin and Fiddle Left-Handed. Captain Fiddle Publications, USA 2003.

Vasterling, Almuth/Weiland, Gabriele/Sattler, Johanna Barbara: Linke Hand – Rechte Hand: Ein Ratgeber zur Händigkeit. 2., aktual. Aufl., Schulz-Kirchner, Idstein 2017.

Ware, Allan/Schulte, Marion: »Linkshändigkeit bei Holzblasinstrumenten« in: *rohrblatt* 26, Heft 4, 2011, S. 194-195.

Weber, Sylvia: Linkshändige Kinder richtig fördern. Mit vielen praktischen Tipps, 4. Aufl., reinhardt, München 2014.

Weber, Jelka: »Mein Instrument als Lebenspartner«, in: *128 – Das Magazin der Berliner Philharmoniker* 1, 2016, S. 96.

Weinberger, Sabine: Kindern spielend helfen. Eine personzentrierte Lern- und Praxisanleitung. 4. Aufl., Juventa, Weinheim/München 2010.

Weinmann, Martin: »Hand und Hirn«, in: *Die Hand – Werkzeug des Geistes*, hrsg. von Marco Wehr und Martin Weinmann, Spektrum, Heidelberg 2005, S. 15-59.

Internetquellen

Beratung für LinkshänderInnen/Netzwerk der zertifizierten LinkshänderberaterInnen, <https://lefthander-consulting.org/deutsch/netzwerk/berater-finden/>, 18.03.2020.

BGHM (Berufsgenossenschaft Holz und Metall): Fachinformation »Händigkeitsgerechtes Arbeiten. Hinweise in Regelwerken und arbeitswissenschaftliche Erkenntnisse« (Nr. 34), 2013, <https://lefthander-consulting.org/deutsch/wp-content/uploads/2019/04/FI_0034_Haendigkeitsgerechtes_Arbeiten.pdf>, 18.03.2020.

Bittner, Thomas: »Lernen durch Zuschauen – Neue Video-Lehrmethode für Schlagzeug. Teil 2: Linkshänder«, 2015, <https://books.apple.com/us/book/schlagzeugschule/id955148172?l=de&ls=1&mt=13/html>, 18.03.2020.

Blaich, Doris: »Reich an Farben – Anna Vinnitskaya spielt Brahms. CD-Tipp vom 29.1.2016«, <https://www.swr.de/swr2/musik-kultur-brahms-klavierstuecke-vinnitskaya/-/id =7576/did=16856598/nid=7576/1829k7h/index.html>.

Dartsch, Michael: »Musikalische Bildung in der Elementarstufe/Grundstufe. Grundlegende Aspekte der Elementaren Musikpädagogik«, in: *Bildungsplan Musik für die Elementarstufe/Grundstufe*, hrsg. vom Verband deutscher Musikschulen, Bonn 2010, S. 13-26, <https://www.stmas.bayern.de/imperia/md/content/stmas/stmas_i-net/kinderbetreuung/3.7.2.4.3_grundstufe.pdf>, 18.03.2020.

Engel, Michael: »Rechtshänder geben schneller auf. Linkshänder haben in der Musikausbildung einen ›Selektionsvorteil‹«, in: *Deutschlandfunk Kultur – Radiofeuilleton-Wissenschaft und Technik*, 01.07.2012, <https://www.deutschlandfunkkultur.de/rechtshaender-geben-schneller-auf.1067.de.html?dram:article_id=210821>, 04.06.2019.

Hafner, Kerstin: »Orchester mögen keine Linkshänder«, in: *Mittelbayerische Zeitung* vom 17.08.2012, <https://www.mittelbayerische.de/region/regensburg-land-nachrichten/orchester-moegen-keine-linkshaender-21364-art820736.html>, 08.03.2017.

Hartmann, Eva: Zum Seminar und der Musikdarbietung von Christopher Seed: Ausführungen und Spiel auf seinem gespiegelten Linkshänderklavier (Fachtagung der Linkshänder-BeraterInnen mit dem Schwerpunktthema »Linkshändigkeit in der Musik«, Bad Soden-Salmünster am 18.09.2009), <https://lefthander-consulting.org/deutsch/information/musik-und-linkshaendigkeit/quellen-und-literaturangaben-zu-musik-und-linkshaendigkeit/zum-seminar-und-der-musikdarbietung-von-christopher-seed-2/>, 19.03.2020.

HMTMH (Hochschule für Musik, Theater und Medien Hannover), Meldungen: »Kein Nachteil für Linkshänder beim Spiel auf Rechtshänder-Instrumenten. Musikwissenschaftler aus Hannover, Dresden und Würzburg stellen Studienergebnisse vor«, <https://www.hmtm-hannover.de/de/druckansicht/aktuelles/meldungen/archiv/2012/juni/artikel/kein-nachteil-fuer-linkshaender-beim-spiel-auf-rechtshaender-instrumenten/?no_cache=1.html>, 07.09.2016.

Inglis, Anne: »Balancing Music and Technique«, Interview mit Terje Moe Hansen, in: Veröffentlichungen der European String Teacher's Association 1999 (24 No.2), übersetzt und gekürzt in: *Left Hand Corner* 1999, <https://www.lefthandcorner.wtal.de./artikel/infos/MusikGeigeHansen.html>, 05.04.2018.

Irmer, Simone: »Die Feldenkraismethode für Musikerinnen und Musiker«, <http://www.musiker-feldenkrais.com/methode.html>, 24.02.2020.

Lesle, Lutz: »Beglückende, erstickende Familienbande«, in: *Die Welt* vom 03.08.2011, <https://www.welt.de/print/die_welt/kultur/article13522944/Beglueckende-erstickende-Familienbande.html>, 31.08.2017.

Linksflöten, in: *Viento Querflöten. Linksflöten.* <https://www.viento-querfloeten.de/querfloete-fuer-linkshaender.html>, 16.03.2020.

Loso, Geza: Über mich, in: *Loso – Pianos auch für Linkshänder. Über mich.* <https://gezaloso.de/index.php/ueber-mich-299.html>, 07.10.2019.

Music, Petra: »Die Links-Querflöte als Hilfe im Unterricht und beim Lernen«, in: *PAN* 12/2014 (Journal der British Flute Society, übersetzt von Jürgen Ross.) https://www.viento-querfloeten.de/fileadmin/user_upload/pdf/Die_Links-Querfloete_als_Hilfe_im_Unterricht_und_beim_Lernen.pdf>, 18.03.2020.

Musikinstrumente für LinkshänderInnen: <https://lefthander-consulting.org/deutsch/information/musik-und-linkshaendigkeit/bezugsquellen-von-musikinstrumenten-fuer-linkshaender/html>, 17.03.2020.

Pyykönen, Krista: A Handful of Considerations. Perspectives on Left-Handedness in Violin Playing and Violin Pedagogy. Masterarbeit an der Königlichen Musikhochschule Stockholm, Schweden, 2015, <https://www.diva-portal.org/smash/get/diva2:823288/FULLTEXT01.pdf.html>, 22.09.2018.

Stölzl, Thomas: »Ein paar Worte zum Schlagzeug«, in: *Left Hand Corner* 04 07-1998, <http://www.lefthandcorner.wtal.de/artikel/infos/MusikSchlagzeug.html>, 05.04.2018.

Straßer, Markus: Schülerprojekte, in: *Markus Straßer – Instrumentalunterricht und Musikproduktion. Instrumentalunterricht. Schülerprojekte.* <www.markus-strasser.com>, 16.03.2020.

Straßmann, Burkhard: »Besser spielen auf Chaplins Geige? Auch in der Musik zeigt sich die Zweiteilung des Gehirns: Auffallend viele Musiker sind Linkshänder«, in: *Die Zeit* Nr. 25/2013, <https://www.zeit.de/2013/25/gehirn-haelften-doppelnatur-musik?print.html>, 06.06.2019.

Verein LinkeHand: Interview mit Maria Augustin Teil 1 und 2, <http://www.linkehand.at/wissen1.php.html>, 25.08.2016.

Witzel, Paul: »Fantastisches mit links und beiden Händen. Verena Börsch mit einem ungewöhnlichen Klavierabend in der Villa Wieser in Herxheim«, in: *Die Rheinpfalz* vom 17.02.2016, <https://www.rheinpfalz.de/lokal/landau/artikel/fantastisches-mit-links-und-beiden-haenden/html>, 21.11.2018.

Woodring Goertzen, Valerie (Hrsg.): Johannes Brahms. Chaconne aus der Partita Nr. 2 d-moll (Johann Sebastian Bach), Bearbeitung für Klavier, linke Hand. New Orleans 2018, S. II. <https://www.henle.de/media/foreword/1187.pdf>, 16.03.2020.

Bildnachweise

Zeitfracht Medien GmbH
Ferdinand-Jühlke-Straße 7
99095 Erfurt, Deutschland
produktsicherheit@kolibri360.de